진민사와 오토재를 통한
의성문화의 새로운 이해

# 의성
# 진민사의
# 재발견

김윤규 **(한동대학교 글로벌리더십학부 교수)**

경북대학교 사범대학 국어교육과를 졸업하고 같은 대학에서 문학박사 학위를 받았다. 저서는 『개화기 단형서사문학의 이해』 등 십여 종이 있고, 논문은 「최서해 문학 연구」 등 수십 편이 있다. 『석주유고』, 『백하일기』, 『서산집』 등의 번역에 참여하였다.

김덕현 **(경상대학교 명예교수)**

서울대학교 지리학과를 졸업하고 같은 대학에서 석사 및 박사 학위를 받았다. 한국문화역사지리학회 회장과 문화재청 문화재위원을 역임했다. 저서 및 역서는 『장소와 장소상실』(번역서), 『한국의 서원문화』(공저), 『안동의 선비마을 열두 검제』 등이 있으며, 논문은 「도동서원 경관에 재현된 성리학의 정신세계」 등이 있다.

황위주 **(경북대학교 한문학과 교수)**

경북대학교 사범대학 국어교육과를 졸업하고 한국학중앙연구원과 고려대학교에서 한문학으로 석사 및 박사 학위를 받았다. 저서는 『고문서로 읽는 영남의 미시세계』 등이 있고, 논문은 「조선전기 악부시 연구」, 「한문의 초기정착과정」 등이 있으며, 『재영남일기』 등을 번역하였다.

김미영 **(한국국학진흥원 수석연구위원)**

일본 도요대학교 사회학연구과에서 사회학박사 학위를 받았다. 저서는 『도학의 길을 걷다, 유일재 김언기 종가』, 『학봉 김성일, 충군애민의 삶을 살다』, 『유교의례의 전통과 상징』, 『가족과 친족의 민속학』 등이 있으며, 논문은 「종가의 의례전통과 그 계승」, 「조상제례의 규범성과 실제성」, 「불천위 제례의 사회문화적 의미와 역할」 등이 있다.

의성 진민사의 재발견

**찍은 날** 2017년 12월 15일 • **펴낸 날** 2017년 12월 26일
**지은이** 김윤규·김덕현·황위주·김미영 • **펴낸이** 김상동 • **펴낸 곳** 경북대학교출판부
**출판등록** 1973년 10월 10일 ㉑97호 • **주소** 대구광역시 북구 대학로 80
**전화** 053-950-6741~3 • **팩스** 053-953-4692
**이메일** press@knu.ac.kr • **홈페이지** http://knupress.com
**ISBN** 978-89-7180-476-6 93910

정가는 뒤표지에 있습니다. 파본은 바꾸어 드립니다.

진민사와 오토재를 통한 의성문화의 새로운 이해

# 의성 진민사(鎭民祠)의 재발견

김윤규 · 김덕현 · 황위주 · 김미영 지음

경북대학교출판부

# 머리말

진민사(鎭民祠)는 고려시대 태자첨사(太子詹事)를 역임하고 의성군(義城君)에 봉해진 의성김씨 시조 김용비(金龍庇) 공을 제향하기 위해 건립한 사당이다. 공이 세상을 떠난 직후 고을 사람들이 공의 공덕을 기리기 위해 건립하였다고 하는데, 의성김씨 집안에서 주도하여 건립한 문중 재사(齋舍)가 아니라 지역민이 공동으로 건립한 향현사(鄕賢祠)의 일종이었다는 점에 일차적으로 중요한 특징이 있다.

조선 효종 연간, 의성김씨 집안에서는 진민사와 별개로 경상북도 의성군 사곡면 묘소 아래쪽에 오토재(五土齋)를 건립하였다. 오토산 자락에 있는 재사(齋舍)라고 하여 오토재라 하였고, 문헌에 따라 토재(土齋), 오토재사(五土齋舍), 오토산재사(五土山齋舍) 등으로 일컫기도 한다. 오토재는 의성김씨 집안에서 공의 묘사를 모시기 위해 건립한 문중 재사이다. 그러므로 고을 공동의 진민사와 성격이 달랐으며, 이 때문에 조선시대에는 줄곧 의성 관아 옆에 있던 진민사와 별개의 재사로 존재해 왔다.

그러다가 조선 말기에 큰 변화가 생겼다. 대원군이 서원을 훼철할 때 진민사도 훼철 대상에 포함된 것이다. 그래서 집안사람들이 진민사를 임시로 오토재 경내에 별묘(別廟) 형식으로 이건하였는데, 이후 진민사는 사실상 오토재의 일부처럼 인식되었으며, 관리와 제향 또한 주로 의성김씨 집안에서 담당하게 되었다. 그리고 진민사의 가을 추향(秋享)을 폐기하는 대신 오토재의 묘향(墓享)으로 이를 대체하는 등 구체적인 향례의 진행 일자와 절차에도 적지 않은 변화가 생겨났다.

진민사와 오토재는 이처럼 당초 별개로 존재하던 향현사와 재사가 후대에 하나로 통합 운영된 대단히 특이한 곳이다. 그리고 영남 지역의 대표적 토성(土姓) 가운데 하나인 의성김씨 집안의 시조를 모시고 있는 곳이라는 점, 관향의 원류지에 변함없이 줄곧 자리를 지켜 오고 있다는 점, 설립 이래 지금까지 부단히 그 기능을 유지하고 있다는 점, 그리고 오랜 세월에 걸쳐 생산된 문서를 다른 어디에서도 보기 드물 정도로 풍부하게 보유하고 있다는 점 등 여러 면에서 특별히 주목할 만한 가치가 있다.

영남문화연구원에서는 진민사와 오토재의 이런 가치에 주목하였다. 그리고 경상북도, 의성군, 의성김씨오토재종중, 웅대장학회 등의 후원을 받아 '진민사(鎭民祠)의 역사적 가치 재조명'이란 기획학술대회를 개최하였으며, 학술대회를 통해 의성김씨의 유래와 진민사 사적의 문화적 가치, 군현제의 공간 변화의 상징적 의미, 오토재 문서의 현황과 특징, 진민사의 역사문화적 가치와 의례적 성격 등을 학술적으로 검증해 보고자 하였다.

이 책은 바로 학술대회에서 발표하고 토론한 내용을 정리·보완한 것이다. 그러나 학술대회를 통해 해결한 문제보다 앞으로 해결해야 할 문제가 더 많이 남았다. 주요 문서에 대한 정리·탈초·번역 등은 엄두도 내지 못하였고, 문서 내용에 대한 정밀한 분석 또한 아직 제대로 진행하지 못하였다. 향후 이와 관련된 연구가 지속되기를 희망하며, 이 책이 발간되기까지 인적·물적 지원을 아끼지 않은 후원기관과 의성김씨 오토재 문중, 발표 토론자 여러분, 그리고 경북대학교출판부에 두루 감사드린다.

집필자를 대표하여 황 위 주 씀

## 목 차

제3장

## 오토재(五土齋) 전존문서(傳存文書)의 현황과 특징 _황위주



제4장

## 의성 진민사의 역사문화적 가치와 의례적 성격 _김미영

# 鎭民祠

제1장

# 의성김씨의 유래와 오토산(五土山) 진민사(鎭民祠) 사적의 문화적 가치

—

김윤규

## 1. 논의할 문제

경상북도 의성군에 있는 오토산 진민사에 보관된 문서들이 경상북도 문화재자료로 지정되었다.[1] 이를 통해 이 문서들은 개별 문중의 역사 자료에서 지역사·민족사 자료로 가치의 범위를 넓히게 되었다. 이에 여러 연구자들이 오토산 진민사 문서의 성격과 가치를 규명하기 위한 연구를 시작하게 되었다. 이에 따라 이들 연구의 기본적인 확인사항으로 먼저 이 문서가 생성된 배경으로서의 의성 지역과 의성김씨 및 오토산 진민사의 사적에 대한 사실 확인이 필요하게 되었다. 이 문서들의 대부분은 이 지역의 한 유력한 가문에 의해 조성되고 유지된 묘소와 재사에서 생산된 문서이며, 또한 주민들이 자발적으로 설립하여 한 지역문중에 의해 여러 세기 동안 전승·유지된 사우(祠宇)에서 생산된 것들이다. 그러므로 이 문서를 이해하기 위해서는 문서를 생산한 지역인 의성과 문중인 의성김씨에 대한 이해가 필수적이다. 그런 이해가 이 문서들을 이해하는 데에 중요한 관점을 제공할 것이며, 나아가 이 문서들이 표현하고 있는 문화적·역사적 자산에 대한 활용에 도움을 줄 것이기 때문이다.

이 연구에서 검토하려는 것은 의성 지역의 역사적 유래와 문화적 배경, 의성김씨의 유래와 현황, 오토산 진민사의 역사와 현황 등이다. 이 논문에서 설명할 내용의 대부분은 이미 확인되었거나 기록된 사실이며, 의문이 있거나 이견이 제기될 부분에 대해서는 이를 소개해 둠으로써 지속적인 연구의 소재로 삼는 정도의 역할만 하고자 한다. 많은 부분이 기존의 자료에 기대고 있으므로 새롭게 발견된 사실이나 진전된 논의를 기대하기 어려운 점이 이 논문의 한계이다. 그러므로 이 논문은 기존의 일반 자료들 중에서 오토산 진민사 문서를 생산한 배경에 집중하여 자료를 수합하고 정리하는 정도의 의미를 가지고 있을 뿐이다. 그럼에도 이런 자료정리와 해석이 지금까지 이루어지지 못했으므로, 이런 정도의 노력이라도 해 두는 것이 다음에 이어질 연구와 활용에 도움이 될 것이라는 기대를 가지고 연구를 진행하였다.

유의한 것은, 지역사 또는 문중사에 대한 연구는 이미 다양하고 풍부하게 진행되었지만, 경우에 따라서는 객관적이지 않은 결론에 도달하거나 논리적 결함을 가진 논의가 있기도 했다는 점이다. 이를 감안하여, 이 연구에서는 논증 가능한 자료를 중심으로 의성 지역과 오토산 진민사 사적과 문서의 성격에 대해 검토하고자 한다.

또한, 이 문서와 이를 생산한 오토산 진민사에 대한 연구를 기반으로 하여 궁극적으로 이 지역이 문화를 어떻게 재생산할 수 있는지에 대해서도 제안하고자 한다. 수백 년의 문화적 전통을 발견하는데 그치지 않고 현대적 의미의 문화망을 구성하고 지속적으로 지역문화가 재생산되는 구조를 만들기 위해, 오토산 진민사 지역을 역사유적지구로 정비하는 논리를 개발할 필요가 있기 때문이다.

## 2. 의성과 의성김씨의 유래

### 1) 의성 지역의 유래와 현황

의성(義城)은 경상북도에 속한 군(郡)의 이름이다. 현재는 1읍 17면을 가진 하나의 행정단위인 군으로 되어 있지만 역사적 유래는 좀 더 복잡하다.

의성은 현재 국내에서 가장 이른 시대에 다양한 공룡이 서식했던 유적지로 알려져 있어[2] 지질시대에도 좋은 환경이었음을 짐작하게 하거니와, 가까운 과거에도 사람이 살기에 적합한 지형과 기후를 가지고 있었던 것으로 알려져 있다. 『의성군지(義城郡誌)』[3]에 따르면, 의성 지역에서 유적이 발견된 가장 오래된 흔적은 대체로 3천 년 전인 청동기시대라고 한다. 이 시기에 점곡·금성·봉양 등지에 고인돌이 축조되었고, 옥산·금성·봉양·안계·다인 등지에 선돌이 세워졌다. 지금까지의 기록은 이를 근거로 이 지역에 세력 규모가 큰 부족 집단이 광범하게 거주하였을 것으로 보고 있다. 다만 이 시기 이 지역에 거주한 집단의 성격이나 문화적 특징은 아직 세밀하게 연구되지 않았다.

의성 지역이 역사 기록에 처음 나타나는 시기는 신라 초기이다. 공식적으로 확인되는 것은 『삼국사기(三國史記)』에 조문국(召文國)[4]이라는 기록이 나오는 것이 최초이다.[5] 이 기록에 따르면 조문국이 신라에 정벌된 것은 서기 185년이다.[6] 조문국의 중심 위치는 현재의 금성면 대리리인 것으로 보이며, 2015년 조사에 따르면 전 경덕왕릉(傳 景德王陵)을 포함하여 374기의 고분이 확인되고 있다. 당시에 이 정도의 고분군을 남길 국력이라면 상당한 기간 동안 지속적으로 번영했던 꽤 큰 규모의 정치체였을 것으로 보인다. 또한 인근의 몇몇 고분군에 대한 자료를 보건대 대리리 고분군을 중심으로 서로 영향을 주고받는 다수의 권력집단이 있었을 것으로 추정되고 있다.

현재의 의성군 단밀·단북 지역에는 또 다른 부족국가인 난미리미동국(難彌離彌凍國)과 변진미리미동국(弁辰彌離彌凍國)이 있었다는 설도 있는데, 이들 소국은 안계평야의 대제지(大堤池)의 옛 이름인 미기지(彌基池)를 중심으로 하여 쌀농사를 영위한 부족이었을 것으로 보고 있다. 그 밖에 여담국(如湛國)도 군위 가까운 의성 지역에 있었던 국가라는 설이 있다.

그 뒤 525년 상주에 사벌주(沙伐州)를 설치하였으며 그 관하에 아시촌소경(阿尸村小京)을 두었다는 기록이 있는데, 이 아시촌이 의성의 안계 지역이었을 것으로 보는 설도 있다. 그렇다면 의성은 신라시대에 지역거점으로서 중요한 기능을 했을 것으로 보인다.

신라가 통일한 뒤 673년에 조문성(召文城, 금성산성)이 축조되었으며 757년에 지방행정기관 명칭을 한자로 개명하면서 문소군(聞韶郡)이

설치되었다. 문소군 안에는 비옥현(比屋縣, 아화옥현阿火屋縣을 개명), 안현현(安賢縣, 아시혜현阿尸兮縣을 개명), 단밀현(單密縣, 무동미지현武冬彌知縣을 개명), 진보현(眞寶縣, 칠파화현漆巴火縣을 개명) 등이 소속되어 있었다.

고려시대에는 개국 초기부터 의성이 중요하게 기록되었다. 고려 태조의 통일전쟁 시기인 923년 호족 홍술(洪術, 또는 김홍술金洪術)이 태조에게 귀부하여 견훤과 싸우다가 929년 전사하였고, 태조가 이에 감동하여 문소군을 의성부(義城府)로 바꾸었다고 하였다. 의성부에는 안정현(安貞縣), 비옥현(比屋縣), 단밀현(單密縣), 다인현(多仁縣) 등이 속해 있었다.

조선시대에는 의성현과 안정현이 독자적인 행정기관이었고 기타 영현이 있었으나 안정현이 비안현(比安縣)이 되고 기타의 속현들이 면제(面制)로 포함되어 있었다. 이 시기에도 경계 지역의 일부는 상주나 예천에 속하기도 했고 다시 의성에 속하기도 했지만 대체로 현재의 의성 지역이 구획되어 있었다.

1914년 일제에 의해 지방행정제도가 조정되면서 비안군이 의성군에 포함되고 17개 면을 두었다가 1940년 의성면이 읍으로 승격되면서 1읍 16면 체제가 되었다. 해방 이후에도 과거의 읍면 체제가 그대로 유지되었으며, 1990년 신평면에서 안사면이 분리되어 현재와 같은 1읍 17면이 완성되었다. 현재 의성의 면적은 1,176.6$km^2$로, 남한 전 국토(99,060.58$km^2$)의 1.19%에 해당된다.

**[표 1-1] 의성군의 면적**[7]

| 구분 | 면적($km^2$) | 비율 | 비고 |
|---|---|---|---|
| 전국 면적 | 99,060.58 | 100% | |
| 경상북도 면적 | 19,021.86 | 19.20% | |
| 의성군 면적 | 1,176.6 | 1.19% | 경상북도의 6.2% |

현재 의성의 인구는 51,001명으로 남한 전체 인구(51,069,375명)의 0.10%에 해당된다.

**[표 1-2] 의성군의 인구**

| 구분 | 전체 | 남자 | 여자 |
|---|---|---|---|
| 전국 인구(외국인 포함) | 51,069,375명(100%) | 25,608,502명 | 25,460,873명 |
| 경상북도 인구 | 2,680,294명(5.25%) | 1,351,037명 | 1,329,257명 |
| 의성군 인구 | 51,001명(0.10%) | 24,557명 | 26,444명 |

의성 지역을 본관(本貫)으로 하는 성씨는 원래 김(金)씨, 장(蔣)씨, 정(丁)씨, 구(具)씨, 박(朴)씨 등이 있다고 했다.[8] 그 뒤 인구이동을 거쳐 조선시대에는 의성 지역 본관 성씨가 수십 종이 있었다. 이들은 의성의 김(金)씨, 심(沈)씨, 홍(洪)씨와, 안정의 나(羅)씨, 오(吳)씨, 임(林)씨, 비안의 손(孫)씨, 정(鄭)씨, 다인의 육(陸)씨, 장(張)씨, 최(崔)씨, 황(黃)씨 등이었다.[9] 그러나 소수 씨족은 다수 본관으로 편입해 가거나 후손이 단절되어 없어지고, 현재는 의성을 본관으로 하는 유입 성씨들의 소수 인구만이 집계되어 있다.

현재 가진 자료는 통계청에서 조사한 것인데, 본인이 진술하는 대로 집계하였으므로 계보적 검토를 거친 것이 아니다. 의성의 현재 지명을 본관으로 한 경우와 옛 지명을 본관으로 한 경우를 모두 조사했으나, 한자가 병기되어 있지 않아서 '금성'이나 '단성' 등은 다른 지방과 혼동의 여지가 있으므로 제외했다. '신평'도 이씨, 박씨, 임씨, 장씨 등에서 본관으로 나타나는데, 충청남도 당진을 기반으로 하는 경우와 의성 신평면을 기반으로 하는 경우를 구분할 수 없으므로 제외하고 보아야 한다. 그 결과 '의성' 본관은 김씨, 노씨, 마씨, 박씨, 손씨, 이씨, 임씨, 정씨 등이 있고 '안정'은 나씨, '병산'은 박씨, '비안'은 박씨, 손씨, '단산'은 장씨, 정씨 등이 있다.

**[표 1-3] 의성을 본관으로 하는 전국의 인구(5명 이상)**

단위: 명

| 성씨 | 본관 | 인구 | 성씨 | 본관 | 인구 |
|---|---|---|---|---|---|
| 곽(郭) | 의성 | 9 | 양(楊) | 의성 | 13 |
| 구(具) | 의성 | 31 | 예(芮) | 의성 | 87 |
| 권(權) | 의성 | 15 | 오(吳) | 의성 | 59 |
| 김(金) | 문소 | 8,324 | 옥(玉) | 의성 | 12 |
|  | 비안 | 16 | 위(魏) | 의성 | 30 |
|  | 의성 | 287,469 | 유(劉) | 의성 | 24 |
| 나(羅) | 비안 | 37 | 윤(尹) | 의성 | 6 |
|  | 안정 | 8,934 | 이(李) | 의성 | 990 |
|  | 의성 | 17 | 임(林) | 안사 | 5 |
| 노(盧) | 의성 | 146 |  | 의성 | 307 |
| 마(馬) | 의성 | 534 | 장(張) | 단산 | 195 |
| 민(閔) | 의성 | 6 |  | 의성 | 8 |
| 박(朴) | 다인 | 6 | 장(蔣) | 의성 | 31 |
|  | 병산 | 338 | 전(全) | 의성 | 37 |
|  | 비안 | 3,311 | 전(田) | 의성 | 23 |
|  | 의성 | 261 | 정(鄭) | 단산 | 31 |
| 반(潘) | 의성 | 15 |  | 의성 | 39 |
| 방(方) | 의성 | 13 | 정(丁) | 의성 | 3,498 |
| 배(裵) | 의성 | 20 | 정(程) | 의성 | 42 |
| 백(白) | 의성 | 14 | 제(諸) | 의성 | 6 |
| 변(卞) | 비안 | 57 | 주(朱) | 의성 | 20 |
| 부(夫) | 의성 | 8 | 지(池) | 의성 | 12 |
| 빈(賓) | 의성 | 90 | 진(陳) | 의성 | 23 |

| 사(史) | 의성 | 42 | 차(車) | 의성 | 5 |
|---|---|---|---|---|---|
| 서(徐) | 의성 | 52 | 천(千) | 의성 | 43 |
| 성(成) | 의성 | 10 | 최(崔) | 의성 | 43 |
| 손(孫) | 병산 | 185 | 태(太) | 의성 | 22 |
|  | 비안 | 247 | 허(許) | 의성 | 5 |
|  | 의성 | 21 | 현(玄) | 의성 | 10 |
| 송(宋) | 의성 | 13 | 홍(洪) | 의성 | 17 |
| 신(申) | 의성 | 82 | 황(黃) | 의성 | 11 |
| 심(沈) | 의성 | 8 |  |  |  |

이 통계에 따르면, 의성의 옛 이름이나 지역명을 따라 '문소', '안정', '비옥', '비안', '다인', '단밀', '병산' 등으로 쓰이던 본관들이 대부분 소멸되거나 '의성'으로 통일되는 현상이 나타나고 있다. 또한 『의성군지』에 기록되지 않았던 의성곽씨, 의성구씨, 의성권씨 등이 다수 새롭게 집계되었다. 이러한 성씨들에 속한 것으로 파악된 인구는 100명 미만이 많고 심지어 5명 정도밖에 안 되는 경우도 많았다. 『만성보』나 백과사전에도 거의 등재되지 않은 이런 성씨가 조사되는 이유는 여러 가지가 있겠지만, 본관지 또는 집성지에서 고립된 일부 거주자들이 현재의 거주지나 본적지를 본관으로 등록했을 가능성도 있다.

결국 현재 의성을 본관으로 가진 성씨 중에서는 의성김씨, 문소김씨, 안정나씨, 비안박씨, 의성정(丁)씨 정도가 1천 명 이상의 규모를 유지하면서 계승되고 있는 것으로 파악된다. 이 중에서도 문소김씨를 포함한 의성김씨가 295,793명으로 가장 많다. 따라서 의성김씨는 의성을 본관으로 하는 대표 성씨이며 의성에 대해 본향의식을 가진 가장 큰 성관 집단이라 하겠다.

### 2) 김씨의 현황과 의성김씨

현재 특별한 경우가 아니면 남한의 전 국민이 성씨를 가지고 있다. 실제로 조선 후기까지는 성씨를 가지고 있지 않은 경우가 많았으나, 조선 말기에 신분제도와 문중의식이 흐려지면서 거의 모든 국민이 본토 유래나 중국 유래 등의 성씨를 가지게 되었다. 더욱이 일제 강점기에 전 국민이 호적을 갖게 되면서 의무적으로 성씨를 등록하게 되었기 때문에, 많은 이들이 역사를 거슬러 자신의 성씨를 찾기도 했고, 투탁이나 날조에 의해 성씨에 편입하기도 했다.

그 후 일제 강점기를 지나오면서 일부 일본 유래의 성씨도 유입되었으나 해방 이후 거의 소멸되어 현재 통계로 보아서는 무본(武本)씨 6명, 등정(藤井)씨 5명 정도가 남아 있고, 최근에 결혼이나 이민 등의 사유로 신생 성씨가 발생하고 있기도 하다. 지금 남한에서 인구 5명 이상으로 통계에 잡히는 성씨는 532성이 있다. 성씨의 종류가 이렇게 많은 것은, 새로 발생하거나 발견된 성씨로 인한 것도 있겠지만, 나(羅)씨-라(羅)씨, 유(柳)씨-류(柳)씨가 별도의 성씨로 잡혀 있기도 하고, 남궁(南宮-南宫)씨처럼 사실상 같은 글자를 따로 잡은 경우도 있고, 유(柳-抑)씨, 제갈(諸葛-諸曷-諸渴)씨처럼 오기(誤記)를 별도의 성씨로 취급한 경우도 있기 때문이다.

현재 남한의 성씨 중에 1천만 명 이상의 인구를 가진 성씨는 김(金)씨 1성이며, 인구 1백만 명 이상이 김(金)씨, 이(李)씨, 박(朴)씨, 최(崔)씨, 정(鄭)씨, 강(姜)씨, 조(趙)씨, 윤(尹)씨 등 8성, 인구 10만 명 이상이

54성, 인구 1만 명 이상이 112성이다. 인구가 희소한 성씨로 1천 명 미만이 378성이며 그중에서 1백 명 미만이 299성, 10명 미만도 129성이나 있다.

**[표 1-4] 인구 1천 명 이상인 성씨와 인구** 단위: 명

| 총 인구(내국인) 49,705,663 | | | | | | | |
|---|---|---|---|---|---|---|---|
| 가(賈) | 9,936 | 박(朴) | 4,192,074 | 여(余) | 20,134 | 지(智) | 6,070 |
| 간(簡) | 2,520 | 반(潘) | 28,062 | 여(呂) | 60,522 | 지(池) | 153,491 |
| 갈(葛) | 2,086 | 방(房) | 33,520 | 연(延) | 34,766 | 진(晋) | 7,566 |
| 감(甘) | 6,024 | 방(方) | 94,831 | 염(廉) | 69,387 | 진(秦) | 19,301 |
| 강(姜) | 1,176,847 | 배(裵) | 400,641 | 예(芮) | 13,568 | 진(陣) | 1,740 |
| 강(康) | 91,625 | 백(白) | 381,986 | 오(吳) | 763,281 | 진(陳) | 157,599 |
| 견(甄) | 1,251 | 범(范) | 3,826 | 옥(玉) | 25,107 | 차(車) | 194,782 |
| 경(慶) | 13,012 | 변(卞) | 78,156 | 온(溫) | 5,418 | 채(蔡) | 131,557 |
| 경(景) | 3,923 | 변(邊) | 60,633 | 왕(王) | 25,565 | 천(千) | 121,780 |
| 계(桂) | 6,636 | 복(卜) | 9,538 | 용(龍) | 15,276 | 최(催) | 6,582 |
| 고(高) | 471,396 | 봉(奉) | 12,927 | 우(禹) | 194,713 | 최(崔) | 2,333,927 |
| 공(孔) | 91,869 | 부(夫) | 10,536 | 원(元) | 129,522 | 추(秋) | 60,483 |
| 곽(郭) | 203,188 | 빈(賓) | 5,593 | 위(魏) | 31,342 | 탁(卓) | 21,099 |
| 구(丘) | 15,382 | 사(史) | 10,730 | 유(兪) | 167,927 | 태(太) | 9,063 |
| 구(具) | 193,080 | 사공(司空) | 4,476 | 유(劉) | 302,511 | 팽(彭) | 2,935 |
| 국(鞠) | 20,547 | 상(尙) | 2,376 | 유(庾) | 13,868 | 편(片) | 16,689 |
| 권(權) | 705,941 | 서(徐) | 751,704 | 유(柳) | 478,990 | 표(表) | 30,743 |
| 금(琴) | 25,432 | 서문(西門) | 2,028 | 육(陸) | 23,455 | 피(皮) | 6,578 |
| 기(奇) | 28,829 | 석(昔) | 11,355 | 윤(尹) | 1,020,547 | 하(夏) | 2,475 |
| 길(吉) | 38,173 | 석(石) | 49,203 | 은(殷) | 16,894 | 하(河) | 230,481 |
| 김(金) | 10,689,959 | 선(宣) | 42,733 | 음(陰) | 5,604 | 한(韓) | 773,404 |
| 나(羅) | 160,946 | 선우(鮮于) | 3,588 | 이(李) | 7,306,828 | 함(咸) | 80,659 |
| 남(南) | 275,648 | 설(偰) | 2,937 | 인(印) | 22,363 | 허(許) | 326,770 |
| 남궁(南宮) | 21,308 | 설(薛) | 42,646 | 임(任) | 191,261 | 현(玄) | 88,824 |
| 노(盧) | 256,229 | 성(成) | 199,124 | 임(林) | 823,921 | 형(邢) | 7,239 |
| 노(魯) | 58,698 | 소(蘇) | 52,427 | 장(張) | 992,721 | 호(扈) | 4,340 |
| 단(段) | 1,612 | 소(邵) | 1,309 | 장(章) | 5,764 | 호(胡) | 1,494 |
| 당(唐) | 1,146 | 손(孫) | 457,303 | 장(蔣) | 21,508 | 홍(洪) | 558,853 |
| 도(都) | 56,850 | 송(宋) | 683,494 | 전(全) | 559,110 | 황(黃) | 697,171 |
| 도(陶) | 1,037 | 승(承) | 2,619 | 전(田) | 186,469 | 황보(皇甫) | 10,383 |

| 동(董) | 5,462 | 시(施) | 2,235 | 전(錢) | 3,678 | 기타 | 123,516 |
|---|---|---|---|---|---|---|---|
| 두(杜) | 6,428 | 시(柴) | 2,114 | 정(丁) | 243,803 | | |
| 라(羅) | 25,960 | 신(愼) | 51,865 | 정(程) | 11,683 | | |
| 류(柳) | 163,703 | 신(申) | 741,081 | 정(鄭) | 2,151,879 | | |
| 마(馬) | 38,949 | 신(辛) | 192,877 | 제(諸) | 21,976 | | |
| 맹(孟) | 22,028 | 심(沈) | 271,749 | 제갈(諸葛) | 5,655 | | |
| 명(明) | 29,110 | 안(安) | 685,639 | 조(曺) | 398,260 | | |
| 모(牟) | 21,534 | 양(梁) | 460,600 | 조(趙) | 1,055,567 | | |
| 목(睦) | 8,848 | 양(楊) | 69,101 | 좌(左) | 3,378 | | |
| 문(文) | 464,040 | 어(魚) | 18,849 | 주(周) | 37,240 | | |
| 민(閔) | 171,740 | 엄(嚴) | 144,425 | 주(朱) | 194,766 | | |

이 자료에 따르면 김씨는 10,689,959명으로 단연 최다수이다. 이는 전 국민의 21.51%에 해당되는 인구로, 5분의 1이 넘는 비중을 차지하고 있다. 2015년 인구조사에 따르면 김씨는 1,000개가 넘는 많은 본관을 가지고 있다. 현재 5명 이상의 인구를 가지고 있는 김씨의 본관만도 1,011관이다.

**[표 1-5] 전국 인구 1천 명 이상인 김씨의 본관과 인구**

단위: 명

| 전국 총인구 49,705,663 | | | | 김씨 전체 인구 10,689,959 | | | |
|---|---|---|---|---|---|---|---|
| 강능 | 5,205 | 도광 | 1,260 | 양산 | 2,611 | 청주 | 33,681 |
| 강릉 | 179,593 | 무장 | 2,895 | 양주 | 3,889 | 청풍 | 110,815 |
| 강진 | 4,845 | 무주 | 2,422 | 언양 | 52,652 | 충주 | 10,582 |
| 강화 | 1,861 | 문소 | 8,324 | 연안 | 93,382 | 태원 | 2,585 |
| 개성 | 22,793 | 밀양 | 9,200 | 연일 | 2,463 | 통천 | 5,669 |
| 경주 | 1,800,853 | 백천 | 1,490 | 영광 | 37,885 | 파평 | 1,560 |
| 고령 | 15,611 | 부녕 | 2,397 | 영덕 | 2,193 | 평산 | 1,433 |
| 고성 | 13,735 | 부령 | 14,386 | 영동 | 2,587 | 풍산 | 14,311 |
| 공주 | 7,589 | 부안 | 48,961 | 영산 | 24,941 | 풍천 | 2,246 |
| 광산 | 926,316 | 부영 | 3,413 | 영암 | 2,558 | 한양 | 5,082 |
| 광주 | 28,156 | 분성 | 16,282 | 영양 | 8,779 | 함녕 | 10,406 |
| 교하 | 1,268 | 사천 | 5,677 | 영천 | 2,785 | 함영 | 1,135 |

| 금녕 | 287,701 | 삼섭 | 1,182 | 예안 | 15,600 | 함창 | 28,343 |
|---|---|---|---|---|---|---|---|
| 금령 | 4,794 | 삼척 | 92,671 | 완산 | 1,090 | 해남 | 1,619 |
| 금릉 | 1,755 | 상산 | 91,558 | 용궁 | 12,569 | 해주 | 6,652 |
| 금산 | 16,234 | 상주 | 5,503 | 우봉 | 3,325 | 해평 | 4,790 |
| 금성 | 3,474 | 서흥 | 36,402 | 울산 | 42,746 | 해풍 | 10,934 |
| 금영 | 14,494 | 선산 | 138,819 | 원주 | 13,215 | 화순 | 1,762 |
| 김녕 | 290,092 | 선상 | 7,071 | 월성 | 87,268 | 희천 | 3,221 |
| 김령 | 1,494 | 선성 | 3,261 | 의성 | 287,469 | 기타 | 151,016[10] |
| 김영 | 29,855 | 설성 | 2,162 | 일선 | 46,009 | | |
| 김제 | 3,541 | 성주 | 1,787 | 전주 | 56,989 | | |
| 김해 | 4,456,700 | 수안 | 5,540 | 정주 | 2,376 | | |
| 나주 | 51,060 | 수원 | 21,060 | 진도 | 1,539 | | |
| 낙안 | 4,174 | 순천 | 62,916 | 진위 | 1,474 | | |
| 남양 | 2,283 | 안동 | 519,719 | 진주 | 22,308 | | |
| 당악 | 5,400 | 안산 | 16,990 | 진천 | 1,999 | | |
| 대구 | 2,397 | 안성 | 1,448 | 창원 | 2,950 | | |
| 덕수 | 3,438 | 야성 | 2,191 | 청도 | 91,293 | | |
| 도강 | 31,496 | 양근 | 7,703 | 청송 | 1,014 | | |

이 자료는 신고자가 현재의 독음대로 자신의 본관을 신고하면 공공기관이 그것을 그대로 수록한 데 따른 결과이다. 즉 신고자가 오해나 무지로 오기(誤記)했을 경우나 본관의 이칭(異稱)을 별개의 본관으로 인식했을 경우에도 별도로 집계했으므로 본관의 숫자가 크게 늘어난 것으로 보인다. 예를 들면 金(금, 김), 寧(녕, 령, 영), 陵(능, 릉), 尼(니, 이), 羅(나, 라), 樂(락, 악), 藍(남, 람), 靈(령, 영), 禮(례, 예)처럼 동자이음(同字異音)이 다르게 집계된 경우도 있고, 경주-계림-월성, 완산-전주처럼 지명이 신구이명(新舊異名)일 경우 다르게 집계되어 있기도 하다. 인구 5명 미만인 '기타' 본관이 75,790명이 있는데도 기계적인 통계의 결과로 '불명'이 5명, '불상'이 569명이나 독립 본관처럼 잡혀 있다.

김씨는 크게 신라계와 가야계로 나뉘어 이해되고 있지만, 세부적으로 보면 귀화계도 있고 사성(賜姓)계도 있는 등, 형성 과정이 좀 더 다양한 계열도 있다. 최근에는 전 세계에 진출한 김씨들도 많고 이입하여 김씨가 된 사람들도 많은데, 대부분은 기존의 본관을 따르고 있지만, 일부는 별도의 본관을 창설하기도 해서 8명의 '월남김씨'와 6명의 '일본김씨'가 통계에 잡혀 있다.

김씨의 각 본관 중에서 인구가 가장 많은 것은 4,456,700명의 김해김씨이며, 10만 명 이상은 10본관, 1만 명 이상은 48본관, 1천 명 이상은 111본관이다. 소수 본관으로, 인구가 1백 명 미만인 본관은 735본관이고 그중에서 인구 10명 미만인 본관은 270본관이다.

그런데 이 통계도 단순히 주민이 신고한 자료를 토대로 한 것이기 때문에 동일 본관에 속하면서도 발음대로 쓰던 습관으로 다르게 집계한 예가 많이 발견된다. '강능'과 '강릉', '금녕'과 '금령'과 '금영', '김녕'과 '김령'과 '김영', '부녕'과 '부령'과 '부영', '함녕'과 '함영' 등이 다 따로 잡혀 있는 경우가 그것이다. 또, 많은 경우에 고금이명(古今異名)의 지명을 별도의 본관처럼 신고하여 집계된 예도 많다. '경주'와 '월성', '상산'과 '상주', '선산'과 '일선', '예안'과 '선성' 등은 동일한 본관을 다르게 집계한 것으로 보인다. 심지어 '삼섭김씨'의 경우는 '삼척(三陟)'을 '삼섭(三涉)'으로 오기하여 발생한 것을 세습한 듯하며, 연유를 짐작하기 어려운 본관도 더러 있다.

그중에서 '의성'과 '문소'의 경우는 연유가 명확한 편이다. 문소(聞韶)는 의성(義城)의 옛 이름이며 오랫동안 혼용해 오던 것인데, 근간에는 거의 '의성'으로 일치하여 287,469명이 의성김씨로 신고했지만, 아직도 8,324명이 '문소'를 본관으로 쓰고 있음이 통계상 나타난다. 현재의 문소김씨에 대해 검토한 결과,[11] 이들은 김석(金錫)의 현손인 김경진(金景珍)의 아우 김경염(金景琰)의 5대손 김성단(金成丹)의 후손들[12]로, 일시적으로 계보를 잃었다가 회복된[13] 의은공(義隱公) 김성단계(金成丹系) 잠강공파(潛江公派) 등 일부인 것으로 판단된다.[14] 그러나 현재 정부 공식 통계상 문소김씨는 의성김씨와 별도로 집계되어 있으므로 전체적인 통계를 위해서는 의성김씨와 문소김씨를 합산하여 보아야 한다.[15] 특별한 사유가 없다면 이 문소김씨들은 의성김씨의 일부이며 이들을 포함하면 현재 통계상 의성김씨는 295,793명이 되어 거의 30만 명에 이를 것이다.

**[표 1-6] 문소김씨와 의성김씨의 인구수와 분포**

단위: 명

| 행정구역 | 전체 인구 | 김씨 인구 | 문소김씨 인구 | 의성김씨 인구 |
|---|---|---|---|---|
| 전국 | 49,705,663 | 10,689,959 | 8,324 | 287,469 |
| 서울특별시 | 9,567,196 | 2,025,779 | 1,154 | 49,381 |
| 부산광역시 | 3,404,667 | 757,159 | 623 | 19,321 |
| 대구광역시 | 2,436,770 | 521,160 | 2,037 | 41,784 |
| 인천광역시 | 2,822,601 | 598,187 | 211 | 13,315 |
| 광주광역시 | 1,481,289 | 338,304 | 27 | 3,274 |
| 대전광역시 | 1,519,314 | 309,274 | 111 | 7,446 |
| 울산광역시 | 1,136,755 | 262,050 | 325 | 7,841 |
| 세종특별자치시 | 199,617 | 39,432 | 13 | 904 |
| 경기도 | 12,026,429 | 2,523,923 | 1,279 | 57,321 |
| 강원도 | 1,499,734 | 338,077 | 251 | 6,598 |
| 충청북도 | 1,548,589 | 315,919 | 141 | 9,459 |
| 충청남도 | 2,036,720 | 423,510 | 107 | 8,546 |
| 전라북도 | 1,804,184 | 382,281 | 22 | 6,950 |
| 전라남도 | 1,764,433 | 413,805 | 34 | 2,445 |
| 경상북도 | 2,622,729 | 603,188 | 1,673 | 37,057 |
| 경상남도 | 3,244,163 | 697,357 | 288 | 14,864 |
| 제주특별자치도 | 590,473 | 140,554 | 28 | 963 |

### 3) 의성김씨의 유래와 현황

의성김씨는 신라 왕성(王姓)인 김씨의 일파로 경순왕의 4자(혹은 5자) 김석(金錫)이 의성군(義城君)으로 봉군되고부터 시작된 성씨라고 알려져 있다.[16] 일반적으로 불리는 '의성김씨'라는 말에는 두 가지 의미가 있을 수 있다. 하나는 '의성군 김석의 후손'이라는 뜻이며, 하나는 '(주로 고려 초까지) 의성에 살고 있던 김씨의 후손'이라는 뜻이다. 전통적으로 이해되고 현재도 통용되는 개념은 전자이다. 이에 대해서도 논의할 내용이 있지만 족보상으로는 별로 이론(異論)이 없다.

후자의 경우, 즉 의성에 토착한 김씨들에 대한 문제는 김홍술(金洪術)과 관련된 것이다. 의성에서 의성김씨로 여겨지는 (김)홍술((金)洪術)[17]은 신라 말기 진보(眞寶)의 호족으로, 왕건에게 귀부하여 의성에서 벌어진 고려 건국 전쟁에서 전사하였다. 고려 조정은 이를 매우 후대하였으며 의성 사람들은 그를 성황신으로 숭배하여 제사하였다.[18] 그는 신라가 멸망하기 이전에 이미 진보의 향리로 성주가 된 인물이므로,[19] 경순왕이 고려에 귀부한 뒤에 고려왕녀와 혼인하여 태어난 김석(金錫)보다 적어도 한 세대 이상 앞선 사람이며 현재의 의성김씨 계보에서 보이는 김홍술(金弘述 또는 金弘術)과는 다른 사람이다. 현재의 기록을 신뢰한다면 홍술(洪術)은 경순왕과 동년배일 것이며, 그러므로 경순왕의 아들인 김석의 손자 김홍술과 동일인물로 볼 수 없다. 그는 고려 건국기에 진보와 의성의 성주일 때에는 이름이 홍술(洪術)로 나오고[20] 이후의 기록에서 김홍술(金洪述) 또는 김홍술(金洪術)로 나오기도 하다가[21] 성황신으로 제사될 때에는 김홍술(金洪術)로 이름이 굳어진다.[22] 이후에 그를 '의성사람[義城人]'이라고 표현[23]했으므로 그를 의성김씨로 이해한 듯하지만, 현재 의성김씨 중에서 김석(金錫) 이전의 김홍술(金洪術)을 조상으로 한 후손들은 보이지 않는다. 다른 자료에는 홍술(洪術)이 고려의 개국공신 홍유(洪儒)[24]이며 의성홍씨(義城洪氏)의 조상이라고 볼 수 있다는 근거도 있다.[25]

의성김씨가 중국에서 도래하여 의성에 정착한 김씨 씨족이며, 그 확산 범위가 일본까지 이르렀다는 주장도 있다. 그 주장에 따르면 의성김씨가 한국과 일본의 '왜국' 조상이라고 하였다.[26] 그러나 이는 학술적 근거가 미약하여 설득력 있게 증명하려면 풀어야 할 과제가 많다. 그러므로 현재 의성김씨는 모두 김석(金錫)의 후손으로 간주되고 있다.

1992년 대동보를 기준[27]으로 하면 김석(金錫)으로부터 김용비(金龍庇)까지 석(錫)-일(逸)-홍술(弘術)-국(國)-경진(景珍)-언미(彦美)-습광(襲光)-공우(公瑀)-용비(龍庇)로 계대(繼代)되어 있다. 그러나 제2세부터 제8세까지의 사적이 분명하지 않으므로 경우에 따라 다르게 기록되어 있고,[28] 족보에서도 이에 대해 의문을 가지고 주를 달아 표시해 두기도 했다.[29] 그 결과 첨사공 김용비 이전의 기록은 신뢰하지 않고 첨사공을 실질적인 시조로 기록한 경우도 있다. 신빙할 수 있는 기록을 전거로 삼는 관례에 따르면 이 역시 타당하다고 할 수 있다. 그러나 첨사공 이전에 분파된 경우에도 의성김씨로 대를 이어 살고 있고 대동보에도 등재되어 있으므로, 대동보상 9세인 첨사공을 시조로 표현하기에는 조심스러운 부분이 있다.

현재 의성김씨 중에서 얼마가 첨사공의 자손인지, 각 분파별 의성김씨 인구수가 얼마인지를 일일이 확인하기는 어렵다. 게다가 대동보에 수록된 사람이 의성김씨의 전체 인원이라고 하기도 어렵다. 2015년 통계상 문소김씨를 포함한 의성김씨가 295,793명인데, 1992년 대동보 총 13권에 수록된 인구수는 42,965명으로 2015년 총인구의 14.52% 정도에 불과하다. 대동보와 통계 사이에 20년가량의 연대 차이는 있으나 이를 감안해도 수록 비율이 낮다는 것은 마찬가지일 것으로 보인다. 결국 정확한 분파별 인원수를 산출하는 것은 어려우므로, 간접적으로 대동보에 수록된 면수를 비율로 파악하여 대체적인 비중을 알아보는 것만이 가능하다.

**[표 1-7] 의성김씨 계파별 비중(1992년 대동보 면수 기준)**

| 전체 | 術자 분파 | 景자 분파 | 龍자 분파 | 대동보 면수 | 비율 |
|---|---|---|---|---|---|
| 錫 총계 | | | | 17,198면 | 100.00% |
| | 弘術系 | | | 17,176면 | 99.87% |
| | | 景珍系 | | 16,547면 | 96.21% |
| | | | 龍庇系 | 15,019면 | 87.33% |
| | | | 龍弼系 | 1,301면 | 7.56% |
| | | | 龍珠系 | 227면 | 1.32% |
| | | 景琰系 | | 629면 | 3.66% |
| | 仁術系 | | | 22면 | 0.13% |

이 대동보 기록에 따르면, 수록된 인구 중에서 99.87%가 김홍술(金弘術)의 자손이며 그중에서 김용비(金龍庇)의 자손이 전체 의성김씨의 87.33%이고 그의 형제인 김용필(金龍弼)의 자손이 7.56%, 김용주(金龍珠)의 자손이 1.32%이다. 그러므로 의성김씨가 대부분 김용비의 자손이라고 할 수는 있으나 적지 않은 예외가 있는 것도 사실이다.

김용비의 후손이 아닌 분파로 의성김씨에 포함되어 수록된 사람들은 다음과 같다.

2세 김일(金逸)의 아들로는 김홍술(金弘術)과 김인술(金仁術)이 있다. 김홍술의 후손이 첨사공으로 이어지는 것이 의성김씨의 일반적인 계보이지만, 김인술의 후손인 선략장군파(宣略將軍派)의 장령공파(掌令公派), 청암공파(淸巖公派), 참봉공파(參奉公派) 등이 대동보에 실려 있다.[30]

또한 4세 김국(金國)의 아들에는 김경진(金景珍)과 김경염(金景琰)이 있으며 첨사공의 조상인 김경진 후손 이외에도 김경염의 후손 찬성사(贊成事) 김성단(金成丹)의 후손으로 의성 장림파(長林派), 만은공파(晩隱公派), 잠강공파(潛江公派), 의사당파(義思堂派) 등이 대동보에 실려 있다.[31]

첨사공 김용비(金龍庇)는 김공우(金公瑀)의 맏아들이지만 그에게는 아우로 김용필(金龍弼)과 김용주(金龍珠)가 있었다. 그중 김용필의 후손 수사공공파(守司空公派)에 모재 김안국(慕齋 金安國)과 사재 김정국(思齋 金定國) 등 뛰어난 인물이 있으며 김용주의 후손 충의공파(忠毅公派)도 대동보에 수록되어 있다.[32]

이로 보아, 첨사공 이전의 상계 계대가 분명하지는 않으나, 현재의 자손들을 모두 아우르기 위해서는 김석(金錫)을 시조로 표현하는 것이 온당할 듯하다. 다만 선인들이 왕왕 첨사공을 "우리 시조[我始祖]"라고 칭한 것[33]은 그 이전인 1656년 병신보(丙申譜)의 서술태도를 따르면서 선조에 대한 사모와 친밀함을 표한 것으로 이해된다.

첨사공 김용비의 시대에 대해서는 많은 이설이 있다.[34] 그 원인은,

상계 계대가 불분명하기 때문에 생몰년이나 활동시대가 혼란스러울 수밖에 없고, 이에 따라 후대에 기록된 업적도 상호 차착이 생겼기 때문이다.

문중에 전해지는 기록상에는 "백성들에게 큰 공덕이 있어서[大功德於民]", "홍건적을 토벌하는 데 공적이 있어서[討紅巾有功]", "벼슬이 요양성 참지정사에 이르고[官至遼陽城參知政事]", "명종 때에 벼슬하여 정승에 이르렀으며[明宗朝入官至政丞]", "추성보절공신으로 의성군에 봉해졌다.[推誠保節功臣封義城君]" 등의 서술이 있다. 또는 '증 은청광록대부 상서좌복야 태자첨사(贈 銀靑光祿大夫 尙書左僕射 太子詹事)'였다는 기록[35]도 있다. 그러나 이들 모두 『고려사』에 직접적으로 기록된 것이 아니며, 각 기술 사이에 시기적으로 일치하지 않는 점도 있다. 그가 명종 시대에 생존하였다고 했으나, 고려 명종은 서기 1170년에서 1197년까지 재위했는데 홍건적은 1359년에 침공하여 1363년에 퇴각하였으니 시간적인 차이가 크다. 그러므로 이들 모두 상호 전거가 되지는 못하고 있다.

가장 신뢰할 만한 것으로 첨사공의 5대손 김천(金洊)의 호구단자[36]를 기준으로 소급한 추정이 있다. 1390년대에 생존하였던 김천의 5대조를 세대 간격에 따라 소급하여 첨사공의 생존 연대를 1200년대 중반 정도로 추정하는 것이다. 이렇게 보면 첨사공의 공덕은 1231년부터 30여 년간 계속되었던 몽고 침략에서 의성 지역을 효과적으로 방어하여 읍민의 생존을 지켰던 것으로 볼 수 있다.[37]

이처럼 시대가 고증되는 후손으로부터 역산하는 방법으로 시기를 추정하는 경우로 다른 관찬문서를 활용하는 방법도 있다. 첨사공의 증손자 김태권(金台權)에 대해서는 『동사강목(東史綱目)』 1363년 기록에 나타나고, 첨사공의 손자 김서지(金瑞芝)에 대해서는 『고려사절요(高麗史節要)』 1303년 기록[38]과 1311년 기록[39]에 각각 나타나고 있으므로, 그로부터 첨사공의 아들 김의(金宜)를 거쳐 첨사공까지 소급한다면 이 역시 1200년대 초·중반 정도가 타당한 생존 연대가 될 것이다. 그러나 이 경우도 정확한 연대를 설명할 직접적인 증거는 아니다.

그 외에 실증적인 연대 고찰 방법으로 『고려사절요』의 기록을 참고하여 연구한 경우도 있다. 이 연구에서는 첨사공의 공적이 1199년 명주의 반란군이 의성을 함락했을 때 도적을 초유하고 백성을 보호한 공덕이었을 것으로 추론하였다.[40] 이 연구에서는 고려 신종 2년(1199)에 강릉에서 도적이 일어나 경주의 도적과 합세하여 경상도의 여러 주군을 침략하였다[41]고 했으니, 이때 의성도 함락되었을 것이라고 보았다. 또한 이 시기에 의성의 수령을 현령(縣令)에서 감무(監務)로 강등하였는데, 이것도 당시에 의성이 적도에게 지배되고 있었기 때문일 것으로 보았다. 그러다가 적도들이 항복하여 왕이 음식과 의복을 하사하는 장면이 나오는데, 이때 첨사공이 의성 지역의 적도들을 효유하여 의성 읍민을 보전한 공로가 있었을 것으로 추측하였다. 이때 그가 입힌 혜택이 지역민에게 두터웠기에 그에 대한 진민사 상향축문에서 "높으신 덕망을 당대에 베푸시어/은택이 이 백성에게 미쳤습니다/온 고을이 우러러 사모하는 마음/백대가 지나도 더욱 새롭습니다[德尊當世 澤在斯民 鄕邦景慕 曠百維新]"라고 했을 것으로 보았다. 이러한 추론은 객관적인 사료로 첨사공의 시대에 대해 추론한 것이기 때문에 일정한 가능성은 있지만, 여전히 확증은 없는 추론 상태이기 때문에 정확한 연대를 설명할 수는 없다.

첨사공의 시대를 지나면 대부분의 후손들은 의성김씨의 계보로 설명되지만, 일부 분관(分貫)된 후손들은 첨사공의 계보에서 분리되기도 한다. 이들 대부분은 자신들이 의성김씨에서 분관되었다는 것을 인식하고 있었으며, 경우에 따라서는 조정에 요청하여 환본(還本)하기도 하고, 일부는 분관된 상태를 유지하기도 했다.

의성김씨를 모관(母貫)으로 하는 타관(他貫)은 다음과 같다.

- 광주김씨(廣州金氏): 첨사공보다 상대(上代)에 분관된 경우이다. 첨사공의 조부 김습광(金襲光)의 아우 김록광(金祿光)이 몽고 침략을 방어한 공으로 광주군(廣州君)에 봉해지면서 광주(廣州)로 분관하였다. 광주김씨로는 고려시대에 시인 김극기(金克己)가 있었고, 일제강점기에 독립운동가 김상윤(金相潤, 1897~1927) 등의 인물이 있다. 현재 통계상으로 광주김씨는 전국에 28,156명이 있다.

- 능성김씨(綾城金氏): 김홍술(金弘術)의 아우인 김인술(金仁述)의 후손 김규훈(金奎焄)이 능주(綾州)에 거주하면서 본거지와 분리되어 형성된 듯하다.[42] 김규훈의 후손 김민국(金敏國)이 조선 선조 대에 제주도로 이거하고 그 후손들이 다시 전라도 화순(和順)과 경상도 삼가(三嘉)로 옮겨 가 사는 동안 능성김씨로 분관되어 계승되었다. 그 자손들 중에는 조선 숙종 때 문과에 급제한 김명하

(金鳴夏), 김명은(金鳴殷) 형제 등이 있다. 이들은 기록상으로 자신들이 의성김씨에서 분관되었다고 인식하고 있었으며,[43] 현재 통계상으로 능성김씨 458명, 능주김씨 216명, 릉성김씨 27명, 릉주김씨 15명으로 합계 716명이 있다.

- 개성김씨(開城金氏): 첨사공과 같은 대에 분관된 경우로, 첨사공의 아우 판개성부사(判開城府事)로 개성군(開城君)에 봉해진 김용주(金龍珠)의 후손들[44]은 개성김씨(開城金氏)로 분관하여[45] 긍재 김득신(兢齋 金得臣, 1754~1822) 등의 예술가와 학자를 낳았다. 개성김씨는 조선 고종 시대인 1865년에 환본의 칙명을 받았다고 한다.[46] 현재 통계상으로 개성김씨는 22,793명이 있다.

- 설성김씨(雪城金氏): 설성김씨는 첨사공의 아우로 개성김씨로 분관한 김용주의 증손자 김지선(金之宣)을 시조로 하고 있으나 그가 김용주의 증손자라는 점과 설성(雪城)이 개성(開城)의 별호라는 점에서 개성김씨의 일파로 파악된다. 김응환(金應煥, 1742~1789) 등의 예술가와 김시최(金是最, 1684~1766) 등의 학자가 많았다. 현재 통계상으로 설성김씨는 2,162명이 있다.

- 고령김씨(高靈金氏): 첨사공보다 하대에 분관된 경우로, 첨사공의 장자 김의(金宜)의 아들 김남득(金南得)은 초명이 기지(麒芝)였으나 공민왕 시대에 공을 세워 왕명으로 이름을 바꾸고 고령김씨(高靈金氏)로 분관하였다. 그 후손에서 임진왜란 때의 의병대장 송암

김면(松庵 金沔, 1541~1593) 등 많은 인재가 나왔다. 현재 통계상으로 고령김씨는 15,611명이 있다.

• 예안김씨(禮安金氏): 김의(金宜)의 아들인 김춘(金椿)의 후손이 예안김씨로 분관했다고 하는 기록이 있으나,[47] 현재 예안김씨는 김상(金尙)을 시조로 하고 있고 백암 김륵(柏巖 金玏, 1540~1616) 등의 인물이 있으며, 이들을 선성김씨(宣城金氏)로 부르기도 한다. 의성김씨의 일파로 파악되는 예안김씨들은 조선 말기인 1802년에 환본하였다고 한다.[48] 현재 통계상의 예안김씨는 김상의 후손인 것으로 파악되며, 인구수는 예안김씨 15,600명, 례안김씨 189명, 선성김씨 3,261명을 합하여 19,050명이 있다.

• 적성김씨(積城金氏): 김용필(金龍弼)의 후손인 김몽립(金夢立)의 아들 김상환(金尙煥)을 시조로 하는 본관으로, 경기도 파주에 세거한다고 되어 있다.[49] 현재 통계상으로 적성김씨는 630명이 있다.

• 김산김씨(金山金氏): 김용주(金龍珠)의 6대손 김문부(金文富)가 김산김씨의 시조가 되었다는 기록이 있으며[50] 현재 통계상으로 김산김씨는 12명이 있다. '金' 자의 독음을 '금'으로 했을 경우 금산김씨가 되며, 이 경우에는 경주김씨의 일파인 금산김씨(錦山金氏)와 섞여 있을 것으로 추정된다.

• 삼화김씨(三和金氏): 김용필(金龍弼)의 7대손 김통(金統)을 시조로

하여 분관하여 그 제1자 김익령(金益齡)계는 사재모재(思齋慕齋)파가 되고 제2자 김첨령(金添齡)계는 삼화김씨가 되었다고 한다. 이들의 대부분은『의성김씨대동보』13권에 수록된 듯하며 현재 통계상으로 삼화김씨는 8명이 기록되어 있다.

의성김씨에서 분관된 타관들은 대체로 독자적 관향을 유지하고 있으나, 그중에서는 조선 후기에 환본하려는 경향[51]을 보인 경우도 있었다. 이들은 당시 예조의 확인을 거쳐서 환본하였는데, 당시로부터 현재까지 빠짐없는 환본이 이루어지지 않아서 일부는 분관된 상태를 유지하고 있는 것으로 조사되었다.

첨사공의 후손 의성김씨들은 전국에 분포하면서 많은 인재를 낳고 중요한 가문으로 성장하였다. 기본적으로는 의성에서 출발했을 것이며 가까운 경상북도 북부 지방의 안동, 봉화, 청송과 서쪽으로 군위, 성주, 고령 등지로 확산되었고, 충청도와 전라도까지 범위를 넓힌 후손들은 문의, 청양, 보령 등 전국적 범위로 터전을 넓혀 간 것으로 보인다. 조선시대에 부임이나 이주와 유배 등의 사정으로 북청, 신천, 해주 등에도 많은 후손이 있었고, 학문적 인연과 친척의 거주지를 따라 대규모 집거지가 나타나기도 했다.

1930년대 조사에 따르면 당시 의성김씨는 경기도의 안성군·장단군 일원, 충북의 옥천군 이원면, 괴산군, 음성군, 충남의 서산군 원북면, 전북의 정읍군, 경북의 군위군, 의성군 단촌면·사곡면, 안동군 임하면·일직면·서후면, 청송군 현서면·진보면, 영천군 북안면,

영풍군 장수면, 봉화군 봉화면, 예천군 예천읍, 성주군, 경남의 진양군, 합천군, 평남의 용강군 오신면·용강면, 평북의 태천군 서면, 함남의 이원군 등지에 집성촌을 이루었다고 되어 있다.

일제강점기에 각지의 의성김씨들은 독립운동을 주도하면서 국내의 타 지역과 외국의 독립투쟁 거점으로 이주하는 예가 많았다. 특히 만주의 서간도 지방에 많은 일족이 이주하여 독립운동에 참여하였다.[52] 그중에서 안동 내앞 일족의 이주가 두드러졌으며[53] 이 과정에서 일부 지역은 의성김씨의 인구와 재산이 줄어들기도 했다.[54] 해방 이후 이들 중에서 일부가 귀국하기도 했으나, 많은 수가 중국에 잔류하여 현재 재중(在中) 의성김씨로 중국의 국적을 가지고 있는 이들도 많다.

또한 남북 분단으로 인해 재북(在北) 의성김씨들은 연락이 끊어졌고 통계에 잡힐 수도 없게 되었다. 재남(在南) 의성김씨들 중에서도 많은 수가 그 뒤에 국가발전에 따라 외국으로 진출하여 세계적으로 활동하고 있다.

1992년 대동보에는 전국에 분포한 의성김씨 집성지들이 모두 기록되어 있는데, 의성, 군위, 청하, 안동, 영천, 진보, 성주, 칠곡, 선산, 대구 등 경상북도 지방을 중심으로 하여, 부여, 광주(廣州), 은진, 창원, 논산, 청주, 공주, 청양, 예산, 부안, 고부, 태인, 고창, 전주, 정읍, 장성, 해남 등 호서·호남 지방에도 집거하고 있는 것으로 정리되었다. 또한 일부 집거지는 북청, 이원, 곡산, 송화, 신천, 봉산, 재령 등 북한 지역으로 잡혀 있기도 하여 연락이 끊어진 의성김씨들도 다수인 것으로 나타났다.

현재는 사회가 빠르게 변화하고 교통수단이 발달하면서 세거지에 집거하는 문화는 희박해졌다. 그러나 수백 년간 이루어 온 문중 동거의 역사와 문화는 각지의 종택과 서원과 정자 등 많은 유형 유적과 아름다운 무형 문화로 지금까지 이어지고 있다.

## 3. 오토산 진민사 사적

### 1) 오토산 묘소 사적

오토산 묘소는 경상북도 의성군 사곡면 토현리에 있는 고려 태자첨사 김용비(金龍庇)의 묘소를 일컫는다. 이 묘소는 그의 사망 직후에 조성되었으며 현재까지 후손들에 의해 수호되고 있다.

김용비의 생몰 연대가 확실하지 않으므로 묘소의 조성 연대 역시 확실하지는 않으나, 고려시대의 묘소 형태를 가지고 있었다는 구전[55]과 사후에 곧 이곳에 장사되었다는 기록[56] 및 그 묘소가 실제로 의성현의 남쪽에 있다는 기록[57]으로 보아, 주인공 사망 후 현재까지 계속 유지되어 오는 고려시대의 묘소로 보인다. 묘소가 있는 오토산에 대한 풍수지리적 평가 및 전설과 묘소의 조성에 대한 설화들이 구체적으로 남아 있는 것[58]도 이 묘소가 일찍부터 지도자의 묘소로 중시되어 왔음을 보여 준다.

그러나 조선 중기에 이르기까지 묘소에 비석이 없고 오래 수호해 오는 동안에 묘소가 퇴락하기도 했기 때문에 청계 김진(青溪 金璡, 1500~1580)이 비석을 세우자고 발의하였는데, 이에 전 문중이 호응하고 그 아들 학봉 김성일(鶴峯 金誠一, 1538~1593)이 주관하여 동강 김우옹(東岡 金宇顒, 1540~1603)이 지은 글로 묘비를 세웠다. 비문에 따르면, 이 묘소는 고을 사람들에게도 특별히 존중받아 나무하고 짐승 먹이는 것을 함께 금했고,[59] 첨사공이 이 고을에 있을 때 읍민들에게 존경받던 것이 누대 수백 년 동안 이어져서 조금도 소홀해지지 않았다고 하였다.[60] 또한 묘소가 있는데 묘갈이 없으니 자손들이 묘소를 찾아 추모하기 어렵다고 한 청계공의 글[61]에 호응하여, 동강공은 묘비문에서 이 조상의 후손에 대한 기록을 최대한 상세하게 하여 후손들의 소속감을 확보하였다. 이 기록에는 첨사공의 아들부터 시작하여 동강공 자신까지 10대에 걸친 현관명유(顯官名儒)들이 등장한다.

또한 앞서 보았듯이 묘소 조성 당시에 석물이 없었기 때문에 이 시기에 석물을 갖추게 되었다. 이때에는 아마 묘비를 조성했을 것이고, 이어서 다른 석물도 갖추었을 것으로 보인다.[62] 당시의 기록에 석물의 세목을 열거하지는 않았지만, 대체로 당시 관례에 따라 묘전비와 상석과 망주석 및 동자석 정도를 갖추었을 것으로 보인다.

오토산 묘소에 대해서는 1772년 수묘(修墓)를 한 분정표가 있다. 이 분정표에는 말미에 기록된 본손(本孫) 12명 이외에 타성(他姓)에서 분정된 집사만 해도 57명에 달하는 대규모 집사단이 있는 것으로 보아 이 시기에도 큰 수묘가 있었던 것으로 보인다. 그러나 이때에 어떤 부분에 어떤 변화가 있었는지는 기록을 찾지 못해 알 수 없다. 묘소를 수호하는 재사에 대해 오랫동안 많은 수선이 이루어진 것을 고려하면, 묘소에도 필요한 보수를 자주 했던 것으로 보인다. 이에 대해서는 1825년 묘전비(墓前碑)를 중수하여 동원 김희수(東園 金羲壽, 1760~1848)의 글씨로 개수한 기록이 있고 김숭진(金崧鎭, 1850~1919)에 의해 지어진 수묘고유문(修墓告由文)[63]이 남아 있다.

묘소에 성묘한 후손·후학들을 기록한 성묘록(省墓錄)류가 현재까지 보관되어 있다. 현재 이 성묘록에는 1772년 수묘할 때의 집사들이 기록되어 있고, 이어서 묘사(墓祀)의 집사들이 기록되어 있다. 특이한 점은 묘소 제사를 맡은 집사분정에 본손이라는 후손 명단 이외에 타성의 후학들이 많이 참여하고 있었다는 것이다. 1773년 묘사 시 집사(墓祀時執事) 명단을 보면 본손은 따로 표시를 하고 박천건(朴天鍵), 박돈흠(朴敦欽), 유원길(柳元吉) 등 타성의 인사들도 집사를 맡은 이가 많이 나타나고 있다. 이는 진민사 제향에 유림 전체가 참여한 것뿐만 아니라, 의성김씨의 조상인 오토산 묘제에도 외손을 포함한 전체 유림이 집사로 참여하였다는 특별한 증거로 볼 수 있다.

현재 묘제는 추전(秋奠)으로만 거행되고 있다. 원래 춘추로 거행되던 묘제를 추전으로만 거행하는 것은, 같은 구역으로 옮겨 온 진민사 제향이 봄에 있기 때문이다. 이에 따라 춘향(春享), 추전(秋奠)으로 명칭과 제향을 구분하여 거행하면서 묘소 추전의 집사는 의성김씨 자손들이 모두 맡아서 시행하고 있다.

현재 묘소에 있는 석물을 정리하면 다음과 같다.

묘전비 귀부(龜趺)는 높이 53cm, 너비 94cm, 앞뒤 길이 122cm인데, 최초에 수립된 묘전비의 귀부였으며, 그 뒤 개갈된 비신을 세우느라고 거북의 등을 넓게 파냈으므로 지금은 귀부에 비해 비신이 큰 느낌을 준다. 대체로 묘전비에서 조선시대 후기에는 귀부를 사용한 예가 드문데, 이 비석은 귀부를 쓴 것으로 보아 시기적으로 앞서 있었을 가능성이 있다.

묘전비 비신(碑身)은 중수 비신이다. 최초의 비신은 동강(東岡) 당년인 1577년에 세웠으나 세월이 흘러 마모가 심해지자 1825년에 같은 비문을 김희수(金羲壽)의 글씨로 새로 새겨 비신을 세웠다. 비신의 크기는 높이 182cm, 너비 60cm, 두께 26cm이다. 옥개는 너비 106cm, 폭 85cm, 높이 26cm로 규모 면에서 비신과 조화를 이루고 있다. 그러므로 비신을 중수할 때에 묘전비의 옥개도 새로 만든 듯하다. 그렇다면 최초의 비신과 옥개는 아마 묘소 인근에 묻었을 것으로 보인다.[64]

동자석(童子石)은 한 쌍인데 북쪽은 높이 110cm, 남쪽은 높이 105cm로 비슷하며 소박한 모양을 하고 있어서 시기적으로 최초로 석물을 갖춘 시기의 것으로 보인다.

문관석(文官石)도 한 쌍인데 북쪽은 높이 160cm, 남쪽은 높이 164cm로 온전한 한 쌍을 이루고 있다. 중후한 몸체로 안정된 형태를 유지하고 있지만 남쪽 문관석의 얼굴은 세월의 흐름에 따라 마모된 부분이 있어서 이 역시 최초 석물 시기의 것으로 보인다.

상석(床石)은 현재 묘전의 상석이 최초의 것은 아닌 듯하다. 묘소 정면에 있는 한 쌍의 상석은 후대에 새로 장만한 듯하며, 가로 121cm, 세로 93cm, 두께 20cm의 장방형 판석을 두 장 이어서 설치하였다. 최초의 상석으로 짐작되는 가로 173cm, 세로 106cm, 두께 20cm의 한 장짜리 석판은 묘소의 북쪽에 놓여 있으며 진설 전의 제물을 놓는 보조 상석으로 쓰이고 있다.

상석의 앞에 높이 41cm의 향로석(香爐石)과 높이 32cm의 관세대

(盥洗臺)와 높이 30cm의 팔각대가 있고 더 앞에 177cm와 173cm의 망주석(望柱石) 두 기가 남북으로 마주 보고 서 있다.

첨사공 묘소의 뒤쪽에는 첨사공 부인 강씨(姜氏)의 묘소가 있고 첨사공 묘소 앞에는 첨사공의 6대손인 호군공 김자중(金自中)[65]의 묘소가 있다.

### 2) 오토재 사적

오토재(五土齋)는 오토산 묘소를 수호하기 위해 건립한 재사의 이름이다. 재사 건립에 대해 기록상으로는 1656년경에 의성현령 안응창(安應昌)이 지었다는 기록이 가장 오래된 것이다.[66] 그러나 그 이전에도 어떤 형태로든 수직(守直) 시설이 있었을 수 있고, 그것 역시 일종의 재사 시설이었겠지만 별도의 근거는 없다.

17세기에 지어진 재사는 보전 과정에서 퇴락을 겪었다. 그중에는 자연스런 퇴락 이외에 화재도 만났던 것으로 보인다. 이 때문에 1770년경에 재사 전체를 완전히 중수하게 되었다. 이때 지어진 재사는 추원당(追遠堂) 4칸, 사경루(思敬樓) 2칸, 승실(僧室) 8칸과 주사(廚舍)와 고구(庫廐)를 포함하여 25칸이었으며 전체의 이름을 오토재(五土齋)라고 하였다.

이후에도 재사는 자연스러운 퇴락으로 인한 수선과, 화재와 자연재해로 인한 중수 등 크고 작은 변모를 겪었다. 그러면서 첨사공 묘하 재사의 기능을 수행하고 있던 오토재는 1868년 재사의 위상에 대한 중대한 변화를 맞이하였다. 그해에 의성 읍내에 있던 진민사가 서원 훼철 과정에서 헐리고 진민사 위판을 오토재로 옮겨 와 봉안하게 되면서 재사와 사당의 기능을 함께 가지게 되었기 때문이었다. 이에 따라 오토재는 묘소를 수호하는 묘하(墓下) 재사의 기능과 사우(祠宇)를 보좌하는 전사(典祀) 재사의 기능을 함께 수행하였다. 당시에 처음 오토재로 옮겨 온 진민사는 오토재에 감실을 추가했다가 이후 초옥 한 칸 또는 별묘(別廟)라는 이름으로 한 칸 정도의 작은 규모로 운영되다가, 차차 사당의 규모를 갖추게 되었다. 그러나 1915년 대화재를 만나 25칸 전체가 소실되었다.

1916년에는 화재로 소실된 오토재 전역에 대한 중건이 이루어졌다. 이 중건을 위해 모든 후손들이 성금을 모아 전 건물을 복원하였다. 이 화재에서는 제기와 기물들도 많이 소실되었으므로 이를 복원하고 제수의 정식을 완정하기도 했다.

이렇게 복원된 오토재 일곽도 시간이 경과하면서 점점 퇴락하게 되어 1984년 중건의 의논이 시작되었고 1988년 중건이 완료되었다. 이 중건에서는 진민사를 확장하고 신도 삼문(神道 三門)을 건설하였으며, 재사를 오토재라 하고 진입 삼문을 숭덕문(崇德門)이라고 하였다. 사경루(思敬樓)를 사경당(思敬堂)으로 하여 전사청(典祀廳)으로 삼고, 각 구역에 필요한 출입문과 길을 장만하였다.

신도비(神道碑)는 이전 시대에 미처 이루지 못한 것[67]을 1924년에 힘을 모아 세운 것이다. 신도비명은 김상덕(金商德)이 지었고,[68] 비음기는 김세동(金世東)이 지었다. 이 신도비의 입석을 고유할 때의 파록(爬錄)에 따르면, 삼헌관을 김소락(金紹洛), 이충호(李忠鎬), 이심구(李心求) 등이 맡았고 각 집사들도 유림 전체가 맡아서 유림 행사로 수행하였다는 것을 알 수 있다. 1988년 중건 시에 신도비각을 중수하고 단장

하였다. 이 중수에서 부속시설로 사원지(思源池)와 진입로에 심진교(尋眞橋) 등을 갖추어 실제적인 필요와 전체적인 조화에 기여하게 하였다.

오토재는 설립 이후 문중의 대표적인 인사가 임원을 맡아서 관리하여 왔다. 「오토재사임안(五土齋舍任案)」에 따르면 매년 도유사(都有司), 장의(掌儀), 부유사(副有司) 등의 임원이 선정되고 그들이 행사와 운영을 맡아 하면서 남긴 문서들이 오토재에서 관리되고 있다. 이 문서를 보면 1847년 도유사는 교리 김용락(金龍洛)이었으며 1948년 도유사는 유학 김창숙(金昌淑)이었다. 이와 같은 도유사(都有司)·유사(有司) 체제는 지금까지 주로 춘향(春享), 추전(秋奠)을 주관하면서 운영되어 오고 있다.

1988년 이후에는 오토산관리위원회(五土山管理委員會)라는 별도의 조직이 구성되어 초대 김홍식(金泓殖) 회장 이후 부회장과 총무, 감사 등의 직제를 갖추고 현실적인 문제들을 처리하면서 시설 유지·보수와 재산 관리의 임무를 담당하고 있다.

### 3) 진민사 사적

진민사(鎭民祠)는 고려태자첨사(高麗太子詹事) 의성군(義城君) 김용비(金龍庇)가 의성 읍민에게 큰 공덕이 있었으므로 읍민들이 그의 사후에 설립하여 제사를 지내 온 사당이다. 의성에서 읍민들이 자신들의 지도자에 대해 공적을 기념하여 자발적으로 향사하는 곳은 두 군데가 있었다. 하나는 김홍술(金洪術)을 제향하는 성황사(城隍祠)였고 하나는 김용비를 제향하는 진민사였다.

성황사에 제향되고 있는 김홍술은 고려를 건국하던 시기에 진보의 성주로 의성에 진출하여 왕건을 위해 견훤과 대적하다가 전사한 인물이다. 고려 초기의 기록 중에 약간의 사실이 출입하는 경우가 가끔 있는 것처럼, 김홍술에 대해서도 확정할 수 없는 기록들이 있다. 순서대로 보면, 진보의 호족이던 홍술(洪述)이 922년 왕건에게 사자를 보내어 항복을 청하였다. 왕건은 왕유(王儒)와 함필(含弼)을 보내어 그를 위로하였다. 923년에 홍술이 아들을 입조시키자 원윤(元尹)에 임명하였다. 929년에 홍술이 의성 전투에서 전사하자 왕건이 매우 슬퍼하였다. 이 네 기록이 고려시대 기록으로 남아 있는 것이다. 이후의 기록에는 성황사에 제향되는 그의 이름이 김홍술(金洪術)로 나온다.

조선시대 기록에 그는 의성 사람들이 성황신으로 제향하는 존재로 나타난다. 그를 성황신으로 제향하기 시작한 시기에 대한 기록은 없으나 대체로 그가 사망한 후 오래지 않은 시기에 시작되었을 것으로 짐작하고 있다.[69] 유호인(兪好仁, 1445~1494)이 1488년에 의성현령이 되었을 때 김홍술을 제향하는 성황사가 있다고 하였고, 1530년에 편찬된 『신증동국여지승람(新增東國輿地勝覽)』에 제향 사실이 기록되어 있다. 다만 그가 성황신으로 여겨졌기 때문에 민속적 제사 행위가 있었을 것으로 보이며, 조선 후기인 1706년에 성황사 제사의 형식과 내용을 개탄하여 사당의 이름을 충렬사(忠烈祠)로 개칭하고 유교적 제의로 전환하려는 노력을 보였다.[70] 그 후 성황사는 충렬사라는 이름으로 유교적 제향을 계속하였으며, 현재는 의성김씨들이 중심이 되어 제사를 지내고 있다.

김용비를 제향하는 진민사 역시 비슷한 과정을 거쳤다. 고려 중·후기에 의성 지역 백성을 위하여 큰 공덕을 세운 김용비에 대해 의성 읍민들은 숭배와 감사의 뜻으로 사당을 세워 제사를 지내고 있었다. 아마 이 시기의 제사 역시 민속적 성격을 가지고 있었을 것으로 보인다.

진민사의 설립 연대는 특정할 수 없다. 후대의 기록에 따르면 그저 고려시대부터 의성 읍민이 향사한 곳이라고 하며, 조선시대에 심지어 8백 년이 되었다는 기록도 있고,[71] 이미 오랜 세월 동안 읍민이 향사한 것에 감동하는 기록이 있는 것으로 보아서,[72] 김용비의 생시 또는 사망 직후 설립이 완료되었던 것으로 보인다.

그러나 실제로 그 건물과 제향에 대한 구체적 기록이 나타나는 것은 모재 김안국(慕齋 金安國, 1478~1545)의 사적부터이다. 그는 1517년에 경상도 관찰사가 되어 지방을 순행하다가 의성에서 지방민들이 첨사공의 사당을 세워 제사하는 것에 감동하여 부역을 면해 주고 사당의 이름을 지어 주고 제수를 관급(官給)하게 했다는 기록이 있었다.[73] 이 기록에 따르면 그때까지는 묘호(廟號)가 확정적이지 않았는데, 진민사(鎭民祠)라는 이름으로 확정된 것이 그 시기인 듯하다. 이에 따라 관련 기록이 정리되었고, 그 영향으로 『연려실기술(燃藜室記述)』에서도 진민사가 1517년 건립된 것으로 서술하고 있다.[74]

그 뒤 1577년경에 청계 김진이 묘전비를 세우자고 제안하였는데, 이 제안에 호응하여 동강 김우옹이 묘비명을 짓고 청계공의 아들 학봉 김성일이 주선하여 입석하였다. 이때까지 읍민들에 의한 진민사 제사는 수해나 한재나 돌림병이 있으면 제사하고 기도하는 형식이었다. 학봉은 이때 진민사 제향이 민간신앙의 성격을 가지고 있어서 선현에 대한 바른 예법이 아니므로 사당을 세우고 진민사(鎭民祠)라는 현판을 걸었다.[75] 이 일은 묘전비 설립으로 시작하여 진민사 숙정까지 수행된 사업이었다.

이 시기까지 진민사는 관청의 뒤쪽(현재의 의성군의회)에 있었던 것으로 보인다. 그러나 그곳은 큰길에 면해 있어서 소란하고 복잡하여 제사 공간으로 적합하지 않았다. 이 문제가 해결된 것은 1656년이었다. 이해에 의성현령 안응창(安應昌)[76]이 첨사공의 묘소에 참배하고 진민사를 관청 동쪽(현재 진민사 유지비가 있는 곳)으로 옮기고 이 사우(祠宇)에 따른 재사(齋舍)와 주사(廚舍)와 위전(位田)을 마련하고 제수를 관급하며 정일(定日)에 제사를 드리도록 배려하였다. 이때 진민사의 배치는, 사당 구역에 묘우(廟宇) 3칸, 신문(神門) 3칸이 있었고, 그 앞에 강당이 있었는데 정당(正堂) 2칸, 동쪽 협실(夾室) 1칸, 서쪽 협실 1칸이 있었으며, 부속건물로 전수(典守)와 포주(庖廚)가 왼쪽에 3칸, 오른쪽에 3칸이 있고, 전체를 담장으로 두르고 대문 1칸을 지었으니, 합계 12칸 건물이었다.

그 뒤 1749년에는 김우겸(金宇謙)이 묘우와 신문과 재실을 수리하고 위답을 마련하였다는 기록이 있고, 1764년 3월 1일에는 묘우에 비가 새서 위패를 이안하고 지붕을 수리한 뒤에 환안하기도 했다.[77] 1807년에도 중수했는데, 이때 전사청과 바깥문 양편에 1칸씩은 전에 없던 것을 새로 지었다.[78]

이에 따라 완성 상태의 진민사를 정리하면, 묘우 3칸과 신문 3칸으로 사당 구역이 분리되었고, 강당 구역에는 정당 2칸에 동협실 1칸과 서협실 1칸이 있었으며, 좌우로 전수 3칸과 포주 3칸, 전사청

이 있었다. 전체를 담장으로 둘렀으며 대문(大門) 1칸과 문 좌우에 1칸씩 직사(直舍)가 있었다. 이 시기로부터 훼철까지는 몇 번의 중수를 거치면서 대체로 이 형태를 유지한 것으로 보인다. 대원군이 1868년 서원을 훼철할 때까지 읍내에 있던 최종 형태의 진민사는 완성된 서원에 가까운 구조였을 것으로 보인다.

1868년에 대원군의 서원철폐령으로 진민사가 훼철되었다. 아마 이때 모든 건물이 다 훼철된 듯하며, 위판은 1882년 묘소 아래 오토재에 임시로 봉안하였다. 그 이후 진민사를 원래의 자리에 복원하지 못하고 훼철된 지 20여 년이 지난 1890년에 그 자리에 유지비(遺址碑)를 세웠다. 이 유지비를 보호하기 위한 비각(碑閣)은 1904년 단청을 보수하고 1911년 비각 건물을 중수하면서 보호되었지만, 진민사를 원래의 자리에 복원하지는 못하였다.

1868년 진민사 훼철 때 의성 읍내에 있던 진민사 건물이 모두 훼철되면서, 묘우에 봉안하던 위패를 오토산 묘소 앞의 오토재에 임시로 봉안하였다. 당시에 훼철된 진민사 건물의 재목은 오토산 재사로 옮겨 보관했다. 처음에 옮겨 온 오토산 진민사의 모습에 대해서는 정확한 기록이 남아 있지 않지만, 거의 별도의 건물도 없는 감실 정도였거나 단칸 건물[79] 정도로 초라했던 것으로 보인다.

이렇게 위패는 오토재에 작은 별묘(別廟)를 지어 겨우 권안(權安)하였지만[80] 제향과 보존에 적절한 예의를 갖추지 못하고 있었다. 별묘 시절의 자료가 없어서 모습을 알 수는 없으나, 국내(局內)가 좁아서 제사를 지내기 위한 동작조차 불편하다는 기록[81]이 있었으니, 아마 작은 사당에 구역을 구별한 정도의 형태였을 것으로 보인다. 이렇게 지어진 진민사는 그 후 1915년 화재를 입는 등 재난을 겪고 오랜 세월이 흐르는 동안에 점차 훼손되었다.

진민사를 위엄에 맞게 복원하려는 노력은 해방 이후 문중의 중요한 의논이 되었다. 이에 많은 후손들이 힘과 노력을 모아 1959년 오토산 묘소 아래 재사 경내에 진민사를 복원하였다. 새로 지은 진민사는 묘우 3칸에 신문 3칸을 갖추고 원장(垣墻)을 두른 비교적 위엄 있는 건물이었다. 이 중건 역사는 1962년에 완료되었는데, 진민사와 오토재가 한 경내에 우뚝하게 중건되어 엄연한 아름다움이 있었다고 했다.[82] 이어서 1965년에 묘정비(廟庭碑)[83]를 세움으로써 진민사의 전모를 일부 복원하였다. 의성 읍내에 있던 시절과 비교하면, 진민사에만 소속된 강당 기능의 별도 건물이 없고 전수(典守)와 포주(庖廚)도 오토재와 공유하는 상태로 있었으므로, 이 중건에서는 담장을 갖춘 묘우 일곽이 복원된 것이었다.

이렇게 복원된 이후에도 세월이 흐르면서 자연스럽게 퇴락하는 현상이 발생해 1986년에는 진민사와 오토재 모두 전면적인 중수가 필요하다는 의논이 있었다. 이에 따라 1987년부터 2년간 전 구역을 재건축하는 대공사를 수행하였다. 이때 진민사는 원래의 모습을 확장하여 묘우(廟宇) 정면 3칸, 측면 1.5칸에 신문(神門)과 원장(垣墻)을 갖춘 장대한 모습으로 중건되었다. 이때 중건하면서 진민사(鎭民祠) 아래에 오토재(五土齋)를 중건하고 그 아래에 사경당(思敬堂)을 중건하여 일곽(一廓)을 이루었으므로, 묘하 재사와 제향 사당이 일관된 숭조 공간으로 조화를 이루게 되었다. 현재 중건된 오토재는 묘소에 대한 재사 기능과 진민사에 대한 재사 기능을 겸하고 있고, 사경당은 진민사를 포함한 오토산 일원의 전사청(典祀廳)으로 활용되고 있다.

진민사는 조선 중기에 중수하고 정비한 이후 모든 의성김씨와 지역 사림이 전알(展謁)하는 장소로 자리 잡아 왔다. 현재 보관되어 있는 「알묘록(謁廟錄)」에는 1663년 생원 김방렬(金邦烈)과 김태기(金泰基)가 알묘한 데서 기록이 시작된다. 이어서 의성, 안동만이 아니라 각 시대별로 전국의 수많은 후손과 선비들이 사당에 참배하고 존경을 표해 왔는데, 이에 따라 진민사 문서에는 첨사공의 자손 이외에도 신전(申塼), 유증휘(柳增輝), 신응석(申應錫), 이정(李炡), 황창건(黃昌建), 이지욱(李祉煜) 등 많은 사림 인사들의 서명이 보관되어 있다.

진민사 제향(祭享)은 조선시대 전 시기 동안 의성의 관청과 유림에서 맡아 왔다. 현재 보관되어 있는 「전성록(展省錄)」에 1754년부터 매년 기록되어 있는 집사분정기에서 예를 들면, 정축년 도유사가 장계방(蔣啓邦)이고 유사가 이용운(李龍運), 김홍부(金弘溥)이며 호장(戶長)은 김도석(金道錫)으로 되어 있다. 이처럼 매년 유림의 타성이 제향에 참여하고 반드시 말미에 호장의 이름을 기록해 두는 등, 진민사 제향이 지역 관민(官民) 전체에 의해 행해지고 있음을 보여 주었다.

진민사가 오토산으로 옮겨진 것은 외형적으로 축소되고 변화한 것만이 아니라 위상상의 문제도 발생시켰다. 진민사는 의성 읍내에서 의성 읍민 모두의 존숭을 받고 유림 전체가 집사를 맡아 향사를 지내는 온 지역의 사당이었는데, 오토산 구역으로 옮겨 오면서 이 제향이 의성김씨 문중에 의해 영위되는 모습이 있었던 것으로 보인다. 1958년에 작성된 「건의문(建議文)」에 이런 사정이 잘 드러나 있다. 의성김씨종친회 경상남도 본부의 명의로 작성된 이 문서에는 5개 항의 건의가 수록되어 있는데, 그중 제1항인 "진민사(鎭民祠) 사림향(士林享) 복원(復元)의 건(件)"에서 의성 군민이 존봉하던 진민사가 오토재로 이건된 뒤부터 군민(郡民)이 존봉(尊奉)할 길이 막혔으니 이를 사림향으로 복원할 조치를 강구해야 한다고 하였다.[84]

현재는 실질적으로 사림이 해체되고 춘추 제향이 춘향으로 통합되면서 사실상 의성김씨가 향사를 주도하고 있지만, 진민사 제향은 최대한 의성 지역 관민의 일치된 존경을 표현하려고 노력하고 있다. 이를 위해 관민의 논의를 거쳐 지방자치단체장이 초헌관을 맡아 향사를 지내는 관례가 확립되었다. 그 결과 지금까지 정해걸(丁海杰), 김복규(金福圭) 등의 의성군수들이 관례적으로 초헌관을 맡고 있으며 사정에 따라서는 남동화(南東華), 박상태(朴常泰) 등의 지역 유림 인사들이 초헌을 맡기도 한다.

## 4. 오토산 진민사 사적의 문화적 가치

오토산 진민사 사적지구는 전체적으로 하나의 역사문화구역으로 간주될 수 있는 성격을 띤다. 이 안에는 의성에서 가장 큰 성씨이며 전국적으로도 대성(大姓)의 하나인 의성김씨의 최상위 조상 묘소가 있고, 수백 년간 묘소를 수호해 온 유서 깊은 사적이 있고, 현재도 행해지고 있는 전통적 의례의 현장이 있다. 또한 문화재로 지정된 일괄문서가 현재도 생산되고 있으며 진민사가 이전되어 옴으로써 의성에서 가장 오래된 지역 사우의 보존과 존경을 볼 수 있는 곳이기도 하다.

오토산 진민사 사적지구의 이런 성격은, 이 지역 일대를 '오토산역사문화유적지구(五土山歷史文化遺蹟地區)' 정도의 명칭으로 부르면서 하나의 문화유적지구로 지정하여 관리할 필요성을 제기하며, 그렇게 하여 군민과 문중원의 정체성을 확립하고 전국적인 문화교육지구로 육성할 수 있는 가능성을 보여 준다.

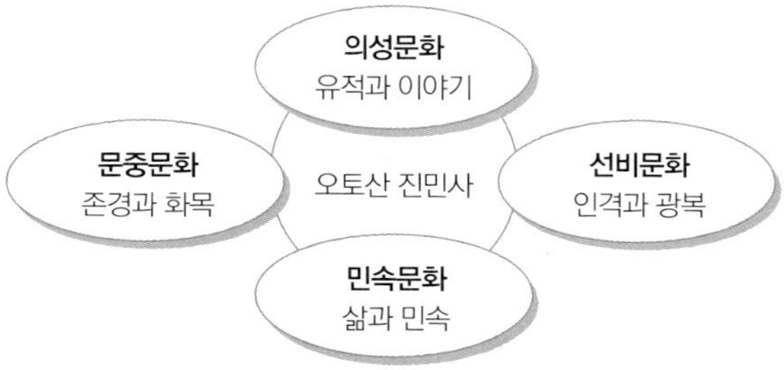


우선, 오토산 진민사 일원은 민속문화구역(民俗文化區域)으로서의 가치가 높다. 이 글에서는 논하지 않겠지만, 오토산은 원래 풍수적으로 중시되는 명산이다.[85] 많은 풍수가들이 이 산의 풍수적 특징을 공부하였고, 현재도 이 산을 명산으로 여겨서 답사하고 탐구하는 이들이 매우 많다.[86] 풍수적 관심은 관점이 다를 수 있지만, 자연의 아름다움과 인문의 따뜻함이 조화될 수 있는 배경이라는 점에서는 눈여겨볼 바가 있다. 오토산은 화려한 명산이 아니라 사람을 품은 따뜻한 산이라는 점에서 많은 민속문화유산을 가지고 있다. 이 산에 얽힌 민속과 풍수 설화를 이야기 구조로 재현하여 제공한다면, 현대인들에게 자연 속에서 휴식을 겸한 스토리텔링의 편안함을 줄 수 있을 것이다.

오토산 지역은 우리 역사의 모든 과정의 다양한 문화와 역사가 담긴 유적지이다. 오토산은 해발 475m로 그리 높지 않다. 그러나 산이 아기자기하고, 곳곳에 사람들이 오래전부터 터를 잡고 살아온 마을들이 있어서 문화적 가치가 높다. 오토산은 의성군의 중심 지역에 있으면서 동남쪽의 면들에 둘러싸여 있어서 의성의 역사 문화적 유적들과 연계되어 있다. 자세히 살피면 다음과 같다.

오토산 사적지에서 반경 10km 이내에 의성읍과 금성 탑리가 남북으로 있다. 의성읍은 고려 초기부터 이 지역의 중심 도성으로 많은 문화 유적을 가지고 있어서, 영남을 이해하는 데 필수적인 요소를 갖추고 있다. 의성읍의 구봉산(九峯山) 문소루(聞韶樓)의 문화적 가치와 함께, 곳곳에 흩어져 있는 많은 효자·열사들의 전설 및 오로리(五老里) 설화 등은 이 지역을 하나의 큰 이야기 꾸러미로 이해할 수 있게 한다.

탑리는 의성문화의 핵심 중 하나로 이해되고 있는데, 그 주변에 금성면 제오리와 학미리가 있고, 전 경덕왕릉과 조문국 역사지구가 있다. 제오리에는 천연기념물 제373호 공룡발자국화석 산지가 있고, 탑리에 인접한 대리에는 문익점의 목화 시배지도 있으며 조문국 역사지구에는 수많은 역사 유적이 있다. 탑리에는 유명한 국보 제77호 탑리 오층석탑이 있고 탑리 다음 마을인 산운리에는 조선시대 학자들과 애국선열들의 유적이 풍부히 남아 있다. 바로 그다음에는 전국적인 명성을 가진 빙계계곡이 있고 선현을 모신 빙계서원이 있다.

이들 사적지는 서로 가까운 거리에 있으면서 각각 지질시대, 원삼국시대, 신라시대, 조선시대, 일제강점기와 현대의 유적을 시기적 연계성을 가지고 일관되게 보여 준다. 다만 일련의 시기 중에 고려시대의 유적과 이야기가 결여된 것이 아쉬웠을 뿐이다. 이런 점에서 오토산 사적지가 그 공백을 메울 수 있으므로 문화적 가치가 더 두드러질 수 있다. 고려시대의 지역 지도자의 영도와 그에 감사하는 지역민의 존경이 아름답게 조화되어 있고, 그것이 현대에 이르기까지 면면히 행해져 오고 있는 곳이라는 의미로 전 역사시대에 걸친 지역문화의 이야기를 완성할 수 있을 것이다.

| 공룡화석 유적 | 조문국 유적 | ———— | 선비 유적 | 광복 유적 |
| --- | --- | --- | --- | --- |
| 선사시대 | 신라시대 | 고려시대 | 조선시대 | 근대 |

〈오토산 유적〉

오토산을 둘러싸고 형성되어 수천 년을 살아온 이 지역에는 마을마다 따뜻하고 다정한 이야기들이 숨어 있어서, 이를 정리하고 소개하면 이야기가 있는 역사지구를 시민들에게 제공할 수 있다. 현재 오토산은 산의 다섯 방향을 따라 형성된 5개 리에 둘러싸여 있다.

만천리는 공룡로를 따라 탑리로 향하는 국도변 마을이다. 여기에는 고려 말기에 의성에 입향한 함양박씨의 기념물과 정자들이 있고, 이 마을 막닥골에 있는 고려시대 분묘가 함양박씨 입향조의 무덤이라는 것이 밝혀진다면 흔치 않은 고려시대 유적지로 많은 이야기와 함께 조명될 것이다. 오로리에는 다섯 현인의 이야기와 선녀들이 베 짜던 바위 이야기, 아홉 마리 용이 못에서 노는 이야기 등이 구체적인 지형지물로 남아 있다. 치선리에는 베틀바위의 아름답고 서러운 이야기와 선암 유적이 남아 있으며, 신라시대에 조성된 것으로 전해지는 치선리 석탑도 있다. 오상리에는 의병장 이필곤 선생의 순국기념비가 있고, 진성이씨들이 대를 이어 살면서 이룬 품위 있는 선비마을의 이야기들이 남아 있다. 토현리에는 오토산 오토재 진민사가 있고, 오상리와의 사이에 비교적 넓은 들과 맑은 물이 있어서 넉넉한 인심과 정다운 이야기가 많다.

오토산과 직접 접하지 않은 인근 마을은 빙계의 빙혈(氷穴)과 서원, 금성 산운리(山雲里)의 선비들과 산수유꽃 등이 금성산을 둘러싸고 있어서 오토산 역사문화지구의 배경이 되어 줄 수 있다.

오토산 사적지를 문화유적지구로 지정하고 관리하는 것은 전국적인 성씨인 30만 의성김씨 일족들에게 의성이 본향의 기능을 회복하게 하는 효과가 있을 것이다. 실제로 대부분의 사람들에게 자신의 성씨와 조상의 고향인 관향(貫鄕)은 그 의미가 희미해져 가고 있어서, 그저 행정적인 분류로만 기능하거나 아무 이유도 없이 번거로운 표시로만 이해되기도 한다. 그러나 의성김씨들은 비교적 본향의식이 강한 편이며, 더욱이 자신의 조상 묘소가 이곳에 있다는 사실을 아는 경우가 많기 때문에, 오토산 사적지를 홍보하여 경험하게 하면 전국적으로 의성에 우호적인 외지인을 확보하는 데 큰 도움이 될 것이다. 실제로 의성김씨들은 매년 봄과 가을에 수백 명에서 천여 명이 모여서 다 함께 첨사공에게 제향하고, 전국적 또는 전 세계적으로 흩어져 살고 있으면서도 의성에 대해 긍정적 기여를 할 수 있는 심리적 친근감을 가지고 있다. 이들을 활용하여 의성 발전에 기여하게 하는 것도 문화산업의 한 모델이 될 수 있을 것이다.

향후 오토산 지역은 '역사문화유적지구'로 지정되는 것이 바람직하다. 이 지역의 지질시대 유적은 이미 전국적으로 지명도가 있고, 삼국시대 전후의 국가 발생 유적도 보기 드문 특징을 가지고 발견되고 연구되었으며, 신라 후기 최고의 유적 중 하나인 탑리 오층석탑은 국보로서의 위엄을 가지고 있다. 조선시대에는 명문가의 학자들이 근처에서 생장했으며, 조선의 위기와 일제 강점기에는 수많은 의병들과 우국지사들이 활동했던 지역이다. 일련의 역사 시기 중에 흠결이 되었던 고려시대 유적으로 오토산 묘소와 진민사 사적이 조명됨으로써 모든 시기가 일관된 역사 유적으로 설명될 수 있도록 완성되었다.

이제 필요한 것은, 산재한 이야기들과 유적들을 서로 연계된 이야기 틀로 연결하는 일이다. 선대의 삶이 우리 삶과 어떻게 연결되어 있는지를 설명하고 공감하게 하는 노력이 필요하다. 그러려면 일반인들이 읽고 이해하기 어려운 한문 자료를 번역하여 보급하고, 이를 좀 더 대중적으로 전환하기 위해 노력해야 할 것이다. 이렇게 역사적 가치를 조명하고 각 마을과 유적마다 이야기를 되살리는 노력을 한다면 이 지역은 화려하지는 않으나 정답고 여유로운 문화유적지구의 기능을 갖게 될 것이다.

1 "…… 이들 문서는 조선 중기부터 근현대까지 작성된 것으로 가장 이른 것은 16세기 후반의 기록이다. 사우의 제향, 재산관리, 문중 문화 등과 관련하여 문화적 전통을 살펴볼 수 있는 귀중한 자료이다. 문서 특징은 시기적 단절 없이 지속적으로 이루어져 기록문화유산으로서의 의미가 있으며, 한 문중에서 장기간에 걸쳐 향사와 문중 관련 문서를 수장해 온 것은 매우 희귀한 사례이다. 따라서 진민사 소장 고문서 133점을 일괄하여 문화재자료 지정대상으로 선정한다."(『경상북도보』 제6070호, 2016. 10. 6.)

2 의성조문국박물관, 『義城』, 2014, 12~19쪽.

3 의성군지편찬위원회, 『義城郡誌』, 1998. 이하 별도의 각주가 없는 의성군에 대한 역사자료는 이 군지를 따른다.

4 이 국명을 한글로 적을 때에 '조문국'이라 할 것인지 '소문국'이라 할 것인지에 대한 논의가 있다. 논의의 경과와 대체적인 결론에 대해서는 의성조문국박물관 한국고대사탐구학회, 『조문국의 지배세력과 친족집단』, 2014, 87~90쪽을 참조한다.

5 『三國史記』 卷二 新羅本紀 第二 伐休尼師今, "二年 春正月 親祀始祖廟 大赦 二月 拜波珍飡仇道 一吉飡 仇須兮 爲左右軍主 伐召文國 軍主之名始於此".

6 전덕재, 「고대 의성지역의 역사적 변천에 관한 고찰」, 『신라문화』 39, 동국대학교 신라문화연구소, 2012, 8쪽.

7 통계청 국가통계포털 http://kosis.kr/wnsearch/totalSearch.jsp(2016. 12.). 이하 별도의 설명이 없는 통계는 이 자료를 인용한 것이다.

8 『義城郡誌』, 1310쪽.

9 의성 지역을 본관으로 하는 성씨는 1760년대에 17개 성관이 있었으나, 1997년 조사에 의하면 의성김씨, 문소김씨, 비안박씨, 병산손씨, 의성이씨, 의성임씨 정도만 있는 것으로 나타나 있다.(『義城郡誌』, 72쪽)

10 이 151,016명은 통계상의 '기타' 본관 인구 75,790명과 1,000명 미만의 본관 인구 75,226명을 합산한 것이다.

11 현재 호적상 문소김씨로 등재된 사람과 면담하고 그들의 파보를 검토하였다. 이들은 자신이 의 성김씨라고 생각하고 있으며, 파보의 명칭도 『義城金氏世譜』라 하고 내부 명칭은 「義隱公派譜」라고 하였다. 다만 호적을 정리할 때 문소김씨로 등록했기 때문에 그 후손은 모두 통계상 문소김씨로 잡히고 있다.

12 累經兵燹 文獻無徵 以上世系 未得詳焉 故辛酉譜 以府君爲始修譜矣 今考新羅璿源譜 新羅世譜 源流錄 高麗世家 乃正焉(金成丹 譜註, 『義城金氏大同譜』 1권, 1992, 13~14쪽).

13 贊成公諱成丹 以門下侍郎 諱國之玄孫 失系而不能共敦者 已經數等 而今有班班可據者(金柄洛, 第八次譜序, 『義城金氏大同譜』 1권, 1992, 38쪽).

14 金氏는 大輔公 諱 閼智로부터 시작하여 敬順王 諱 傅에 이르기까지 28世이고 敬順王으로부터 義隱公 諱 成丹에 이르기까지 10世이다. 이상 同祖의 孫이 全國에 散在하여 아직 譜를 合하지 못하였으니 다만 義城 주변에 사는 諸族을 義隱公으로써 中祖로 起源하여 義隱公派譜라 稱한다.(『義城金氏世譜 義隱公派譜』 1권, 1984, 서문)

15 현재 문소김씨로 집계된 사람들은 1992년판 『義城金氏大同譜』 13권에 별도의 표시 없이 의성김씨와 함께 수록되어 있다. 그러므로 이들은 공공 기록인 호적상으로는 문소김씨이

고 문중 기록인 족보상으로는 의성김씨이다.

16 김씨 중에서 다른 본관의 경우에는 신라계, 가야계, 사성계 등으로 동일 본관 내에 상이한 유래를 가진 계파가 있기도 하지만, 의성김씨는 현재 기록상 신라계로 정리되어 있다.

17 김홍술(?~929)은 원래 신라 말 眞寶縣의 촌주였다. 그는 진보 城主가 되었다가 922년(태조 5) 11월에 왕건에게 귀부하였고 이후 聞韶郡으로 진출하여 義城府 城主·將軍이 되었다. 929년(태조 12) 견훤이 의성부를 침범했을 때 맞서 싸우다 전사했다. 그의 사후 그를 기리기 위해 의성의 토착 세력들이 사망한 장소에 城隍祠를 건립하고 의성의 성황신으로 모셨다. 그러다가 1706년(숙종 32)에 성황사에 위패를 안치하고 '忠烈祠'라는 편액을 걸어 유교적인 祠宇로 전환하였다. 충렬사는 의성읍 상리리 사당골에 있고, 의성김씨에 의해 매년 춘향이 거행되고 있다.(『義城郡誌』 1405~1406쪽 참조) 『디지털의성문화대전』에는 "원래 이름은 홍술(洪術)이었으나 고려 태조 왕건에게 김씨 성을 사성받은 것으로 보인다. 본관은 의성(義城)이며…….."라고 기록되어 있다.(http://uiseong.grandculture.net)

18 김홍술이 성황신으로 제향된 내력과 그 이후의 성격에 대해서는 邊東明, 「城隍神 金洪術과 義城」, 『역사학보』 189, 역사학회, 2006에서 상세히 논하였다.

19 金洪術 高麗 太祖時 以吏爲城主將軍焉(『慶尙道地理志』 義城縣 人物條. 尹熙勉, 「新羅 下代의 城主·將軍 – 眞寶城主 洪述과 載巖城將軍 善弼을 中心으로」, 『한국사연구』 39, 한국사연구회, 1982, 54쪽에서 재인용).

20 眞寶城主洪術 遣使請降(『高麗史』 권1, 太祖 5년 11월).

21 金洪術 高麗太祖時 以吏爲城主將軍(『慶尙道地理志』, 安東道).

22 (城隍祠) 在縣北三里 新增 俗傳 金洪術貌似麗祖 與百濟甄萱戰 敗死之 仍祠于此(『新增東國輿地勝覽』 권25, 義城縣).

23 史云 金洪術 義城人(『濡溪集』 권7 「城隍祭送迎神歌序」).

24 洪儒는 고려 태조의 26비인 義城府院夫人의 아버지이다. 『高麗史』에 의하면 의성부원부인은 太師 三重大匡 洪儒의 딸이며 義城府院大君의 어머니이다.

25 洪儒 初名術 義城府人(『高麗史』 列傳, 洪儒 裵玄慶 申崇謙 卜智謙).

26 朴燦, 『召文國과 日本天皇家』, 대보사, 2010.

27 1992년판 『義城金氏大同譜』. 이 대동보는 金錫을 1世로 하고 이하 대수에 따라 표시되어 있으므로 이를 따른다.

28 이 중에서 4대, 즉 國-景珍-彦美-襲光에 대한 入錄 여부가 각각 다르게 나타나는 데 대해서는 金時晃, 「義城金氏 族譜研究」, 『동방한문학』 7권, 동방한문학회, 1991, 61~62쪽에 설명되어 있다.

29 庚子譜云 一譜 無弘術 有諱國諱景珍諱彦美諱襲光四代 謹按 自義城君至典書先祖 只九世 而萬戶先祖至後孫以鉉 十二世 何四百五十年間 代數甚促 而三百餘年間 代數如是太多也 其間或有失傳 不系而然耶 丁時述所記萬姓譜 亦以上四代 系公祐之上 似是 實錄當以此連代 而或恐有差誤 不敢入錄 以待博識者正之(1958년판 『義城金氏 靑溪公 宗派譜』).

30 1992년판 『義城金氏大同譜』 13권 1163~1184쪽.

31 1992년판 『義城金氏大同譜』 13권 534~1162쪽. 金景琰의 5대손 金成丹까지 독자로 계대

되었으므로 이들은 모두 김성단의 후손이다.

32 1992년판 『義城金氏大同譜』 12권 376면~13권 306면(守司空公 김용필의 후손), 13권 307~533면(平章事公 김용주의 후손).

33 我始祖 太子詹事府君 積德累仁 慶流苗裔(金璡, 「五土山立石發文」), 我始祖 高麗太子詹事府君(金宇顒, 「詹事府君墓碑銘」).

34 高麗金紫光祿大夫 太子詹事 義城君 夫人令同正姜后柱女 墓義城五土山震向 邑人以有大功德於民 立祠以祀之 廟號鎭民祠 外孫李潚譜序 討紅巾有功云 槐山譜 官至遼陽省參知政事 扶餘金兌孫家所藏文書 府君明宗朝入官至政丞 以推誠保節功臣 封義城君(1958년판 『義城金氏 靑溪公 宗派譜』).

35 高麗 贈 銀靑光祿大夫 尙書左僕射 太子詹事 龍庇公 其始祖也(金誠一, (靑溪先生) 行狀, 『聯芳世稿』 『靑溪先生逸稿』).

36 학봉종가에 필사본이 전해지고 있는 호구단자이다. 1390년에 29세인 가구주 金洊의 호적 문서인 이 단자에는 당시의 가족으로 28세인 그의 부인 홍주이씨가 수록되어 있다. 그 밖의 생존 가족은 기록되어 있지 않으나 가구주의 친·외계 조상들이 상세히 기록되어 있다. 金洊의 부 金居斗, 조부 金台權, 증조부 金瑞芝, 金瑞芝의 부 金宜, 조부 金龍庇, 증조부 金公祐까지 서술되어 있다.

37 李樹健, 「義城金氏 川前派 문호의 성장과정」, 『내앞 500년』, 의성김씨천상문화보존회, 2011, 26쪽.

38 罷興安都護府副使金瑞芝 王之幸姬鳳池蓮者 本府妓也 邑吏裴度 嘗有憾於瑞芝 託鳳池蓮訴王 王遂罷瑞芝 籍其家(『高麗史節要』 卷之二十二, 충렬왕 29년).

39 祭紺嶽山 時俗尙鬼 公卿士庶 皆親祭紺嶽山 知中門事閔儒 前少尹金瑞芝 將祭紺嶽 過長湍津溺死 司憲掌令方于楨 上疏請禁 從之(『高麗史節要』 卷之二十三, 충선왕 3년).

40 金甲周, 「詹事府君 金龍庇」, 『義城金氏 五土山 略誌』, 2014, 7~12쪽.

41 盜起溟州 陷三陟蔚珍二縣 盜又起東京 與溟州賊合 侵掠州郡 遣郎將吳應夫 借閤門祗候宋公綽于溟州道 將作少監趙通 郎將韓祗于東京 招撫之 ○三月 宋公綽招諭東京賊魁金順 蔚珍賊魁今草等來降 王賜酒食衣服遣還(『高麗史節要』 卷之十四, 신종 2년).

42 綾州派 以內史令諱逸第二子諱仁術之後世 居綾州 因兵禍入耽羅島 零星數家 移住陜川焉(金柄洛, 義城金氏大同譜序, 『義城金氏大同譜』 제1권 38쪽).

43 義城君 諱錫之八世孫 諱龍弼 仍爲義城金族之派祖也 噫我綾城之金 昔爲義城之同派 今爲綾城之異貫者 …… 我中始祖則東公 自義城遷居綾城 …… 先祖主積德累仁之報 風氣日開 雲仍日衆 始籍于此 因以綾城爲貫云(金霖洙, 「綾城金氏族譜序」, 1916).

44 開城氏 以開城府事諱龍珠之裔 因官襲貫 往在乙丑 籲于天陛 至蒙還本之聖裁(金柄洛, 義城金氏大同譜序, 『義城金氏 大同譜』 제1권 38쪽).

45 金晙 祖考 忠毅公 龍珠 高麗 知開城府事 後孫因居開城 受籍開城云(金時晃, 앞의 논문, 103쪽 재인용).

46 景泗流芳編纂委員會, 『景泗流芳』, 1974, 39쪽. 이하 분관과 환본에 대한 기록은 이 책에서 참고하였다.

47 禮安氏則 義城之分也 蓋自詹事公諱龍庇 始封義城 自始以後貫義城 而至二世 監門公諱宜條下 末子及孫曰椿曰玉祖兄弟 又移禮安 遠離先鄕(김시황, 앞의 논문, 99쪽 재인용).

48 按禮安譜 以侍中公椿爲始祖 …… 本派諸孫上疏天陛 特承還本之命(金道和, 第七次譜序, 『義城金氏大同譜』 1권, 1992, 31~32쪽).

49 시조 김상환(金尙煥)의 자는 문원(文遠)이다. 의성김씨(義城金氏) 시조 김석(金錫)의 9세손인 김용필(金龍弼)의 후손이며 김몽립(金夢立)의 아들로, 1636년(인조 14)에 태어났으며 평양(平壤)에서 세거(世居)하였다. 1669년(현종 10) 식년 문과(式年文科)에 병과(丙科)로 급제(及第)하고 감찰(監察)을 지냈다. 다만 김상환의 급제 당시 기록에서 본관이 적성인 것으로 보아 선대에 이미 의성김씨에서 분적(分籍)하여 본관을 적성으로 삼은 것 같다.(지식백과, http://terms.naver.com/entry.nhn)

50 『義城金氏大同譜』 世系 48쪽.

51 본관으로부터 분관된 동성의 소수 분파들이 규모가 큰 본관으로 회복되는 흐름이 있었던데 대해서는, 이수건, 「족보와 양반의식」, 『한국사 시민강좌』 24, 일조각, 1999, 28쪽을 참조하였다.

52 趙東杰, 「川前 金門의 獨立運動」, 『내앞 500년』, 의성김씨천상문화보존회, 2011, 302~361쪽.

53 김희곤, 「안동 내앞마을 출신 독립운동가들의 생가터 조사 연구」, 『한국독립운동사연구』 48, 독립기념관 한국독립운동사연구소, 2014, 224쪽.

54 신창균, 「민족운동에 따른 傳統名家의 사회경제적 변화－安東 義城金氏 내앞[川前] 문중의 경우」, 『한국근현대사연구』 27, 한국근현대사학회, 2003, 42~79쪽.

55 오토산 묘소는 현재 圓形으로 남아 있지만, 조선 중기에 修墓하기 전에는 方形이었다는 구전이 있다.

56 旣沒 葬於是 祠於是 今八百餘年矣(金應祖, 「鎭民祠移建記」). 오토산 재사와 진민사에 대한 기록들은 대부분 『五土齋舍考迬錄』에 수집되어 있다. 이하 인용하는 글들은 별도의 표시 없이 이 책에서 재인용한다.

57 今其墓所 實在義城縣治之南 五土山之原 子孫世守 得保今日 是則幸矣(金璡, 「五土山立石發文」).

58 五土山이 다섯 명당을 가지고 있어서 五名山이라고도 불린다는 것이며, 그중에서 첨사공 묘소가 掛燈穴이라고 불리며, 광중에서 다섯 색깔의 흙이 나와서 五土山이라고 했다든지, 묘소 조성 시에 소리개[鳶]를 날려서 그 앉는 자리를 잡았다든지 하는 많은 전설들이 있다. 풍수도참류에 속하는 이 전설들의 성격으로 보아 구전된 시기는 고려 후기 정도로 보이는데, 그들은 모두 이미 첨사공 묘소가 존재하고 있음을 전제하고 있다.(『義城郡誌』, 『義城』 등 참조)

59 我始祖高麗太子詹事府君 諱龍庇公之墓 在慶尙道召文縣治之南 五土山震向之原 縣人以府君有功德於民 久而不敢忘 共爲禁其樵牧(金宇顒, 「始祖太子詹事府君墓碑」).

60 我始祖之在召文 觀其邑民之崇敬慕嚮 至於綿歷異代 累數百年之久 而不敢忘忽焉 非功德入人之深 而能如是乎(金宇顒, 「始祖太子詹事府君墓碑」).

61 而經世久遠 尙無墓碣 數代之後 將與丘壟 同其纍纍 未知子孫 於何徵信 而展其追遠之誠乎(金璡, 「五土山立石發文」).

62 의성현령 安應昌이 석물을 갖추었을 것이라고 본 기록도 있다.(後幾年 安侯應昌 莅縣事 爲之具像設置齋舍, 李象靖, 「五土山齋舍重修記」)

63 歷世旣綿 四尺穨圮 …… 迺整砌皅 迺崇邃埏(金崧鎭, 「修墓時告由文」).

64 현재 남아 있는 龜趺가 거북 모양을 하고 있는 것으로 보아 그 짝이 되는 최초의 옥개는 현재처럼 지붕 형태가 아닌 螭首 형태를 가졌을 가능성이 있다.(정해득, 「조선시대 墓制 연구」, 『조선시대사학보』 69, 조선시대사학회, 2014, 52~53쪽 참조)

65 金自中은 첨사공의 3남 金英의 손자인 南坡公 金光富의 증손자이다.

66 李象靖, 앞의 「五土山齋舍重修記」.

67 已過半千年 恭桑梓而羹墻 相傳三十世 力綿事鉅 神道之役未遑 世變時移 子孫之誠或淺(金天浩, 「神道碑閣上樑文」).

68 『秀山集』에 따르면 金秉宗이 代作하였다고 한다.(『五土山誌』 130쪽)

69 邊東明, 앞의 논문, 13~15쪽.

70 每年春秋 三班官屬 分三次亨祀 必用巫覡 擊鼓吹笙 …… 鄕貢進士金錫兼 …… 歎其淫祀無禮 …… 以忠烈祠三字揭扁額(邊東明, 앞의 논문 23쪽 재인용).

71 高麗太子詹事諱龍庇 系出新羅宗姓 而聞韶乃其食邑 旣沒葬於是祠於是 今八百餘年矣(金應祖, 「鎭民祠移建記」).

72 聞韶誌 有曰 有大功德於民 邑人立祠而祀之(『鎭民祠事蹟』, 『五土齋舍攷往錄』).

73 正德間 慕齋金安國 按是路 感其事嘉其俗 爲申蠲復之令 揭號鎭民祠 每於春秋仲月 官給祭需以祀之(『鎭民祠事蹟』, 『五土齋舍攷往錄』).

74 鎭民詞 正德 丁丑建 金龍庇 高麗太子詹事(李肯翊, 『燃藜室記述』 별집 권4, 祀典典故 書院).

75 諱龍庇 官至太子詹事 有功德於民 邑人設位牌于縣司 水旱疾疫 有禱焉 公以爲瀆也 議于宗黨 立廟司東 揭號曰鎭民祠(『鶴峯集』 附錄 권2, 行狀).

76 安應昌(1603~1680): 본관은 순흥이며 자는 興叔이고 호는 柏巖이다. 安珦의 후손이며 張顯光의 문인이다. 병자호란 때 대군사부로 임명되어, 인질이 되어 심양으로 간 봉림대군을 모셨으며 귀국 후에 사헌부 감찰을 거쳐 1655년에 의성현령에 임명되었다. 저서로 『백암문집』 5권이 있다.

77 (甲申三月一日 移安)廟宇滲漏 瓦椽摧落 玆擇吉辰 敢告新易 (同月十五日 還安)瓦椽更葺 廟貌重新 卜吉還安 庶幾妥新(『展省錄』 甲申年 記錄).

78 自廟宇及內砌外門 仍舊易新 典祀廳 與外門兩傍一間 又昔無有者(金埈, 「鎭民祠重修記」).

79 倉猝經始 別構一小間架於齋之東偏 以竢後人(金元大, 「鎭民祠廟庭碑銘」).

80 移神栖於奧區 千古松杉之密邇 閉枯木於齋閣 十載日月之滋荒(金道和, 「五土山別廟上樑文」).

81 間經葺理 穨圮則尙未甚也 其制不叶折旋(金正模, 「鎭民祠重修記」).

82 廟宇齋堂 各得鋪排 塈塗飾以丹青 榱題藻棁 咸呈鮮妙(金佑林, 「鎭民祠重建上樑文」).

83 1965년에 설립된 이 廟庭碑는 '鎭民祠重建事蹟碑'라는 이름으로 현재 진민사 앞에 세워져 있다. 현재 그 옆에는 '義城金氏五土山追遠事蹟碑'가 1988년에 추가로 세워져 있다.

84 一. 鎭民祠 士林享 復元의 件: 元來 鎭民祠는 義城郡民이 詹事公大祖의 偉德을 百世에 相傳키 爲하야 建祠崇奉하든 바인대 五土齋로 移建한 事實과 郡民尊奉의 길을 막은 理由는 果安在며 有眼者의 痛嘆을 禁치 못하는 事實이오니 舊基移建과 士林享 復元을 圖謀할 某種措置를 講求할 것(義城金氏宗親會 慶尙南道 本部,「建議文」, 1958).

85 오토산: 오토산을 중심으로 다섯 갈래의 큰 지맥이 뻗어 나와 있으며, 그 지맥마다 명산이라고 하여 오토산이라고 부른다는 설이 있다. 또한 과거 대홍수가 일어나 물이 세상을 다 덮었을 때 산 정상부가 오리 머리만큼 걸렸다고 하여 오토산이라고 부른다는 설도 있다. 또 다른 설은 오토산 동쪽 산록에 의성김씨 첨사공(詹事公) 김용비(金龍庇)의 묘를 쓸 때 땅속에서 청색, 적색, 황색, 백색, 흑색의 오색토가 나왔다고 하여 이와 같은 이름을 붙였다고도 한다.(디지털 의성문화대전, http://uiseong.grandculture.net/?local=uiseong, 2017년 3월 3일 검색)

86 풍수 전설에 흔히 등장하는 성지(性智)도사가 그런 상지(相地)를 한 것으로 구전돼 오지만, 그들 혈처의 유형 이름과 대략적인 위치, 방향이 너무나 구체적이다. 얘기인즉 오토산의 정상 부분에는 제비집혈[연소혈(燕巢穴)], 동쪽 산등에는 등잔혈[괘등혈(掛燈穴)], 서쪽 산등에는 곱자혈[곡척혈(曲尺穴)], 남쪽 산등에는 벌허리혈[봉요혈(蜂腰穴)], 북쪽 산등에는 개구리발자국혈[와적혈(蛙跡穴)]이 각각 있다는 것이다.(이몽일,「이몽일의 영남 신풍수기행 40 – 의성오토산(상)」,『영남일보』, 2000년 6월 9일)

제2장

# 군현 제의(祭儀) 공간 변화의 상징적 의미 해석

-의성군 성황사와 진민사, 오토산을 중심으로-

김덕현

## 1. 연구의 목적과 범위

이 글은 의성군의 문화유산인 진민사와 오토재의 상징적 의미에 대한 역사지리적 고찰이다. 지역의 문화유산은 지역민들에게 자신의 고장에 대한 문화적 자긍심을 높여 준다. 문화유산은 스토리텔링을 통하여 문화관광 자원으로 지역 경제 활성화에도 기여할 수 있다. 『의성군지』 등에 수록된 의성군의 지형 환경과 역사지리적 설명은 지나치게 소략해서, 오랜 역사를 가진 의성군을 이해하고 문화유산을 소개하기 위해서 보다 확충할 필요가 있다. 이 연구는 의성군의 지형 환경과 지역 공동체 제의(祭儀) 공간의 변화에 대한 고찰, 그리고 오토산에 대한 전통지리적 접근을 통하여 의성군의 문화유산에 대한 이해를 돕고자 한다.

연구 자료로 조선시대 지리지·고지도·의성군 『문화유적분포지도』와 『의성김씨 오토산지』 등을 기본 자료로 활용하고, 한국 지방행정사와 사회사 연구, 민간신앙(성황사) 관련 저서와 논문 및 문집을 분석한다. 이를 통하여 조문(召文)-문소(聞韶)-의성(義城)으로 이어지는 의성의 역사지리와 의성군 제사 공간의 변화의 의미를 고찰하고자 한다. 특히 성황사 및 진민사의 제의가 지연에 바탕을 둔 성황 신앙에서 유교적 의례로 변화하는 추세에 주목한다. 또 전통지리적 관점에서 의성군의 지리를 산수 형세로 파악해 보고, 풍수적 측면에서 오토산과 김용비 묘소를 해석해 보고자 한다.

## 2. 의성군의 지형 환경

한반도 스케일에서 볼 때, 의성군은 낙동강 유역 분지인 경상 분지 내부에 위치한다. 경상 분지는 태백산에서 남쪽으로 뻗어 울진·영양·청송·경주에 이르는 태백산지와, 남서쪽으로 뻗어 소백산·월악산·속리산·덕유산·지리산에 이르는 소백산지(백두대간)로 둘러싸여 있다.(그림 2-1) 지도에서 보는 바와 같이 경상 분지 내부에는 분지 외곽의 산지보다 낮은 고도의 산지들이 분포하고, 이들 산지 사이를 흐르는 낙동강 지류들은 다시 크고 작은 분지들을 만들고 있다.

낙동강 상류에 위치하는 주요 분지로는 봉화-영주 분지·예천 분지·문경 분지·상주 분지·안동 분지 등이 있다. 의성 분지는 규모가 큰 이들 분지와 달리 200m 전후로 고도가 낮은 구릉 지역을 흐르는 하천이 만든 작은 규모의 분지이다.

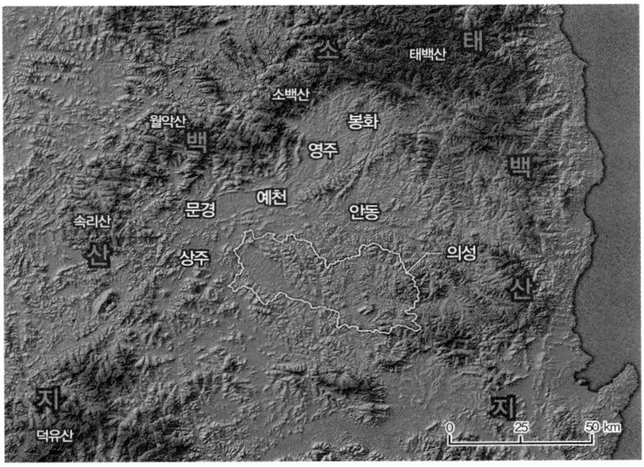

〈그림 2-1〉 경상 분지(낙동강 유역 분지)

### 1) 동서로 길게 펼쳐진 의성 분지

의성 지역은 북부 산지(안동·예천과의 경계), 남부 산지(군위와의 경계), 동부 산지(청송과의 경계) 등 남·북·동 3면이 산지로 둘러싸인 분지이다. 동서로 길게 뻗은 의성군은 서쪽으로 낙동강 본류에 접하며 동서 지역으로 크게 구분된다.(그림 2-2) 의성군의 서부는 하천들이 낙동강 본류에 합류하면서 형성한 평야가 동부에 비하여 많은 편이다. 현대 의성군 영역의 동쪽은 조선시대의 의성현이며, 서쪽은 대체로 조선시대 비안현 영역이었다. 1914년 일제 '조선총독부령(제111호)'의 '부군통폐합(府郡統廢合)'에 따라 비안군이 의성군 관할로 통합된 것이다. '부군통폐합'은 대소 격차가 지나치게 큰 조선시대 군현을 조정하는 혁명적 조치로, 경북의 경우 41개 부군이 24개로 대폭 통폐합되었다. 이 행정구역 통폐합으로 의성군의 영역은 약 2배로 확대되었다.

의성군의 북부와 남부의 산지 배열 방향은 대체로 북서-남동 방향이다. 의성군을 흐르는 하천은 모두 낙동강으로 유입된다. 이들 하천은 대체로 길이가 짧고 유량도 풍부하지 못하다. 의성군 내에서 가장 긴 하천인 위천(渭川)은 주요 단층선들(N55°W~N75°W, 가음단층 등)의 방향에 적응해서 북부와 남부 산지 사이를 서북 방향으로 흐른다. 의성군 동부 산지를 뚫고 서쪽으로 흐르는 남대천[長川, 의성읍 유역]과 쌍계천[下川, 금성면 유역]은 남부 산지에서 발원하여 심하게 감입곡류(嵌入曲流)하며 흘러오는 위천에 합류한다. 위천은 다시 북서 방향으로 흘러 의성군에서 가장 넓은 평야인 안계평야를 만들어 놓고 낙동강 본류에 합류한다. 의성군 북부의 광산천과 신평천은 북부 산지를 관통하여 북쪽으로 흘러 낙동강으로 유입하는데, 대부분 감입곡류천으로 협곡을 이룬다. 미천은 동부 산지에서 발원하여 역시 북쪽으로 흘러 안동에 들어가 낙동강에 합류하는데, 양안에 소규모의 하안단구가 발달해 있다.

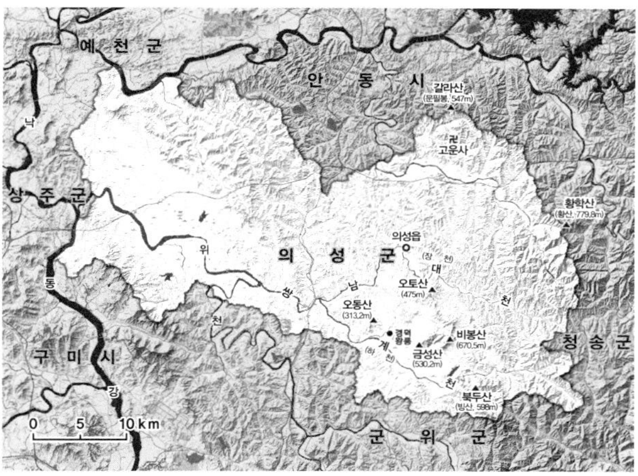


〈그림 2-2〉 의성군의 지형지세

### 2) 조선시대 의성현의 지형 환경

조선시대 의성현 영역은 현재 의성군의 동부 지역이다. 이 지역은 산지가 많은데, 북북서-남남동 방향의 산줄기가 뚜렷하고 그 사이에 소규모 하곡이 발달해서 평야가 넓지 않다. 산줄기에 평행하는 골짜기와 이를 가로지르는 동서 방향 혹은 북동동-남남서 방향의 골짜기가 만나는 곳에 수많은 소규모 분지가 있다. 그중 비교적 큰 분지가 의성읍과 경덕왕릉 등 고분이 집중된 금성산 서쪽 금성면 일대이며, 이들 2개 분지가 의성의 역사적 중심지로 역할을 해 왔다. 옛 읍지에서 의성군의 산지들은 모두 청송 보현산(普賢山, 높이 1,124m)에서 뻗어 내린 지맥으로 설명된다. 『여지도서(輿地圖書)』「의성현」 편 산천 조에는 동쪽은 황산(黃山), 서쪽은 두음산(豆音山), 남쪽은 천방산(天放山)과 선암산(船巖山), 북쪽은 마산(馬山)과 등운산(騰雲山)이 수록되어 있는데, 이 산들은 각각 조선시대 의성현의 동서남북 경계를 나타내는 산이다. 특히 선암산을 백장령(百丈嶺)의 으뜸 산이라고 표기하면서 조문국 관련 봉황 전설에 대한 장현광(張顯光)의 「봉대설(鳳臺說)」을 싣고 있다. 이 글은 봉대라는 지명을 통해서 의성의 역사지리를 봉황 설화에 의거해서 설명했는데, 추가적 연구가 필요하다. 고대 의성 지역의 중심지였던 금성면 지역의 상징적 산은 금성산(金城山, 높이 570m)이다. 금성산 일대에는 '날개를 펼친 봉황새[飛鳳]' 형국을 조문국 혹은 '문소(聞韶)'의 의미와 관련시킨 지명들이 많다.[1]

조선시대 의성 읍치(邑治, 현재 의성읍 소재지)가 자리 잡았던 곳은 소규모 하곡이 교차하는 분지이다. 북쪽으로는 안동, 동쪽으로는 청송, 서쪽으로는 상주, 남쪽으로는 의흥-영천으로 통하는 교통의 요충지였다.(그림 2-3 〈대동여지도〉 참조) 고려시대 이후 의성 읍치의 주산은 둔덕산(屯德山)이며, 김용비의 묘소가 있는 산은 오토산(五土山, 높이 475m)이다. 금성산과 오토산은 형태로는 모두 토산(土山)이지만, 풍수에서 오토산은 금성(金星), 금성산은 목성(木星)에 속한다. 특히 오토산은 둥근 모양을 하고 우뚝하지만 뾰족하지 않고, 묵직하면서도 뻗어 내리는 힘이 느껴지는 산이다. 오토산은 의성읍에서 멀리 바라보이는 산[朝山]이다.

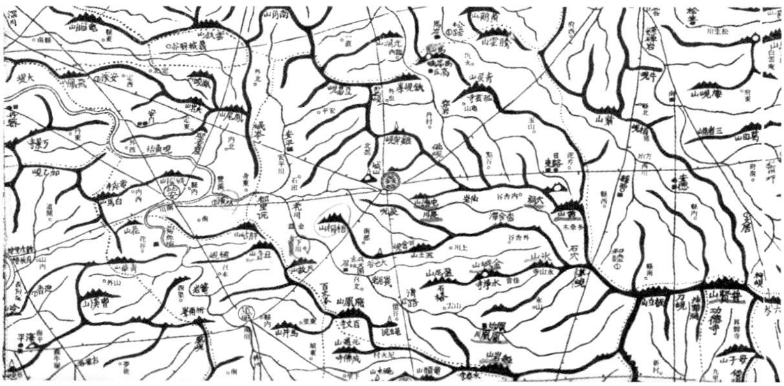

**〈그림 2-3〉 조선시대 의성현의 산천(대동여지도)**
**규장각한국학연구원(Kyujanggak Institute For Korean Studies) 소장**

의성 읍치 남쪽에 오토산이 있는데, 오토산 정상에서 의성 읍내가 조망된다. 오토산의 기반암은 퇴적암이다. 오토산은 중생대 백악기 경상누층군(하양층군)에 속하는 사곡층이며, 이 암석은 자주색 셰일과 사암으로 구성된 퇴적암이다. 가까운 곳에 공룡 화석이 발견된 것도 이 일대가 중생대 백악기의 퇴적암 지대이기 때문이다. 또한 산지 곳곳에 중생대 백악기 불국사 관입암 계통인 산성 암맥이 분포하고 있다. 이에 따라 땅속의 각 퇴적층은 풍화과정에서 청색, 적색, 황색, 백색, 흑색 등 여러 색깔의 흙으로 보인다. 오토산(五土山)이란 지명 유래에는 산이 다섯 갈래의 지맥으로 뻗어 내렸다는 설과 다섯 가지 흙의 색깔에서 나왔다는 설이 있다.[2] 오토산은 퇴적암 산으로 토산(土山)이지만 산체의 전체 모습이 묵직한 금성(金星)으로 우뚝하고 탁월해서 일대의 랜드마크가 되고 있다. 오토산 서쪽 고갯길에 성황단이 있었는데, 『여지도서』「의성현」 편 단묘(壇廟) 조에 의성의 성황사(城隍祠)를 "1670년(현종 11)에 관아의 남쪽 7리 오토산 아래에 옮겨 세웠다."라고 하였다.

의성군 동부의 또 하나의 큰 분지는 금성산 서쪽 금성면 쌍계천 일대로, 의성군 동부(조선시대 의성현)에서 가장 넓은 평야가 나타나는 곳이다. 금성산 서편은 조문국 시대의 중심지로 보인다. 동쪽으로는 금성산(높이 530.2m)과 비봉산(높이 670.5m)이 우뚝 솟아 있고 서쪽으로는 오동산, 남쪽으로는 선암산과 북두산(빙산)이 둘러싸고 있다. 특히 서쪽의 평야지대에서 동쪽으로 금성산을 바라보면 산체가 매우 크고 우뚝해서 신비감이 든다. 이 산들은 이 지역의 기반암(퇴적암)과 다른 화산암 복합체이다. 중생대 백악기 화산활동에 의해 형성된 칼데라 산체가 침식되고 남은 산지이다. 금성산과 비봉산이 연결되어 있는 이 일대에는 유천화산암층군을 기반암으로 하는 화산암이 노출되어 있다. 하부 산록대는 화산활동 초기에 분출한 현무암으로, 산지의 정상부는 화산활동 막바지에 관입한 유문암으로 이루어져 있다. 동쪽으로 금성산을 바라보는 산기슭에 조문국 시대의 거대 고분군과 탑리 오층탑이 분포한 것은 고대 성읍국가 시대에 해 뜨는 동쪽에 우뚝하게 솟은 금성산을 배경으로 삼아 신비한 이미지를 얻는 효과를 기대했다고 추정할 수 있다. 금성산 인근에 위치하는 빙계계곡에는 화산암(응회암) 암괴들이 쌓인 애추(崖錐) 사면이 발달해 있다. 이는 과거 주빙하 기후 환경하에서 형성되었으며, 여름철에 애추 사면의 암괴들 틈 사이로 찬 공기가 스며 나오는 풍혈(風穴)을 이루고 있다.[3] 조문국 고분군과 탑리 오층탑 그리고 금성산, 빙계계곡 등은 의성군이 연계해서 활용 가능한 주요한 문화적 지형 유산이다.

의성군 일대의 산지 대부분은 퇴적암이지만, 곳곳이 산성암맥이나 화산암으로 이루어져 있다. 퇴적암 지대는 토층이 발달하지 못해 반(半) 토산을 이루거나 토층이 발달해도 그리 깊지 못하다. 화산암 지대는 암설(巖屑) 사면이 많이 보이는 석산(石山)을 이룬다. 의성군 일대는 산지로 둘러싸인 내륙 분지이기 때문에 강수량이 적은 편이어서 곳곳에 물 부족에 대비한 소규모 저수지[小留池]가 눈에 띄게 많은 편이다.(그림 2-4)

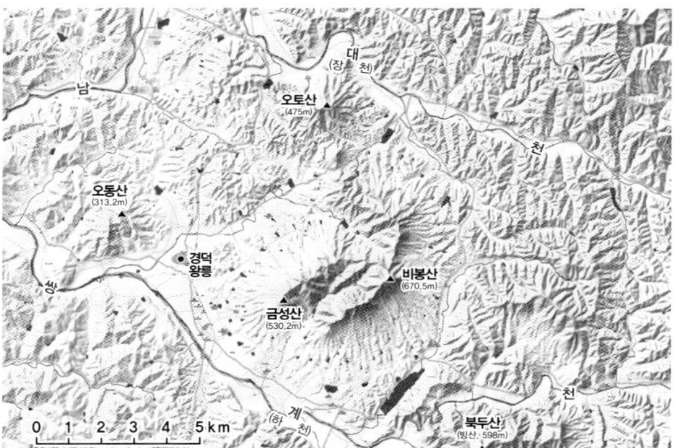


〈그림 2-4〉 오토산·금성산 일대의 지형 환경과 소류지 분포

## 3. 의성군 제의 공간의 변화

한반도의 국가형성 과정에서 군현(郡縣)은 기초적인 정치적·영역적 단위였다. 한국 전통사회에서, 군현은 행정적·군사적 단위인 동시에 본관(本貫)과 같은 지연적 혈연 단위이다. 또한 고대의 성읍국가나 고려의 계수관처럼 대소와 강약이 있는 정치적 단위이기도 했다. 『택리지(擇里志)』「팔도총론」 편 경상도 항목에 "상고 적에 100리 되는 나라들이 경상도 안에 매우 많았지만 신라가 나타나서 이 지역을 하나로 통일했다.[上古內有百里之國甚多至新羅出而一之]"라고 하였다. 이는 신라가 의성 지역의 조문국(召文國)과 같은, 삼한시대 이래 지연 공동체적 성읍국가를 병합하여 자신의 지방행정 단위, 즉 군현으로 편제하는 역사적 과정을 말한 것이다. 성읍국가의 중심지였던 군현의 중심지, 곧 읍치 주위에는 성곽뿐 아니라, 고인돌·고분군·산성·성황단 등 다양한 제의 공간들이 입지했다. 따라서 이러한 군사적·제의적 시설에 대한 고찰을 통해서 한반도의 가장 기본적인 정치적 공동체인 군현의 역사와 문화를 이해할 수 있다.[4] 나아가 이를 문화유산과 스토리텔링 소재로 활용하는 방안도 연구해 볼 수 있다.

한반도의 군현 단위 제의는 군현의 공동체적 역할을 해석하는 유력한 방법이 된다. 전근대 사회에서 제의를 포함한 종교적 활동은 인간이 초월적 세계와 만나는 대표적 방식인 동시에 국가와 같은 정치적 공동체를 이끌고 단합시키는 상징적 역할을 했다. 공동체 사회를 형성한 인간집단이 주기적으로 행하는 제의 활동은 초월적 세계와의 대화를 통해 공동체의 정체성과 단합을 확인·강화하는 기본적 방식이 되기 때문이다. 공동체 구성원들은 세계가 그들에게 열려 있으며 언어-상징을 통하여 소통할 수 있다고 보았다. 세계가 인간에게 해와 달의 운행과 계절의 변화, 산과 강을 통해서 말을 건네고 있다면, 인간은 세계에 대해서 꿈과 상상의 생활 그리고 토템과 선조(영혼)를 통한 의례 행위로 답한다.[5] 특히 의례 행위에 주기적으로 참여하는 것은 공동체가 자연이 중심이 되는 초월적 세계와 대화하고 그것을 체험하는 기본적인 방식이었다.

의성 지역에서 지역적·혈연적 공동체의 제의 활동이 고인돌, 고분, 제단과 사당, 그리고 묘소 등을 중심으로 일어났음은 고고학적·역사적 사실에서 확인된다. 한반도의 제의 활동에서 초월적 세계와 대화·소통하는 일차적인 상징물로 산이 탁월하게 등장한다. 산은 한민족의 신화에서 하늘이 인간에게 자신을 드러내는 형상으로 인식되었다. 한민족에게 산은 인간에게 생명을 부여하는 원천으로 생각되었던 것이다.[6] 특히 풍수적 관념의 도입과 함께 한반도에서 산은 거의 모든 마을과 고을에 활력을 부여하는 생기의 원천으로 여겨져 마을과 군현의 제사 대상이 되거나 제사 장소의 상징적 배경으로 활용되었다. 산은 고려의 송도와 조선의 한양을 비롯한 도읍과 조선시대 읍치의 배경[主山]으로 등장하였다. 의성 지역에서 금성산은 조문국의 근거이자 배경 산이었으며, 금성면 일대의 산들은 봉황 설화를 통하여 상서로운 땅으로 미화되었다. 고려시대 이후 의성 읍치는 보현산에서 흘러나온 산줄기가 머문 둔덕산 아래 입지한 것으로 읍지에 묘사된다. 김용비의 묘소가 있는 오토산은 의성읍의 동남방에 입지하여 읍에서 멀리 조망되는 산[朝山]이며 풍수의 길지로 알려졌다.

고려시대 이후 의성 지역의 고을 단위 제의, 즉 군현 제의에서 성황사(城隍祠)가 중요하다. 고려시대에 지방 토호가 주도권을 장악하고 있던 성황사를 비롯한 사묘(祠廟)들의 제의가 조선 시대에 들어와서 수령이 주도하는 군현 제의로 통합되고 공식화되면서, 다른 한편으로 의례 행사도 유교적으로 정비하는 정책이 시행되었다. 군현 제의의 유교적 정비에는 무속적인 제의 형식과 내용을 유교적 제사로 변화시키는 것, 주도 집단을 지역 토호 내지 향리 층에서 수령이 주재하거나 사족 층으로 변동시키는 것, 그리고 제의 공간의 입지도 읍치 외곽으로 이동시키는 것까지 포함되었다.[7] 성황사의 제의 형식과 제의 공간의 변화에서 의성 지역 공동체의 주도 집단과 제의 이데올로기의 변천 및 의성 지역의 상징 공간으로서 제의 시설 이동의 의미를 분석할 수 있다. 이러한 맥락에서 진민사를 포함한 의성 지역의 제의 형식과 제의 공간의 변화를 살펴보고자 한다.

### 1) 신라시대의 조문국과 문소군: 고분시대와 모전석탑

고분은 한반도의 고대적 상징 경관을 대표하는 탁월 경관이다. 탑을 갖춘 불교사찰은 통일신라시대부터 고려시대를 대표하는 종교적 경관이고, 누정과 사당을 갖춘 서원은 조선시대를 대표하는 유교 경관이라 할 수 있다. 불교가 도입되기 이전 삼국시대까지 고대를 대표하는 상징 경관은 고분이다. 세계적으로도 거대 고분은 신전과 함께 고대를 가장 잘 상징하는 대표적 탁월 경관이다. 거대 고분은 한국의 고인돌을 비롯해 영국의 스톤헨지 등 세계 각지에 분포하는 거석문화(megalithic culture)가 발전된 상징 경관이다. 이집트의 피라미드, 중국의 진시황릉, 일본의 거대 고분 전방후원분(前方後圓墳)이 그 예이다.

한국에서도 4~6세기에 걸쳐 전국 각지에 거대 고분이 조성되었다.[8]

1세기에서 6세기에 걸쳐 중국을 비롯한 동아시아 전체에 걸쳐 거대 고분 문화가 일어난다. 기원 전후의 시기에는 지구 기후환경의 한랭화, 그리고 청동기·철기 무기 보급과 함께 전란이 빈발하였다. 중국을 통일한 한(漢) 제국이 쇠퇴하고 동아시아 전체에서 인구 이동이 활발해져, 집단 간의 긴장이 높아지고 정복전쟁이 치열한 시기였다. 4세기에서 6세기 전반까지는 고구려·백제·신라·가야는 물론 일본 등 동아시아 각지에 새로운 실력자들이 나타나 고대 정복국가를 형성하였다. 또한 이 시기 동아시아 각지에는 적석분(積石墳)·봉토묘(封土墓)·분구묘(墳丘墓), 그리고 전방후원분(前方後圓墳) 등 거대 고총(高塚)이 만들어지는 고분의 전성시대였다.

한반도에서도 4세기에서 6세기 전반까지 조성된 거대 고분이 전국 각지에 분포한다. 이 시기에 축조된 것으로 추정되는 고분들은 아직도 무덤의 주인(피매장자)이 정확하게 밝혀지지 못한 것이 다수이다. 길이가 수십 미터에 이르고 높이가 3~20m에 달하는 거대한 고총(高塚)은 마치 산을 만나는 것처럼 보는 이의 시야를 장악하고 시각을 고정시키는 거대한 탁월 경관이다. 이들 거대 고분은 사료(史料)가 부족한 고대 국가의 발전과정뿐 아니라, 고대 사회의 권력구조와 생활문화 그리고 사회조직에 대한 다양한 추측과 상상을 불러일으키는 수수께끼 경관이다.

의성군의 금성산고분군(1998년 4월 13일 경상북도 기념물 제128호로 지정)은 금성산에서 서쪽으로 길게 뻗은 낮은 능선과 높지 않은 산정부에 조성된 대규모 고분군으로, 조성 시기가 고분시대인 4세기 후반에서 6세기 중엽까지로 추정된다. 이 고분군은 조성 시기, 신라의 북방 진출로라는 의성의 입지, 돌무지덧널무덤[積石木槨墳]이라는 묘제, 그리고 부장품으로 발굴된 금동장식 위세품 등에서 신라의 김씨 왕족과 밀접한 관련을 가진 조문국(召文國) 지배층의 분묘로 추정된다. 금성산을 동쪽 배경으로 삼아 금성산 능선 말단부인 탑리리, 대리리, 학미리에 260여 기의 고분이 집중적으로 분포하는 것이 확인되었다.[9]

고분시대에 조성된 한반도의 고분은 후대의 분묘와 달리 그 입지가 대체로 국읍(國邑) 중심지에 인접 입지하여 성읍국가의 기념적 경관이라는 상징적 역할을 한 것이 특징이다. 국가나 성읍의 최고 권력자가 주인인 고분은 거대한 규모의 봉토로 덮어 평지 무덤보다 장대하고 위압적으로 만들어서 자손과 신하를 감시·보호하는 조상의 유택이라는 인상을 준다. 거대 고분은 왕이나 호족이 죽은 후에도 신(神)으로 화하여 가까운 곳에서 자신이 통치했던 공동체를 지켜 주는 시설로 주민들에게 인식되도록 국읍의 중심지 인근 산이나 높은 곳에 입지하는 경향이 있다. 거대 고분은 막대한 인력과 물자 그리고 시간을 투입하는 축조 과정, 거대한 규모 등에서 고대 국가 성립기의 신적 권위를 가진 기념비(monument)와 같은 위세 경관으로 이해되고, 아래 인용문의 예처럼 활용되었다.

> 7년 5월부터 7월에 이르도록 비가 오지 아니하므로 조묘와 명산에 제사하였더니 곧 비가 왔다.
>
> —『三國史記』「新羅本紀」 2권 첨해니사금(沾解尼師今) 조

선덕왕 3년(782) 7월에 시림 벌판에서 열병을 실시하였다.

–『三國史記』「新羅本紀」 9권 선덕왕(宣德王) 조

의성 지역의 고분 역시 국가와 왕권을 상징하는 기념물의 역할을 하였을 것으로 추정된다. 금성산 고분군이 위치하는 금성면 일대는 조문국에 이어 삼국시대 고대 의성 지역의 중심지로 비정된다.[10] 특히 고분군이 금성산의 서쪽에 분포한다는 점에 주목하면, 해가 뜰 때 금성산을 배경으로 하는 고분군의 모습은 장관을 이룬다. 고분시대에 고분을 배경으로 제사를 포함한 다양한 의례 행사가 행해졌다고 추정할 수 있다.

**〈그림 2-5〉 조문국 고분군의 배경이 되는 금성산**
**출처: 의성조문국박물관, 『상설전시도록 의성』, 157쪽**

국보 제77호로 지정된 의성 탑리리 오층 모전석탑(模塼石塔)은 정확한 건립 연대가 확인되지 않지만 석탑 축조 양식으로 보아 통일신라 초기인 700년을 전후한 시기에 건립된 것으로 보인다.[11] 탑리 석탑의 등장은 1세기에서 6세기에 걸치는 동아시아 고분시대의 종료와 시대를 같이한다. 불교가 공인되는 6세기부터 경주 지역에서도 고분 축조가 사라지고 왕릉이 산속으로 들어간다. 고분 대신 불탑과 사찰이 권위와 상징적 경관으로 나타난다. 고급 종교인 불교가 도입되면서 거대 고분과 같은 탁월한 경관의 상징적 효용이 사라지고, 불교가 지배 이데올로기 역할을 하면서 상징적 기념 경관도 불사나 불탑으로 대체된 것이다. 삼한시대의 성읍국가 조문국은 185년(법흥왕 2) 신라에 병합되어 조문군(召文郡)이 되고, 다시 757년(경덕왕 16) 전국의 군명을 중국식 두 글자 이름으로 변경하면서 문소군(聞韶郡)으로 바뀌었다가 940년(고려 태조 23)에 의성부로 승격한다. 문소군 시대에서 의성부 시대 사이에 의성군의 치소가 금성산 아래에서 현재의 의성읍으로 이동되었을 것으로 추정된다.

### 2) 의성군의 성황사와 충렬사

의성군의 중심이 금성산 아래에서 현재의 의성읍으로 이동된 후삼국시대 이후, 의성군의 제의 공간으로 성황사와 지역을 대표하는 영웅적 인물의 사당이 주목된다. 조선시대 의성 읍지(邑誌)와 지도에 성황사(城隍祠) 혹은 성황단(城隍壇), 그리고 충렬사(忠烈祠)와 진민사(鎭民祠)가 기록되고 표시되어 있다. 이들 성황사와 사당의 설립과 운영, 그리고 입지 특성 및 이동에 관련된 자료를 통해서 고려시대 이후 의성군 제의 공간의 의미를 분석해 볼 수 있다.

성황사는 지방 세력의 상징적 인물에 대한 신앙과 국가의 군현 제사 정책이 결합된 결과이다. 고려 중기 이후 나타난 성황 신앙은 고려 말부터 국가 제사의 대상이 되고, 조선 왕조에서도 관인(官認) 성황사가 모든 군현에 설치되어, 사직단(社稷壇)·문묘(文廟)·여단(厲壇)과 함께 군현의 제사 시설로 정비된다. 태종 6년(1406)에 명나라의 「홍무예제(洪武禮制)」의 주·부·군·현의 예에 의거하여, 고려 시대부터 시행된 각 고을 향교의 문묘(文廟) 외에 사직단(社稷壇)을 지어 봄가을에 제사토록 하고, 여제(厲祭)를 시행하였다. 여제란 제사 지내 줄 자손이 없는 귀신[無嗣鬼神]에 대한 제사이다. 이후 이런 제사들은 『국조오례의(國朝五禮儀)』에 소사(小祀)로 등재되어 모든 주현에서 시행되었다. 또 산천, 성황, 풍운, 뇌우 등 여러 명칭으로 불리던 단(壇)들을 『국조오례의』에서 정한 바에 따라 하나의 성황사로 수렴하여 재배치하고 수령 주재로 제사하도록 했다.[12] 중앙집권 강화 방안으로 취해진 군현제사 정비에 의하여 '문묘·사직·성황·여제'라는 4개 지방 군현 제사 제도가 확립된 것이다. 1530년에 만들어진 『신증동국여지승람』에는 한성부를 제외한 전국 328개 군현 거의 모두(325개)에 성황사가 있는 것으로 되어 있다.[13] 이러한 국가 사전의 정비를 통해 관으로부터 허가받지 않거나 형식에 어긋난 제사는 곧 음사(陰祀)로 규정되었다.

군현 단위에서는 지역 고유의 전통에 따라 각종 신사(神祀)가 있었는데, 고려 중기 이후는 고을 토호들이 자신들의 시조를 성황신으로 모시는 사적(私的) 성황사를 건립한 예가 많다. 이는 나말여초 군현의 발전에 공이 큰 지방 토호가 성황사의 신격(神格)이 되는 경우를 말한다. 그러나 조선시대 초기부터 다양한 제사를 음사 혹은 좌도(左道)로 규정하여 금지하거나 성황사로 흡수 통합하는 노력이 계속된다. 대체로 17세기 이후 성황사는 관이 주도하는 유교적 제의로 바뀌게 되는데, 이러한 군현 제사의 변화 추세가 의성군에서도 나타난다.

조선 후기 의성군 읍지와 고지도, 그리고 지명사전 등에 보이는 의성군의 성황사는 관아 북쪽 3리의 성황사, 관아 남쪽 7리 오토산 아래에 옮겨 세운 성황단이 있다. 18세기의 『여지도서』에는 성황사가 관아 북쪽 3리에 있는데, "김홍술을 제사 지낸다." 하였고, 1670년(현종 11)에 관의 남쪽 오토산 아래 옮겨 세웠다고 하였다. 19세기 지도인 〈문소지도〉에는 관아 북쪽은 '성황사'로 표기되고 사당 건물이 그려져 있으나, 읍치 남쪽 오토산 아래에는 '성황단'으로 표기되고 장소 표시만 되어 있다. 『여지도서』 지도에는 오토산 서쪽에 '성황당'으로 표기되고 터가 그려져 있다. 또 『한국지명총람』에는 '서낭당 터'가 오토산의 북쪽 오로리 뒤쪽, 의성읍 오로리에서 금성면 만천리로 넘어가는 고개에 있다고 하고, "지금도 나무와 돌이 있다."라고 하였다.[14] 〈문소지도〉에 그려진 관아 북쪽의 성황사는 사당이 있는 집으로 표시되어 있는데, 읍치 북서쪽 철파역(鐵坡驛) 가는 길에 북원(北院)과 비보수(裨補藪)가 있고 그 앞에 성황사가 그려져 있다. 또 시내 건너편에는 여제단(厲祭壇)이 그려져 있다.

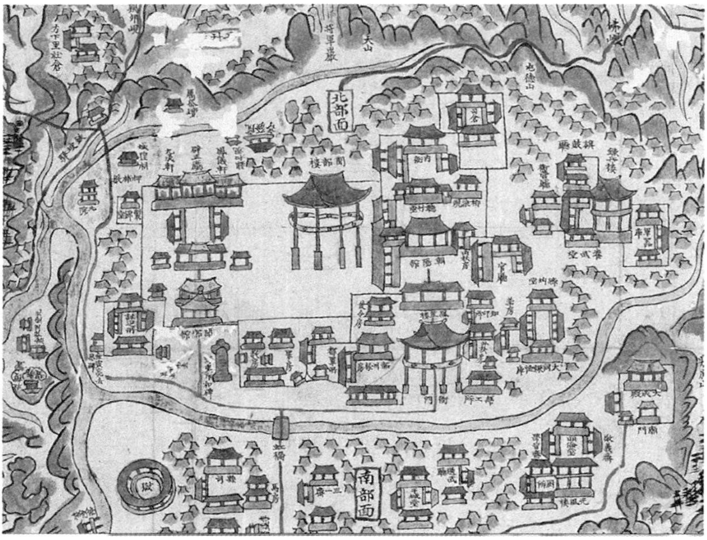

〈그림 2-6〉〈문소지도(聞韶地圖)〉에 나타난 의성 읍치
규장각한국학연구원(Kyujanggak Institute For Korean Studies) 소장

조선 전기까지 있었던 의성 읍치 북쪽의 성황사는 그 입지가 의성 읍치의 입구에 해당하는 곳이었다. 인근 철파리 일대는 의성읍의 입구로 역촌과 원(院), 그리고 제사 받지 못하는 원귀(寃鬼)를 모시는 여제단 등 의성읍의 제사 및 교통 시설이 집중된 곳이었다. 조선 후기에 읍치의 남쪽으로 이동된 성황단(성황당)은 의성읍에서 금성면으로 넘어가는 한적한 고갯길에 위치한, 돌과 나무로 이뤄진 평범한 서낭당인 것으로 보인다. 이는 조선시대의 군현 제사 장소가 좌묘우사(左廟右社), 남성황북여단(南城隍北厲壇)으로 정비되는 추세를 반영하는 것으로 보인다. 또 충렬사가 설치됨에 따라 의성의 영웅적 인물인 김홍술에 대한 제사 기능이 성황사에서 분리되면서 성황사의 위상이 군

현 제사가 아닌 민간 신앙인 서낭당 수준으로 격하되었다는 의미로도 해석할 수 있다.

성황사에 모셔졌던 고려 개국 시기의 의성 성주 김홍술에 대한 제사는 조선 후기인 1706년(숙종 32)에 읍치의 주산이 되는 둔덕산 아래에 세워진 충렬사로 옮겨졌다. 『신증동국여지승람』과 『여지도서』 「의성현」 편 단묘(壇廟) 조 성황사에, "전하는 말로 김홍술의 모습이 고려 태조와 비슷했는데, 백제의 견훤과 싸우다 패배하여 이곳에서 죽었다. 그러므로 여기에서 그의 제사를 지낸다.[在懸北三里 俗傳 金洪術貌似麗組 與百濟甄萱戰死之 仍祠于此]" 하였다. 고려시대부터 시행되어 온 김홍술에 대한 제사는 충렬사라는 별도의 사당이 마련되기 전까지 성황사에서 지냈다고 볼 수 있다. 『여지도서』 단묘 조 신증(新增)에는 진민사와 충렬사가 수록되어 있다. 충렬사는 "관아의 동북쪽 오천 가에 있다. 1706년(숙종 32)에 고을 사람들이 서로 의논하여 사당을 세우고 김홍술의 위패를 모셨는데, 오천은 바로 김홍술이 싸우다 죽은 곳이다."라고 하였다. 18세기 영조 때의 지도인 〈해동지도〉에도 읍치 동북편 둔덕산 아래에 오천(烏川) 충렬사(忠烈祠)라고 표기하고 사당 건물을 그려 놓았다. 읍지에 "둔덕산은 보현산에서 뻗어 나와 우리 고을 터의 으뜸 되는 산줄기이다. 둔덕산 고성은 관아의 동쪽 동리에 있다."라고 하였으니, 김홍술의 전사지는 둔덕산 고성 근처이다. 『신증동국여지승람』에 의성 읍성이 "토축(土築)이고 주위는 4,729척인데 지금은 폐지되었다."고 하니 둔덕산 고성은 고려시대의 읍성으로 추정된다. 다음 〈해동지도〉 의성현 지도에 오토산과 김용비 묘도 표시되어 있다.

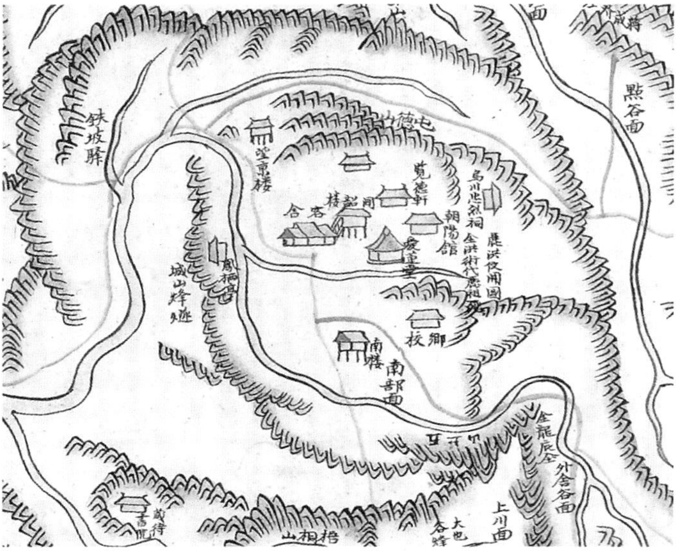


**〈그림 2-7〉〈해동지도〉 의성현 지도 읍치 부분**
**규장각한국학연구원(Kyujanggak Institute For Korean Studies) 소장**

충렬사의 위치는 현재 의성읍 상리1리(사당골)의 '고려김장군순절비'가 있는 곳이다.[15] 1776년에 세운 순절비 비문에 "구성산에 올라 북쪽 산골짝을 바라보니 울창하여 기이한 기운이 서려 있는 듯하였다. 고을 선비에게 물어보니 대답하기를 '이곳은 둔산(屯山)인데 옛날에 장군 김홍술이 이 산 아래에서 전사하였으므로 그의 사당을 세웠습니다.' 하였다."라고 새겨져 있다. 충렬사를 세우게 된 내력에 대하여 "처음에 장군의 사당을 성황신과 함께 제사하였는데, 우리 숙종 병술년에 고을 사람인 생원 김석겸 등이 장군을 성황신과 함께 제사하는 것은 예가 아니라 하여 마침내 나무로 신주를 만들고 조두(俎豆)로 제사하고 충렬사라 하였다."라고 하였다.[16]

〈그림 2-8〉 김홍술을 제사하는 충렬사

의성읍의 성황사는 성황신앙이 시작된 고려시대부터 김홍술을 성황신으로 모셨던 것으로 추정된다. 성황신앙은 중국의 민속에서 나왔는데, 본래 성황신은 도시의 수호신이다. 이것이 고려 초 우리나라에 들어와 무속신앙과 결합된 것으로 보인다.[17] 『신증동국여지승람』과 『여지도서』에 고려 개국 초기 인물인 김홍술이 신으로 제사 받고 있다고 기록되어 있다. 또 의성뿐 아니라 선산·해평·성주·양산 등에서도 지역 호족으로서 고려 개국에 공이 큰 인물이 그 군현의 성황신으로 모셔진 경우가 많다. 그러나 성황사가 국가의 공인을 받아 군현 제사로 정착된 조선시대, 특히 유교가 생활규범으로 정착되는 조선 후기에 들어서 김홍술에 대한 제사는 성황사에서 빠져나와 충렬사에서 유교식으로 지내게 되었다. 앞의 '고려김장군순절비' 비문에 있는 것처럼, 지역사회의 지도층인 유학자가 성황사에서 무속으로 제사하는 것은 장군에 대한 올바른 예가 아니라고 지역민을 설득했기 때문이다.

조선 영조 때 전국 각 읍의 서원·사우·영당의 사적을 조사·정리하여 중앙에서 편찬한 『열읍원우사적(列邑院宇事蹟)』 의성현 충렬사 사적에는 "고을의 이서(吏胥)들이 해마다 장군의 충의를 돌이켜 느껴서 황제봉 아래 오천동에 드디어 사당 건물을 세웠으니, 곧 장군이 절의로써 사망한 장소이다. 해마다 봄가을이면 향리들이 3차로 향사하는데 반드시 무격(巫覡)으로 하여금 북을 치고 생황을 불도록 하였다. 그 후 우리 왕조로 들어와 1487년 유호인(兪好仁)이 고을 수령으로 와서 고을 사람들이 장군을 잊지 아니했음을 보고는, 제의가 거칠고 허망하다고 생각하여 영향송신곡(迎享送神曲)을 지었다."라고 하였다. 『여지도서』에 수록된 유호인의 송신가(送神歌)에 "신령의 양양함이시어 산의 머리로다. 구름 뭉게뭉게 피어오른 데 그윽이 찾아보네. 북소리 울리며 춤이 계속되네. …(중략)… 나쁜 귀신을 좇아내니 큰 복을 내리시는구나. 우리 백성이 보답하니 해마다 더 늘리시는구나!"라는 구절이 있다. 이를 보면 유호인이 의성 고을을 유교식으로 교화하려 했지만 그 당시에도 여전히 무속적 형식으로 역병 퇴치와 복을 비는 음사적(陰祀的) 성격의 제사가 행해졌음을 알 수 있다. 즉 17세기에 충렬사로 옮기기 전까지 성황사에서는 고을 아전들이 주도하여 굿판과 유사한 무속적 방식으로 제사를 지냈으나, 1706년 숙종 연간에 둔덕산 아래 골짜기에 충렬사를 지어서 성황사로부터 독립하고 나서는 무속을 완전히 벗어 버리고 유교 예에 따른 제의로 바뀌었음을 말한 것이다.[18] 제의를 주도하는 집단도 향리계층의 토호세력이 아니라 생원(生員)과 같은 사족(士族)으로 변화된 사정을 함축한다. 따라서 1679년(현종 11)에 성황사를 관아 남쪽 7리 오토산 아래로 옮긴 것은 성황사를 읍 치소 남쪽으로 이전하는 추세와도 관련 있지만, 읍치 중심에 있던 김홍술 사당을 산속의 충렬사로 독립시킨 것과 함께 군현의 향리들이 주도해 온 전통적 성황 신앙이 주변화되는 성황사의 쇠퇴 과정을 함축한다.

### 3) 김홍술과 의성김씨

의성 성황사에 모셨다가 충렬사를 건립하여 제사한 인물 김홍술(?~929)은 신라 말 고려 초에 활동하던 장군이자 의성부의 성주이며, 고려 태조를 위하여 견훤과 싸우다 전사한 후, 의성 읍민들에게 의성 고을의 수호신으로 모셔진 인물이다. 『고려사』에 "진보(眞寶) 성주 홍술(洪術)이 사신을 보내 투항을 청했다.", 『경상도지리지』에 "김홍술은 고려 태조 때 향리로서 성주(城主)·장군이 되었다."라는 기록이 있다. "견훤이 의성부 성을 공격하자 고려 장군 홍술이 출전하여 맞서 싸웠으나 죽었다.", "견훤이 의성부 성을 공격하여 성주·장군 홍술이 전사했다. 왕이 통곡하며 나는 좌우 팔을 잃었도다." 등의 기록에서 알 수 있는 것처럼, 홍술은 고려 태조에게 인정받은 고려 개국의 영웅이다. 홍술의 공으로 문소군은 '의성(義城)'이라는 이름을 얻고 의성부(義城府)로 승격했다.[19]

홍술이 의성의 성황신으로 모셔진 사유는 의성의 고려시대 위상, 즉 읍격 변동과 관련해서 설명되기도 한다. 의성은 고려 초기에 홍술의 등장과 함께 의성부로 승격되었으나, 후대에 안동부의 속현으로 강등되었다가(고려 현종), 회복되어 현령을 두었다(인종). 또 적에게 함락되었다는 이유로 감무관으로 격하되거나(신종), 대구로 병합되었다가(충렬왕) 다시 현령을 두었다. 조선시대에는 현령을 두었다. 고려시대의 의성은 중앙에서 파견된 수령이 다스리는 곳이 아니라 지방 호족이 지배했다. 의성을 지배하는 호족들에게 고려 개국공신 홍술(洪術)을 성황신으로 추앙하는 것은 의성의 전국적 위상을 높여서 대외적으로 의성의 읍격(邑格) 회복을 도모하는 방법이 되고, 대내적으로는 성황 신앙을 통하여 지역의 주도 세력으로서 존재를 과시하는 기회가 되었을 것이다.[20] 따라서 "해마다 봄가을이면 향리들이 3차로 향사하는데 반드시 무격(巫覡)으로 하여금 북을 치고 생황을 불도록 하였다."라고 한 것처럼, 지역의 호족이었던 향리 계층이 홍술을 의성의 성황신으로 모시고 성황제를 주도하였던 것이다.

의성의 성황신이 된 홍술이 의성부의 성주로서 김씨 성을 사성(賜姓) 받았을 가능성은 있다. 그러나 의성을 본관으로 하는 의성김씨의 조상은 아니다. 이 점이 고려시대부터 시작된 김용비(金龍庇)를 제사하는 '진민사(鎭民祠)' 이해에 중요하다. 일부 사료와 연구에서 의성 지역과 홍술의 관계를 근거로 홍술의 후손인 의성김씨가 의성의 유력한 토착세력으로 자리 잡았다고 기술하고 있다. 김종직은 유호인을 전송하는 시에서 "사람은 홍술의 후예가 많고(人多洪術裔)"라고 하였다.[21] 일본의 조선사학자 하타다 다카시(旗田巍)는 "홍술의 일족과 자손은 고려와 이조를 통해 이 지방의 명족으로 번영하였다. …(중략)… 김씨 성을 이어받은 씨족 곧 홍술의 일족이 이 지방에 모여 살아 번영한 것은 확실하다."라고 하였다.[22] 국내 성황사 연구자 정승모는 "金洪(弘)術은 의성김씨(義城金氏)의 3세로서 922년에 의성부의 성주가 된 자이다."라고 했다.[23] 이는 의성김씨 족보에 나오는 김석(金錫)의 손자 '金弘術'과 의성 성주 '金洪術'을 혼동한 것이다. 의성 성주 (金)洪術이 의성김씨가 될 수 없는 까닭은 무엇보다도 생존 연대가 부합하지 않기 때문이다. 고려 태조와 동시대 인물인 (金)洪術은 929년에 죽었고, 신라 경순왕은 935년 12월 고려에 귀순하여 고려 태조의 사위가 되었다. 고려 태조의 외손자가 되는 의성김씨 시조 김석(金錫)은 홍술의 사후 수십 년 뒤에 태어난 인물이다. 따라서 김석의 손자인 '金弘術'과 의성 성주 '金洪術'은 동일 인물이 될 수 없다.

의성김씨들은 김석의 9세손 되는 김용비(金龍庇)를 '시조'로 삼는다. 학봉 김성일은 그의 아버지 김진(金璡)의 「묘지(墓誌)」에서 "태자첨사 용비공이 시조이다.[太子詹事諱龍庇公 其始祖也]"라고 했고, 동강 김우옹은 「시조태자첨사부군묘비」에서 "우리 시조 고려태사첨사부군[我始祖高麗太子詹事府君]"이라고 했다. 진민사는 김홍술을 제사하는 성황사 혹은 충렬사와 별도로 김용비를 지역 수호신으로 모신 사당이다. 후삼국시대 고려의 개국에 기여하여 군현의 성황사나 사당에 제향된 인물은 의성의 김홍술을 비롯하여 안동의 삼태사, 선산의 김선궁(金宣弓) 등 사례가 많다.[24] 고려 개국 이후 인물로 군현의 읍사(邑司)에 사당이 세워져 제사를 받는 경우는 진주의 강민첨사(姜民瞻祠)가 있었다. 강민첨(姜民瞻)은 1018년(현종 9)에 거란군과 싸워 이긴 공로로 국가로부터 은렬사(殷烈祠)라는 이름을 받고 주사(州司)에 사당을 두었다고 한다. 성황사에 모셔진 인물이 아니면서 읍내 관아 인근에 사당이 있고 고을 주민에게 은덕을 베푼 인물로 제향되었다는 점에서 강민첨의 은렬사와 김용비의 진민사는 매우 유사하다. 강민첨사의 경우 진주 호장층인 진주강씨들이 계속 주도해 왔으나, 의성 진민사의 경우 조선 후기에 비로소 의성 지역 밖에 사는 김용비의 후손 의성김씨들이 제사에 광범하게 참여하는 추세가 나타난다.

## 4. 진민사와 오토산

### 1) 진민사

진민사는 의성 읍지에 김용비를 제사하는 사당으로 나온다. 18세기 지리서인『여지도서』「의성현」편 단묘 조 진민사 항목에, "조양관(朝陽館) 동쪽에 있다. 고려 태자첨사 김용비가 백성들에게 공덕을 남겼으므로 고을 사람들이 위패를 두고 제사를 모셨다. 정덕(正德) 연간(명나라 무종 1506~1521)에 그의 방계 자손인 모재(慕齋) 김안국(金安國)이 경상도 관찰사가 되어 사당을 세웠으며, 후손인 김성일(金誠一)이 '진민사(鎭民祠)'라는 이름을 걸었다."라고 하였다. 조양관은 동헌에 부속된 건물로, 19세기 지도 〈문소지도〉에는 조양관 동쪽에 '관청(官廳: 邑司)'이 그려져 있다. 진민사의 정확한 건립 시기는 알 수 없지만 의성 읍민에 의하여 사당이 건립되었고 그 위치가 향리들의 집무처인 읍사 부근인 것으로 보아 향리들이 제사를 주도하였을 것으로 생각된다. 그러나 조선 중기 이후 제사 장소와 운영의 주도권이 변화되는 추세가 보인다.

김용비의 묘비와 진민사의 중수 및 이건 기문을 시대별로 정리해 보면, 진민사의 제사 주도층과 입지의 변동 추세가 파악된다. 진민사는 의성현 읍민[鄕中]의 제사에서 점차 의성김씨 종중(宗中)이 주도하는 제사로 변화되고, 그 입지도 관아 가까운 곳에서 읍내의 조용한 장소로 이동하였다가 마침내 오토산의 김용비 묘소 아래로 이전된다. 가장 이른 시기의 기록 자료인 1577년 김우옹(金宇顒, 1540~1603)의 「시조태자첨사부군묘비」에 "(김용비가) 백성들에게 큰 공덕이 있었으므로 고을의 백성들이 오래도록 이를 잊지 못하여 오토산 묘소 근처에는 나무를 하거나 소와 양을 치는 것을 금하고, 함께 의성 읍내에 사당을 설립하여 제사하는 것이 경건하지 않음이 없고, 관에서는 경내 노비들에게 요역을 면제하고 제사를 받들게 한 것이 수백 년이 되어 하나의 고사가 되기에 이르렀다. 1517년(중종 12, 정축)에 방손(傍孫) 김안국이 그 풍속을 아름답게 여겨 조세를 경감하는 등의 조치를 취해서, 이로부터 고을 사람들이 제사를 받들기를 더욱 정성스럽게 했다."라고 기록되어 있다.[25] 진민사의 의미에 대하여, "옛적에 백성에게 공덕이 있는 사람들에게 제사 드리는 풍습이 있었는데 큰 재앙을 막으려고 제사를 드렸고 큰 가뭄과 같은 재난을 막으려고 제사를 드렸으니, 곧 공덕을 베풀어 준 것에 대하여 두터이 보답하여 그 처음을 잊지 않았던 까닭이다."라고 했다. 지역민이 사당을 세우고 김용비를 제사하게 된 동기는 성황사나 홍술의 사당과 유사하다. 공덕이 큰 인물을 신격화하여 제사함으로써 재앙을 막고 복을 비는 데 있었다는 것이다. 조선 전기까지 진민사를 운영하는 주체는 지역 내 유력자층[鄕中]이고 지역 밖의 후손[門中]의 역할은 크지 않았다.

조선 후기에 들어서면 지역 공동체인 향중의 참여는 줄어들고 문중과 혈연관계에 근거한 씨족 공동체의 비중이 확대된다. '의성김씨오토산추원사업회'가 발간한 『의성김씨 오토산지(義城金氏 五土山誌)』에 진민사의 이건과 중창에 관한 기록이 자세하다. 이 기록에 따르면, 1652년에 김용비의 외손인 안응창(安應昌)이 의성현령으로 부임하여 쇠락한 진민사를 이건·확충하게 된다. 학사 김응조(金應祖, 1587~1667)는 1662년 「진민사이건기」에서, 김용비의 사당이 세워진 지 8백 년이 되었다 하고, 진민사를 옮겨 세운 의의를 "묘(墓) 앞에는 석물이 없었고 향화가 끊어졌으며 정사(精祠)는 번잡한 길가에 있었기에 말발굽 소리와 수레바퀴 소리가 요란하여 영령을 편안하게 모실 수 있는 자리가 아니었다. 1656년(효종 10, 병신)에 의성 현령으로 부임한 외손 안응창이 구묘의 읍 뒤편 길가에 있던 정사를 옛 사당[廟] 동쪽으로 옮겨 세우니 중건한 사당의 모습이 위엄이 있었고 재당(齋堂)과 주사를 아울러 세움에 옛 제도를 옮겨 경관을 우뚝하게 하였다. 이어 문중 사람들을 모아 제사를 지내고 위토(位土)를 마련하여 제수를 넉넉히 함으로써 오래도록 유지할 계획을 세웠다."라고 하였다. 진민사가 세워진 지 8백 년이라고 한 것은 당시까지도 김용비의 생존 연대를 정확히 알지 못하고 있었음을 암시한다.[26] 17세기 중반에 성황사처럼 사람들이 많이 다니는 도로변에 있던 진민사를 옛 사당 동쪽으로 옮기고 규모를 갖추어 권위를 높였다고 하였다. 또 "문중 사람들을 모아서 제사를 지내게 했다.(會宗人祭之)"는 것은 제사의 주체로 지역민만이 아닌 후손을 참여시킨 것을 말한다. 와계 김성흠(金聖欽, 1682~1757)의 1749년의 「진민사중수기」에는, 재실이 기울고 무너져 춘추제향도 폐지되자 여러 종친들과 상의하여 사당을 중수하고 제위전(祭位田)을 다시 마련하였다고 했다. 귀와 김굉(金土宏, 1739~1817)의 「진민사중수기」에는, 1802년(순조 2, 임술)에 의성김씨 종친들이 진민사에서 대동보를 편수 발행한 후 진민사를 중수키로 하고, 1807년에 중수를 마쳤다고 하였다. 이 기문 끝에 김굉은 한 가지 말할 것이 있다고 하면서, "진민사는 본래 의성 읍민들이 세운 것이므로 자손들이 자기들의 조상을 모시기 위해 세운 사묘(私廟)와는 크게 다른데 중간에 어떤 연유로 자손들이 향사를 주관하게 되었는지 알지 못하겠다." 하고, "내앞[川前]의 문중모임에서 반드시 의성의 향중으로 돌려주기로 하고 자손은 다시 참여하지 않기로 하였다 하니, 이 의논이 참으로 옳다. 그러나 의성의 읍민들이 정중하게 돌려받기를 사양했으니, 앞으로 점차적으로 옛날처럼 의성의 향중으로 되돌리고자 한다." 하였다. 진민사의 성격으로 보아서 운영 주체가 의성 읍민, 곧 향중이 되는 것이 당연하고 바람직하다고 본 것이다. 하지만 몇 백 년 동안 선조의 영령을 받들던 곳이 잡초 우거진 폐허로 변하는 것을 보고서는 그렇게 하지 않을 수 없는 정예(情禮)가 있었기 때문이라 하며, 진민사에 대한 모재-학봉-안응창의 정성을 언급한다. 이는 진민사 보전의 주체가 읍민에서 의성김씨 후손과 혈연으로 옮겨지는 역사적 추세를 직시한 것이다. 조선 후기부터 공동체의 전통적 제의나 유산의 관리 주체가 지역 공동체인 향중(鄕中)에서 씨족 공동체인 문중(門中)으로 옮겨 가는 추세는 안동 내앞마을의 동수 개호송을 수호하는 1757년의 「개호금송완의(開湖禁松完議)」에서도 보인다.[27]

1868년(고종 5, 무진)에 조정의 서원 훼철령으로 의성 읍내의 진민사를 오토산 묘소 아래에 별묘를 지어 옮기고,[28] 1890년에 진민사가 있던 자리에 유허비를 세웠다. 척암 김도화(金道和, 1825~1912)는 「진민사유허비각기」에 "왕명으로 서원철폐를 당하여 폐허가 됨은 어쩔 수 없으나 자취가 없어지는 것을 원하지 않아 비석을 세우는 일에 현감의 지원을 받고 종친들이 일을 도왔는데, 특히 의성현에 거주하는 종친들이 많았다."라고 적었다. 진민사는 운영 주체가 의성 읍민에게서 의성김씨 후손으로 옮겨졌을 뿐 아니라, 의성읍 중심에 있는 사당은 철거되고 그 터에 유허비만 남게 되었다. 1962년에 진민사가 중건되는데, 위치는 오토산 김용비의 묘소 아래이다. 1962년 중재 김황(金榥, 일명 佑林, 1896~1978)의 「진민사중건상량문」에 "1959년 족보 편찬을 마치고 각지의 후손들이 성금을 내어 새로 지으려고 했다. …(중략)… 묘소를 바라보며 가래나무와 잣나무를 보살펴 보니 곧 뿌리가 있기 때문에 가지가 있음을 생각하고 묘재(廟齋)에 들어가서 자손들의 모임을 즐긴다."라고 했다. 다시 1988년 후손들이 중심이 되어 오토산 묘소 아래에 진민사, 오토재, 사경당, 신도비각을 확대 중건하였다. 이러한 과정을 거쳐 김용비의 사당 진민사는 그의 후손들에 의하여 의성 읍내가 아닌 의성읍 남쪽 오토산 아래에 새롭게 정착하게 된 것이다.

진민사의 위치와 운영 주체의 변화를 요약하면, 조선 전기까지 진민사는 의성 읍내 북쪽 도로변 관아에 인접했다. 제의 운영은 향리층이 중심이 된 의성 읍민이 주도하였고 관의 지원을 받았다. 조선 후기인 17세기 후반에는 관의 지원을 받아 관아의 동쪽 한적한 곳으로 진민사를 이건하고, 유교적 사당으로서 제도를 갖추고 규모를 크게 하였다. 종인들을 모아 제사를 지내고 위토를 마련하였다 하니, 제의 성격이 유교적으로 변하고 운영도 후손인 의성김씨가 주도하기 시작한 것으로 보인다. 19세기 후반에 국가의 서원 훼철령에 따라 진민사는 의성읍을 벗어나 오토산 김용비의 묘소 아래로 옮겨지고 자손들의 정성을 모아 중건·확충되었다. 이때부터 진민사는 의성 읍민이 복을 비는 사당이라는 초기의 성격을 상실하고 의성김씨 문중 중심의 유교적 제사 공간으로 변형되었다. 진민사가 오토산 김용비 묘소 아래로 옮겨 감으로써 제의 행사가 묘제(墓祭)와 밀접하게 결합된 것이다. 성황사에서 비롯된 김홍술의 사당과 진민사의 김용비 사당은 같은 군현 제의였지만, 조선시대 유교적 제의화 과정에서 상이한 적응 양식을 보였던 것이다.

### 2) 오토산의 산세와 풍수

오토산(높이 475m)은 김용비의 묘소가 있는 곳으로, 의성읍에서 동남쪽으로 4km 떨어진 곳이다. 19세기 후반에 진민사가 의성 읍내에서 훼철되고, 오토산 묘소 아래 오토재로 옮겨 왔다. 이로써 오토산은 의성김씨 시조 김용비의 묘소와 사당 진민사가 함께 있는 의성김씨 시조 추모의 중심 공간이 되었다. 오토산 묘소에는 16세기 중엽까지 묘비가 건립되지 못한 것으로 보인다. 1577년 김용비의 10대손인 청계 김진(金璡, 1500~1580)이 묘비를 세우는 사업을 발의하고 아들인 학봉 김성일에게 묘비 입석 사업을 주선하도록 하였다. 동강 김우옹이 묘비문을 짓고, 김진 자신은 묘갈문을 지었다. 김진은 오토산 묘소에 입석하는 발문에서 “묘소에 묘지와 묘갈이 있는 것은 보기에 아름답게 하기 위한 것이 아니라 실로 선조를 위한 구원(久遠)한 대책일 뿐이다. …(중략)… 그러나 오랜 세대를 지나도록 아직까지 묘갈이 없으니 몇 대가 지난 뒤면 묘소가 장차 언덕과 구분할 수 없게 될 것이다. 자손들이 어디가 묘소인줄 알고 찾아서 그 추모의 정을 펼칠 수 있겠는가?"라고 했다. 묘소가 자손이 선조를 추모하기 위한 의미 깊은 공간이 되기 위해서 묘비와 묘갈의 필요성을 강조한 것이다. 조선 중기까지 김용비에 대한 추모 사업에서, 진민사는 의성읍(민)이 주도했고 오토산 묘소는 의성김씨들이 주도하였다. 조선 중기 이후 오토산 묘소는 계파를 넘어서 의성김씨 전체를 단합시키는 상징적 장소가 되었다.

오토산 김용비 묘소는 명당으로 많이 일컬어진다. 오토산 묘소는 오토산 중턱에 입지하여 고려시대 호족으로 지역의 수호신이 된 씨족 시조 묘의 특성이 보인다. 오토산의 입지는 전통 지리적 관점에서 두 가지로 생각해 볼 수 있다. 첫째는 의성군을 이루는 산수 형승(形勝)에서 오토산이 차지하는 의미이고, 둘째는 오토산에 대한 풍수적 해석이다. 산세(山勢)로 보면, 의성의 산줄기는 모두 보현산(높이 1,124m)에서 나온다.(그림 2-3) 경북 중부 지방에서 가장 높은 보현산의 맥이 북서쪽으로 뻗어 의성 전체의 산수 형승을 만든다. 북쪽 황(학)산 줄기는 의성 읍치의 주산 둔덕산에서 끝나고, 남쪽 선암산 줄기는 백장령을 만들고 두음산에 이른다. 가운데 줄기가 금성산과 비봉산으로 이어지고 다시 북쪽으로 가서 오토산을 만든다. 오토산 정상에 서면 북으로는 의성읍이 전망되고 남으로는 금성산과 비봉산이 우뚝하니, 오토산은 고대 의성의 중심지인 금성산 아래와 중세 이후 의성의 중심지인 의성읍을 이어 주는 산이다. 오토산은 의성읍에서 보면 멀리 동남방에 우뚝하고도 생기 있는 조산(朝山)이 된다. 수세

(水勢)에서 오토산은 의성군을 흐르는 두 지류의 하나인 남대천(장천)이 의성읍으로 들어가는 길목을 지킨다. 이처럼 오토산은 의성 읍치의 산수 형승을 생기 있게 지각하는 랜드마크 역할을 하는 산이다.

오토산은 퇴적암 토산(土山)으로 오성(五星) 가운데 금성(金星)에 해당하는데, 둥글고 고요하면서 든든하고 묵직해서 넉넉하고 친근한 느낌을 준다.[29] 금성산이 목성(木星)으로 곧고 직립해서 권위적인 모습과는 대조적이다. 김용비 묘소의 좌향(坐向)은 동향[兌坐震向]으로 멀리 들판과 물결치는 모양의 산줄기를 내려다본다. 금성(金星)인 오토산 앞에 펼쳐진 산들이 수성(水星)이니 '금생수(金生水)' 하는 상생(相生)이 되고, 앞의 물길은 남남동[巳方]으로부터 와서 동북동[寅方]으로 흐르니 길(吉)하다.[30] 동쪽 오상리 귀천에서 오토산을 바라보면, 거인의 굵은 손가락처럼 생기 충만한 산체(山體)는 많은 백성을 부양할 수 있다는 육산(肉山)의 특성을 느끼게 한다.

**〈그림 2-9〉 오토산과 첨사공(김용비) 묘소**
**출처: 의성김씨 오토재 종중**

김용비의 묘소는 거의 산 중턱에 위치하여 묘소에 오르면 수십 리 먼 거리가 조망된다. 고려 초기의 씨족 시조 묘인 안동 천등산 기슭의 권태사 묘소와 유사한 특성이 보인다. 권태사 묘소처럼 김용비 묘소의 형국은 장군이 삼군(三軍)을 거느린 모습이라는 '장군대좌형(將軍對坐形)'으로도 해석된다. 넉넉한 육산 오토산 김용비 묘소에서 느껴지는 '금생수', '장군대좌' 형국의 상징성을 해석하자면, 자손을 번성시키고 백성을 이롭게 하는 덕성(德性)으로 생각할 수 있다. 묘소 아래의 앞에 펼쳐진 들판에서는 남대천 물길이 구불거리며 좁은 문설주[捍門]를 빠져나가는 수구관쇄(水口關鎖)가 뚜렷하여 수법(水法)이 탁월한 형국이다.(그림 2-2)

**〈그림 2-10〉 김용비 묘소의 '금생수', '장군대좌' 형국**

오토산 김용비 묘소의 명당[穴]에 대한 풍수적 해석 중에는, 등을 걸어 놓은 괘등혈(掛燈形)로 보고 '등하불명(燈下不明)'을 말하면서 유병

(油瓶)에 해당하는 안산(案山)이 보이지 않는다고도 한다. 안산은 보는 위치와 방향에 따라 평가가 다른데, 전체 국면에서 생각해야 한다. 묘소에 올라서 보면, 안산이 가까이 있어서 더 높았다면 전망을 가렸을 것이다. 이 국면에서는 멀리 들판 건너에서부터 수구 방향으로 생기 활발하게 파도처럼 밀고 나오는 조산(朝山)이 더 뚜렷하다. '등하불명'에 대해서는, 1989년 오토산 추원사업에서, 사당 일대와 후손들의 앞길을 밝힌다는 뜻으로 사당 진입로에 석등 장명등(長明燈)을 설치하였다. 이는 등하불명의 역설을 극복하는 비보(裨補)의 의미로 해석된다.

〈그림 2-11〉 오토산 진민사 입구의 장명등

## 5. 요약과 의미 함축

이 연구는 의성군의 지리에 대한 이해를 토대로, 의성의 지역 공동체 제의 공간인 성황사와 진민사의 역사적 변화에 대한 의미를 고찰하고 오토산 김용비 묘의 입지에 대한 전통지리학적 해석을 시도했다. 이 연구는 첫째, 경상분지 안에 자리 잡은 의성군의 대표적 소분지인 의성읍과 금성면의 지형 환경을 살펴보았다. 둘째, 금성면 고분군·충렬사·진민사를 중심으로 지역 공동체 제의 공간의 역사적 변화 추이를 고찰했다. 셋째, 자연을 생명체로 인식하는 사유체계인 전통지리학의 입장에서, 의성군의 산수 형승을 살피고 오토산과 김용비 묘소에 대한 풍수적 지각을 살펴보았다.

의성군의 제의 공간은 고대의 고분군, 중세의 민간 신앙인 성황사와 지역 영웅을 신격화한 충렬사와 진민사로 전개되었다. 동아시아 고분시대에 조성된 금성면의 고분군은 7세기 이후 불교의 도입과 함께 제의 공간에서 사라지고 사찰과 불탑으로 대체된 것으로 보인다. 11세기 고려시대 이후 성황사가 지연 공동체 신앙으로 들어오면서 지역의 영웅적 인물인 김홍술과 김용비를 제사하는 사당이 세워져 의성의 지역 공동체 제의로 행해졌다. 고려 말 조선 전기에 성황사 신앙은 국가의 인정을 받아 군현 제사의 위치를 얻었다. 그러나 유교국가인 조선이 지역 수호신격에 대한 제의를 유교적으로 정비하면서 무속적인 성황사로부터 유교적인 사당이 분리되었다. 이 과정에서 제의 주도 집단도 향리층 중심의 향중에서 사족 중심의 문중으로 점진적으로 교체되었다.

조선 후기부터 군현의 의례를 유교 제의로 변화시키는 추세에 따라, 의성 읍내에 있던 성황사는 읍치 바깥 오토산 아래 고갯길의 성황단으로 이동하면서 쇠퇴하였다. 무속적인 제의가 행해지던 김홍술의 사당은 둔덕산 골짜기에 입지한 충렬사로 옮겨지고 제의도 유교적으로 변모하도록 강요받았다. 다른 한편 김용비의 진민사는 당초 의성 읍민에 의해 건립되었지만 조선시대 내내 관(官)과 종족(宗族)인 의성김씨의 지원을 받아 유교적 사당으로 변모하였다. 19세기 후반 조정의 서원 훼철령에 따라 의성 읍내의 진민사는 오토산의 김용비 묘소 아래로 이동하여, 20세기에도 수차례 중건·중창을 거치면서 묘소와 사당이 결합된 유교적 추모 공간의 모습을 갖추었다. 조선시대 유교문화에서 강력한 문중 기반을 가진 김용비의 진민사와, 향중에 주로 의존해 온 김홍술의 충렬사는 제의의 유교화 과정에서 성공적 적응과 쇠퇴라는 상반된 결과를 보였다.

전통시대 한국인들은 산수 형세를 중심으로 공간을 인식했다. 한국의 전통지리학은 산수 지형을 생명체로 간주하여 인간의 행태와 동물의 모습에 비유해서 그 생기에 감응하고, 산수 형세를 관망하면서 바람직한 인간-자연의 관계를 비덕(比德)하는 인문지리학이다. 조선시대의 의성 읍지는 국토를 산경(山經) 체제로 보는 관점에 입각하여 의성의 지리를 산줄기 계통으로 파악한다. 특히 김용비의 묘소가 있는 오토산은 풍수적 설명이 풍부해서 문화유산 스토리텔링의 여지가 많다. 다만 금성산을 중심으로 하는 비봉 설화에 대한 고찰은 이번 연구에서 미치지 못하고 다음을 기약한다.

의성의 제의 공간인 성황사·충렬사·진민사는 조선시대에 들어와서 유교적 사당으로 변모하는 과정에 적응하면서 쇠퇴하거나, 성격을 바꾸어 지속되는 상반된 적응 양상을 나타냈다. 조선시대가 유교 이데올로기에 의해서 지역문화의 주도층이 지역 공동체에서 씨족 공동체로 변화되는 시대였다면, 현대는 그 반대로 지역문화의 주도층이 씨족이 아닌 지역 공동체로 옮겨지는 것이 대세이다. 따라서 의성의 전통 제의 공간과 풍수적 현장은 더 이상 관련 문중에 의존해서는 안 된다. 의성군 전통문화의 현장인 진민사와 오토산은 의성 지역민의 주도로 전통문화의 매력을 현대 사회의 요구에 결합한다는 새로운 관점에서 보존되고 활성화될 필요가 있다. 지역의 제의 공간과 풍수적 현장은 문중의 사당이나 묘소에 그치지 않고 의성군이라는 지역 공동체의 역사적 정체성을 확인·강화하고, 나아가 지역의 문화관광 유산을 확충한다는 미래지향적 관점에서 의미를 다시 부여받아야 하기 때문이다. 정보의 소통과 사람의 이동이 극도로 많아진 현대 사회에서 지연에 뿌리박은 전통적 제의는 지역 공동체 축제의 문화적 기초이다. 금성산 고분과 비봉 설화, 그리고 오토산 풍수 형국은 산을 매개로 자연과 감통(感通)하여 천인합일(天人合一)하고자 하는 우리 전통지리사상이 현대 한국인에게 친근하게 다가서는 스토리텔링의 소재이다.

1 장현광(『旅軒先生文集』 제7권 잡저)은 「봉대설(鳳臺說)」에서 의성의 옛 이름 문소(聞韶)는 순(舜)임금의 음악인 "소소를 아홉 번 연주하자 봉황이 와서 춤을 추었다.[簫韶九成 鳳凰來儀]"라는 『書經』 「益稷」 편의 뜻을 취하여 지은 이름이라고 추정하였다.

2 한국학중앙연구원, 『디지털 의성문화대전』, 오토산 항목.

3 의성군의 풍혈 또는 빙혈(氷穴)에 관해서는 『세종실록지리지』에서부터 조선시대 모든 지리지에 설명이 있다.

4 이수건, 『조선시대 지방행정사』, 민음사, 1989, 112~114쪽.

5 미르치아 엘리아데 지음, 이은봉 옮김, 『신화와 현실』, 한길사, 2011, 199~204쪽

6 최원석, 「풍수의 입장에서 본 한민족의 산 관념 – 천산·용산 그리고 인간화」, 『지리학논총』 제19호, 서울대학교 지리학과, 1992, 69~86쪽.

7 정승모, 「군현제의와 국가정책」, 『조선은 지방을 어떻게 지배했는가』, 아카넷, 2000, 140~159쪽.

8 上田正昭 외, 『東아시아의 巨大古墳』, 大和書房, 2008.

9 의성조문국박물관, 『상설전시도록 의성』, 2014, 56~57쪽.

10 의성조문국박물관, 앞의 책, 89쪽.

11 의성조문국박물관, 앞의 책, 222쪽.

12 한형주, 『조선초기국가제례연구』, 일조각, 2002.

13 서명대, 「한국·중국의 성황신앙사와 순창의 〈성황대신사적〉」, 『성황당과 성황제』, 민속원, 1998, 423쪽.

14 한글학회, 『한국지명총람7(경북편Ⅳ)』, 1979, 367쪽.

15 김홍술이 사망한 이후 토착 세력들이 사망한 장소에 그를 기리는 성황사(城隍祠)를 건립하고 의성의 성황신으로 모셨다. 그러다가 1706년(숙종 32)에 향공 진사(생원의 잘못) 김석겸(金錫兼)이 주도하여 성황사에 위패를 안치하고, '충렬사(忠烈祠)'라는 편액을 걸어 유교적인 사우(祠宇)로 전환시켰다. 1745년(영조 21) 수령이었던 송요보(宋堯輔)와 향촌 사족 김경천(金敬天)에 의해 사우가 중창되었다. 1804년(순조 4)에는 의성 현령 김리복(金履復)과 그의 형 김리곤(金履坤)이 홍술장군순절비(洪術將軍 殉節碑)를 건립하였다. 충렬사는 현재 경상북도 의성군 의성읍 상리리 사당골에 있다.(출처: 『한국향토문화전자대전』, 한국학중앙연구원)

16 (사)의성향토사연구회, 「의성의 수령비」, 16~19쪽.

17 양정욱, 「순창 성황대신사적 현판의 발견과 의의」, 『성황당과 성황제』, 민속원, 1998, 73쪽.

18 위 『열읍원우사적』 「의성현」 편에 "진사 김석겸이 김홍술의 오천동에 사당을 창건하였는데, 장군의 사당과 가까이 있어 그 예에 맞지 않은 음사에 탄식하였다. …… 즉시 위폐를 만들어 옛 사당에 안치하면서 충렬사로 편액하고 사당을 재사로 해서 서원 생도들이 제사를 봉행하도록 하며 제례 일체를 서원 사례에 따라 하되 제수는 향리들이 바치도록 했다."

19 '부(府)'는 신라의 군현제도에는 없던 것으로, 나말여초 고려 태조가 만든 특별행정구역이라 할 수 있다. 서울인 개성부를 제외하고, 『고려사』 지리지에 수록된 부는 모두 10개이다. 부는 지리적으로 중요한 지역에 설치한 거점 역할을 하는 부와 유력 호족의 출신지를 대

우하기 위한 부로 나눌 수 있다. 전자의 예로 천안부는 후백제에 대항하기 위하여 설치하였고, 김해와 남원은 신라시대의 소경이며, 안북(安北)부는 북계의 요충이다. 후자의 예로는 안동을 비롯한 고울(高鬱: 永州로 개명)·흥려·보성·의성·경산 등 6개 부가 있다. 유력 호족의 출신지로 부가 된 6개 지역이 모두 경상도에 속했다는 점에서 경상도 지역 호족의 강성함을 알 수 있다. 고려 왕조 창립기의 10개 부는 지방관이 아직 파견되지 않고 부의 호족이 지배하였다. 속군·속현도 관할하는 부의 호족이 지배하였다.(출처: 旗田巍, 『朝鮮中世社會史의 硏究』, 法政大學出版局, 1972, 37쪽)

20 변동명, 「성황신 김홍술과 의성」, 『역사학보』 188, 역사학회, 2005.

21 『여지도서』 「의성현」 편 제영 조.

22 旗田巍, 앞의 책, 21~22쪽.

23 정승모, 앞의 책, 146쪽.

24 '진민사'는 선산의 고려 개국공신 선산김씨 시조 김선궁의 사당 이름이기도 하다. 선산 읍사무소 뒤편에 있는 김선궁 유허비각은 경상북도 문화재(문화재자료 제554호)로 지정되었다.

25 『연려실기술』 「祀典典故」 書院 조에 "진민사는 정덕 정축년(1517)에 세웠다. 김용비는 고려조의 태자첨사이다. 충렬사에 모셔진 김홍술(金洪術)은 고려조의 장군이다."

26 김응조가 「진민사이건기」를 쓴 17세기로부터 8백 년 전이라면, 고려 개국 이전 후삼국이 일어난 9세기로, 통일신라 말기 혼란했던 시기이다. 김응조는 김용비의 활동 연대를 통일신라 말기로 착각했을 수도 있다. 그러나 김용비의 활동 시대는 1200년대 즉 13세기로 비정되고 있다. 이 시기는 '무신란'에 전국 각지에서 민란이 발생하고, 몽고군의 침입이 시작된 때이다.

27 내앞마을의 동수 개호송(開湖松)이 황폐 위기에 처하자 관리 책임의 주체를 동중에서 문중으로 변경하는 완의이다.(출처: 김덕현, 「전통촌락의 동수에 관한 연구」, 『지리학논총』 13, 서울대학교 지리학과, 1986, 29~45쪽.)

28 김원대(1965)의 「진민사묘정비명」에 "고종 무진(1865년)에 뜻밖에 서원 훼철의 액운을 당하여 임시로 오토재에 봉안하니 …… 별도로 재사의 동쪽에 한 칸의 작은 별묘를 지어 뒷날을 기다렸던 것이다."라고 하였다.

29 이완규는 산봉우리가 평평한 토성(土星)이라고 했다.(출처: 『안동 풍수기행 – 돌혈의 땅과 인물』, 예문서원, 2001, 225쪽)

30 최창조, 『한국의 풍수사상』, 민음사, 1984, 120쪽.

제3장

# 오토재(五土齋) 전존문서(傳存文書)의 현황과 특징

—

황위주

## 1. 오토재와 진민사

오토재(五土齋)는 경상북도 의성군 사곡면 오토산(五土山) 동쪽에 자리 잡고 있다. 고려시대 태자첨사(太子詹事)를 역임하고 의성군(義城君)에 봉해진 의성김씨의 시조 김용비(金龍庇)를 제향하기 위해 집안에서 건립한 재사(齋舍)이다. 오토산 묘소 아래 있는 재사라 하여 흔히 '오토재(五土齋)'라 일컬었으며, 문헌에 따라 '토재(土齋)', '오토재사(五土齋舍)', '오토산재사(五土山齋舍)' 등으로 일컫기도 하였다.[1]

오토재와 별개로 의성 읍내에는 진민사(鎭民祠)라는 사우(祠宇)가 따로 있었다. 김용비가 세상을 떠난 직후 그가 생전에 남긴 공덕을 기리기 위해 건립했다는 것인데, 당초 오토재와 성격이 많이 달랐다. 집안에서 세운 재사가 아니라 고을에서 공동으로 제향한 향현사(鄕賢祠)

의 일종이었던 것이다. 그래서 조선시대 때는 양자가 함께 병존하였는데, 조선 말 이를 오토재 경내에 별묘(別廟) 형식으로 이건하여 하나로 통합시켰다.[2] 이후 진민사는 오토재의 일부처럼 인식되었으며, 관리와 제향 또한 의성김씨 집안에서 주로 맡아 하였다.

오토재는 이처럼 당초 별도로 존재하던 재사와 향현사를 후대에 하나로 통합 운영한 곳이라는 점에 일차적으로 중요한 특징이 있다. 그리고 영남 지역의 대표적 토성(土姓) 가운데 하나인 의성김씨 집안의 시조를 모시고 있는 곳이라는 점, 관향의 원류지에 줄곧 그 자리를 유지해 오고 있는 점, 조선시대 이래 지금까지 부단히 그 기능을 지속하고 있는 곳이라는 점, 그리고 오랜 세월에 걸쳐 생산된 다양한 문서 자료를 보기 드물 정도로 풍부하게 보유하고 있는 점 등 여러 면에서 특별히 주목할 가치가 있다.

본고는 이런 점을 고려하여 오토재에 전존하고 있는 문서의 현황과 주요 내용 및 특징을 간단하게 검증해 보고자 한다. 오토재 문서는 아직까지 학계에 정식으로 보고된 적이 없다. 최근 문서 일부를 조문국박물관(召文國博物館)으로 이관하면서 한국학중앙연구원에 의뢰하여 작성한 목록 130여 건이 지금까지 알려진 전부다.[3] 따라서 본고는 오토재 문서의 전반적 현황을 학계에 소개함과 아울러 영남 지역 사족의 삶과 밀접한 관계에 있던 재사와 향현사의 운영 실상을 파악하는 데 다소나마 기여할 수 있을 것이다.

## 2. 전존문서의 일반적 현황

오토재에 전존하고 있는 문서 가운데는 외형상 별개 문건처럼 보이지만 내용상 특별한 차이가 없는 문건이 더러 있다. 「기해시월일오토재도록(己亥十月日五土齋都錄)」(박165), 「1988년 춘향시이강시도기(一九八八年(戊辰)春享時以降時到記(其一))」(잔47) 등이 그런 것인데, 이는 당초 작성한 초고본과 이를 정리한 정서본이 함께 전해진 결과로 판단된다. 그리고 일부 문건은 동일 계열의 여타 문건 속에 그 내용을 일괄 편입시켜 독립적인 가치가 적은 것도 있는데, 「병오시월십일시오토재화수회(丙午十月十日始五土齋花樹會)」(박225), 「신유이월일시도(辛酉二月日時到)」(잔46) 등이 그런 예이다.[4] 이렇듯 중복성이 강한 일부 문건을 제외하면 오토재 문건은 대략 202건 3,500면 내외로 추산된다. 단일 재사와 관련해서는 어디서도 찾아보기 어려울 정도로 많은 분량이다.

오토재 문서는 시기적으로 1600년대부터 2000년대까지 400여 년에 걸쳐 있다. 첨사공 김용비가 세상을 떠난 직후 고을 사람들이 진민사를 건립하였다고 하니, 적어도 진민사에서 김용비를 제향하기 시작한 고려 후기부터는 문서 생산을 시작하였을 것으로 추정된다. 그러나 현재 남아 있는 문건 가운데 고려 후기나 조선 전기에 해당하는 것은 보이지 않는다. 다만 조선 후기 효종 연간에 외손 안응창(安應昌)이 의성현령으로 부임하여(1656년) 진민사를 관아 옆에서 동쪽으로 조금 옮겨 중건하고, 묘소 아래쪽에 따로 재실을 건립하며, 묘소에 문신석·무신석 같은 각종 상설(像設)을 구비한[5] 17세기 이후의 문서만 남아 있다. 이후 문서의 시기별 현황을 간단히 정리해 보면 대략 다음 [표 3-1]과 같다.

**[표 3-1] 오토재 문서의 시기별 현황**

| | 박물관 이관 문건 | 오토재 잔존 문건 | 합계 |
|---|---|---|---|
| 1600년대 | 1건 | 0건 | 1건 |
| 1700년대 | 4건 | 0건 | 4건 |
| 1800년대 | 18건 | 0건 | 18건 |
| 1901~1910년 | 6건 | 0건 | 6건 |
| 1911~1945년 | 57건 | 2건 | 59건 |
| 1946~1988년 | 36건 | 51건 | 87건 |
| 1989~2000년 | 2건 | 9건 | 11건 |
| 2001년 이후 | 0건 | 6건 | 6건 |
| 미상, 기타 | 7건 | 3건 | 10건 |
| 합계 | 131건 | 71건 | 202건 |

[표 3-1]에서 '박물관 이관 문건'은 오토재 소장 문건 131건을 조문국박물관으로 이관한 다음 한국학중앙연구원에 의뢰하여 작성한 목록을 수정·보완하여 파악하였다.[6] 그리고 오토재 잔존 문건은 오토재에 아직 그대로 소장하고 있는 것인데, 필자가 사진판을 입수하여 새롭게 파악하였다. 그리고 잔존 미상 3건은 일제강점기 이전 문건으로 판단되지만, 구체적인 연도를 특정하기 어려워 미상으로 처리하였다.[7]

[표 3-1]을 보면 오토재 문서는 대략 1910년 이전 고문서 29건, 일제강점기인 1911~1945년 사이의 문서 59건, 1946년부터 1988년 중건 때까지의 현대문서 87건, 1989년 이후 최근 문서 17건, 기타 미상 문서 10건 정도임을 알 수 있다. 광복 이후 현대문서가 전체의 절반 이상을 차지하였고, 일제강점기 문서가 약 30%로 그다음이며, 1910년 이전 고문서는 15% 정도로 비중이 높지 않았다.

현존 문서 가운데 연대가 가장 오래된 것은 「사우이창시열읍부조기(祠宇移創時列邑扶助記)」(박112)이다. 효종 7년(1656) 안응창(安應昌)이 의성현령으로 부임하여 진민사를 이건할 때 각 고을에서 부조한 내역을 날짜별로 구분하여 기록한 것이다. 부조 주체는 의성현령 안응창 자신을 비롯하여, 양산군수(梁山郡守), 청산현감(青山縣監), 찰방(察訪) 등의 관리, 향소 임원(鄕所任員), 무학당 유사(武學堂 有司), 향교 재임(鄕校齋任), 빙계서원 재임(氷溪書院 齋任), 향리(鄕吏) 등 신분과 성씨가 다양하였다. 그리고 이들의 소재지는 의성을 비롯하여 주변 지역인 상주, 안동에서부터 멀리 청송, 합천, 초계 등 경상도 각처에 널리 분포하였고, 부조 내용은 백미(白米)·정조(正租)·상목(常木)·편철(片鐵)·정철(正鐵)·소금[鹽]·장(醬)·누룩[麴] 등 갖가지 물품 중심이었다. 따라서 이를 보면 진민사가 당초 경상도 일원의 많은 관·민이 공동으로 참여한 향현사의 일종이었음을 분명히 알 수 있는데, 바로 여기에 이 문서의 중요한 가치가 있다.

다음으로 오래된 문서는 1700년대의 「알묘록 제1(謁廟錄第一)」(박145), 「알묘록(謁廟錄)」(박147), 「전성록 제3(展省錄第三)」(박124), 「성묘록 제2(省墓錄第二)」(박146) 등 4건이다. 이 가운데 알묘록 2건은 현종 5년(1664)부터 정조 21년(1797)까지 진민사를 배알한 인물 명단을 시간 순서에 따라 각 인물의 신분(진사, 생원, 관직 등), 성명, 자, 생년, 거주지, 기타 특이사항 등으로 구분하여 기록하였다.[8] 그리고 「전성록 제3(展省錄第三)」은 영조 30년(1754)부터 영조 47년(1771)까지 진민사 2월 춘향과 8월 추향의 집사자와 참사자 명단을, 「성묘록 제2(省墓錄第二)」[9]는 영조 48년(1772)부터 영조 52년(1776)까지 매년 10월 10일 거행한 묘사 참사자 명단을 기록하였는데, 개인별 기록 내용은 알묘록과 대동소이하였다. 이 4건의 문서는 오토재 고문서 가운데 연대가 비교적 오래되었을 뿐만 아니라, 조선 후기 진민사를 배알하거나 춘·추향과 묘향 등에 참여한 인물의 규모, 성격, 지역별 분포 상황 등을 구체적으로 보여 주는 자료라는 데 중요성이 있다.

다음 1800년대부터 1910년 일제강점 직전까지의 문서가 24건인데, 종류와 내용이 이전보다 훨씬 다양하고 풍부하였다. 이 중에는 물론 묘사 참사와 집사분정 내역을 기록한 「전성록 제4(展省錄第四)」(1805~1844), 춘향 때의 집사분정을 기록한 「전성록 제6(展省錄第六)」(1894~1899) 등 1700년대 「성묘록 제2(省墓錄第二)」(박146)나 「전성록 제3(展省錄第三)」(박124)의 연장선상에 있는 문건이 일부 있었다. 그러나 나머지는 대부분 이전에 볼 수 없던 것들인데, 먼저 그 내역을 간단하게 정리해서 제시하면 대략 다음과 같다.

■ **1800~1910년의 문서 현황: 23건**[10]

① 展省錄第四(박125): 1805~1844년. 10월 묘사 집사분정과 참사자

② 五土山齋舍事例(박123): 1848년. 오토재 향사와 관련된 규정[11]

③ 都錄(박155): 1849년. 오토재 추수 및 지출 내역

④ 傳令(박116): 1877년. 齋直에게 오토산 松楸 수호를 명하는 문서

⑤ 傳令(박117): 1877년. 사곡면에 오토산 松楸 수호를 명하는 문서

⑥ 傳令(박117): 1877년. 남부면에 오토산 松楸 수호를 명하는 문서

⑦ 傳令(박117): 1877년. 상천면에 오토산 松楸 수호를 명하는 문서

⑧ 回文(박119): 1877년. 오토재 首任 薦望 등을 위한 宗會 개최 통문

⑨ 所志(박114): 1878년. 金柱洛 등이 의성현령에게 오토산 偸葬 고발

⑩ 所志(박115): 1878년. 金鳳和 등이 의성현령에게 偸葬 堀去 독촉

⑪ 所志(박115): 1884년. 金常壽 등이 의성현령에게 오토산 松楸 斫伐 고발

⑫ 所志(박113): 1884년. 金鎭大 등이 의성현령에게 오토산 松楸 斫伐 고발

⑬ 傳令(박117): 1884년. 사곡면·남부면·상천면 등에 松楸 수호를 재차 명함

⑭ 五土山別廟享禮時事例(박122): 1891년. 오토재 별묘의 향례 관련 규정[12]

⑮ 墓祀時時到(박213): 1896년. 10월 묘사 참여자 명단

⑯ 春享時下記(박197): 1896년. 춘향 시 금전지출 내역

⑰ 展省錄第六(박130): 1894~1899년. 2월 춘향 시 집사분정

⑱ 五土山墓位田畓案(박196): 1890~1910년. 오토재 墓位 전답 구입 내역

⑲ 五土齋舍都錄(박152): 1906년. 오토재의 추수 및 지출 내역

⑳ 五土齋舍都錄(박153): 1907년. 오토재의 추수 및 지출 내역

㉑ 五土齋舍都錄(박154): 1908년. 오토재의 추수 및 지출 내역

㉒ 文簿(박175): 1909년. 오토재의 추수 및 10월 墓享 지출 내역

㉓ 文簿(박176): 1910년. 오토재의 추수 및 10월 墓享 지출 내역

위를 보면 1800년대부터 1910년 이전 시기에 해당하는 고문서가 대단히 다양함을 한눈에 간파할 수 있다. 춘·추향이나 묘사에 참여한 인물 현황을 기록한 문서(①, ⑮, ⑰), 관청에 올린 소지(⑨, ⑩, ⑪, ⑫), 관청에서 발급한 전령(④, ⑤, ⑥, ⑦, ⑬), 향사 운영의 예규(②, ⑭), 전답안(⑱), 수입·지출 장부(③, ⑯, ⑱, ⑲, ⑳, ㉑, ㉒, ㉓), 종회 개최를 위한 통문(⑧) 등 오토재의 구체적 운영 상황을 보여 주는 여러 종류의

문서가 있다.

이 가운데 가장 주목할 만한 것은 1800년대 후반의 전령 5건과 소지 4건이다. 전령 5건은 모두 의성현령이 오토재 재직(齋直)과 그 주변의 사곡면·남부면·상천면 등에 오토산 송추(松楸)를 수호하도록 특별히 명령을 전달한 관문서(官文書)이다. 소지 4건은 의성김씨 집안 사람들이 의성현령에게 연명으로 오토산의 투장(偸葬)이나 송추(松楸) 벌목을 엄금하도록 조치해 달라고 거듭 요청한 청원서이다. 1800년대 문서 중에서는 이런 전령과 소지가 9건으로 전체의 절반 이상을 차지하는데, 이를 통해 19세기 후반 오토재 수호를 위해 집안에서 특별히 많은 노력을 경주하였음을 미루어 짐작할 수 있다. 그리고 일제강점 직전 문서는 모두 오토재의 위토 현황과 수입·지출 내역을 기록한 도록(⑲, ⑳, ㉑), 문부(㉒, ㉓), 전답안(⑱) 등인데, 이를 1800년대의 도록(③), 하기(⑯) 등과 함께 참고할 경우 일제강점 이전 오토재의 개략적인 재정 규모와 운용 실상을 거칠게나마 파악할 수 있을 것으로 추정된다.

1910년 일제강점 이후부터는 오토재 관련 문서가 대단히 충실하게 남아 있다. 전령과 소지 같은 전통 방식의 고문서야 더 이상 존재할 수 없는 시대가 되었지만, 오토재의 구체적 운영과 관련되는 문건, 예컨대 재정, 임원, 규칙, 참사자, 제향 절차, 중건과 보수, 기물, 자손록 등 인적·물적 상황과 관련되는 각종 문건이 다른 어떤 곳보다 풍부한데, 먼저 그 개략적인 상황을 정리해 보면 아래의 [표 3-2]와 같다.

**[표 3-2] 오토재 문서의 내용별 현황**

| | 박물관 이관 문건 | 오토재 잔존 문건 | 합계 |
|---|---|---|---|
| 관청 관련 | 所志 4(4)건, 傳令 5(5)건 | 없음 | 9(9)건 |
| 재정 관련 | 都錄 20(4)건, 文簿 20(2)건, 下記 9(1)건, 冠錢收納冊 8건, 收支記 2건, 秋收記 2건, 契約書 2건, 扶助記 1(1)건, 田畓案 1(1)건 | 都錄 4건, 文簿 2건, 簿記 1건, 獻誠錄 1건, 契約書 1건 | 74(9)건 |
| 임원 · 규칙 | 任案 3건, 備三望 2건, 事例 2(2)건, 契案 2건 | 任司錄 1건, 任員錄 1건, 契案 2건, 建議文 1건 | 14(2)건 |
| 참사 · 제향 | 時到 12(1)건, 展省錄 8(3)건, 執事分定記 3건, 祭物品數記 1건, 笏記 1건, 飮福開座 1건 | 時到 51건 | 77(4)건 |
| 연락 · 방문 | 回文 1(1)건, 簡札 4건, 謁廟錄 2(2)건, 省墓錄 1(1)건, 尋齋錄 1건 | 參謁錄 2건, 芳名錄 2건, 謁廟錄 1건 | 14(4)건 |
| 기타 | 攷往錄 1건, 器物傳與記 2건, 子孫錄 3건, 日記 3건, 上樑文 2건, 宗族說 1건 | 五土齋物品傳與記 1건 | 13(0)건 |
| 합계 | 131(28)건 | 71건 | 202(28)건 |

[표 3-2]는 오토재 전존 문건 전체 202건을 내용별로 구분해서 정리해 본 것이다. 이 가운데 ( )로 처리한 소지 4건, 전령 5건, 도록(都錄) 4건, 문부(文簿) 2건, 하기(下記) 1건, 부조기(扶助記) 1건, 전답안(田畓案) 1건, 사례(事例) 2건, 시도(時到) 1건, 전성록(展省錄) 3건, 회문(回文) 1건, 알묘록(謁廟錄) 2건, 성묘록(省墓錄) 1건 등 도합 28건은 일제강점 이전의 문서이다.[13] 나머지는 모두 그 이후 문서인데, 내용의 다채로움에 놀라움을 금할 수 없다. 재정 상황을 기록한 도록(都錄)·문부(文簿)·하기(下記)·수지기(收支記)·추수기(秋收記)·전답안(田畓案)·헌성록(獻誠錄) 등을 비롯하여, 임원이나 운영 규칙을 기록한 임안(任案)·임원록(任員錄)·비삼망(備三望)·사례(事例)·회의록(會議錄)·계안(契案), 참사자나 제향 관련 사항을 기록한 시도(時到)·전성록(展省錄)·집사분정

기(執事分定記)·제물품수기(祭物品數記)·홀기(笏記)·음복개좌(飮福開座), 종회 연락을 위해 작성한 회문(回文)과 간찰, 참배 혹은 방문자 현황을 기록한 참알록(參謁錄)·심재록(尋齋錄)·방명록(芳名錄), 기타 오토재의 역사적 사실 기록을 따로 편집한 고왕록(攷往錄), 물품을 인수인계한 기물전여기(器物傳與記)와 물품전여기(物品傳與記), 건물의 중건 혹은 보수 관련 상황을 기록한 일기(日記), 성금 모금을 위해 정리한 자손록(子孫錄) 등 오토재의 운영 실상을 그대로 보여 주는 문건이 참으로 다양하다.

이 중에서 양적으로 가장 큰 비중을 차지하는 것은 행사에 참여한 인물 현황을 기록한 시도(時到, 63건)이고, 다음은 연도별 수입과 지출 상황을 종합적으로 기록한 도록(都錄, 24건)과 문부(文簿, 22건)이며, 기타 재정 운용과 관련된 하기(下記, 9건)와 관전수납책(冠錢收納冊, 8건), 춘·추향이나 묘향의 집사분정 내역을 기록한 전성록(展省錄, 8건), 각종 임원 명단을 기록한 임안류(任案類, 5건) 등이 비교적 많다. 그리고 다음 몇 가지는 1건 혹은 여타 문건의 일부로 편입되어 있는 것에 불과하지만, 희소성의 측면에서 특별히 주목할 만한 가치가 있다.

① 土齋松楸發賣時(박199): 1915년 松楸 매도 시 가격과 지출 내역

② 五土山齋舍重建時食下記(박138): 1916년 오토재 중건 시 식사비 내역. 齋舍宗會時와 邑會時로 구분. 특히 邑會時 내역 상세

③ 五土齋草家役時文簿(박182): 1916년 오토재 草家 공사 시 지출 내역

④ 慶尙北道警務部長許可證: 義城金氏五土齋重建時修單案(박141)에 포함된 문건. 1917년 오토재 중건을 위한 성금 모금을 허가하는

경찰국 문서

⑤ 五土齋舍用下文簿(박184): 1918~1920년 오토재 각종 지출 내역. 특히 防川時用下, 齋沓執穗記, 測山時下記, 看坪時下記 등

⑥ 五土山採松時文簿(박185): 1919년 오토산 소나무 벌목 시 경비 내역. 술값·담뱃값·식사비 등을 날짜별로 정리. 수익금 및 경비 내역

⑦ 蓋瓦下記(박194): 1931년 7월 蓋瓦 시 지출 내역

⑧ 賣松文簿(박186): 1955년 1월 오토산 소나무 판매 시 경비 내역. 賣松時滋用(지서와 임업계원 접대비 등), 松楸下山時下記 등

⑨ 飮福開座(박211): 1979년 음복 시의 開座圖와 절차에 대한 내용

위의 ①, ⑥, ⑧은 오토산 경내의 재목을 벌목하여 매도하는 일과 관련된 각종 경비 지출과 수익금 내역을 기록한 것이다. ②는 오토재 중건을 위한 종회(宗會)와 읍회(邑會) 시의 식사비 지출 내역을 기록한 것이다. ⑤는 제방 공사[防川], 위토의 작황 조사(집수執穗 혹은 간평看坪), 산지 측량[測山], ⑦은 기와 공사[蓋瓦] 등 특수 업무와 관련된 경비 지출 내역을 정리한 것이고, ④는 경상북도 경찰국 경무부장이 오토재 중건을 위한 성금 모금을 허가한 허가증, ⑨는 음복할 때 헌관(獻官)·축관(祝官)·집례(執禮)·장의(掌議), 기타 참사자 등의 자리 배치와 절차를 명시한 것이다. 이런 문서는 모두 여타 재사나 향현사의 문건 가운데서 쉽게 찾아볼 수 없는 것으로, 오토재의 운영 상황을 파악함에 있어서는 물론, 종회(宗會)·읍회(邑會)·채송(採松)·매송(賣松)·방천(防川)·집수(執穗)·간평(看坪)·개와(蓋瓦)·음복(飮福) 등 다양한 특수 활동을 이해하기 위한 기초자료로서 가치가 크다.

## 3. 주요 문서의 내용과 특징

오토재 문서 가운데 내용상 가장 큰 비중을 차지하는 것은 시도(時到)·전성록(展省錄)·성묘록(省墓錄)·알묘록(謁廟錄)·참알록(參謁錄)·심재록(尋齋錄)·방명록(芳名錄) 등 진민사와 오토재를 방문한 인물에 대한 기록이다. 시도(時到)란 특정 행사에 참여한 인물을 도착 일시별로 기록한 것으로, 대부분 향사에 참여한 인물 내역을 기록해 놓았다. 전성록(展省錄)의 전성(展省)은 본래 '조상의 묘소를 살펴본다'는 뜻이다. 그래서 주로 묘향과 관련된 기록을 가리키는데, 오토재 문서에서는 이를 춘향(春享)·추향(秋享)·묘향(墓享) 등에 구분 없이 적용하였으며, 집사분정을 중심으로 기록하였다는 점이 특징적이다. 알묘록(謁廟錄)과 참알록(參謁錄)은 진민사를 배알한 인물 명단이고, 심재록(尋齋錄)과 방명록(芳名錄)은 오토재를 방문한 인물 명단으로, 특정 행사와 무관하게 수시로 방문한 인물에 대한 기록이란 점에서 시도나 전성록과는 차이가 있다. 오토재 문서 가운데는 이처럼 방문 인물에 대한 기록이 시도 63건, 전성록 8건, 성묘록 1건, 알묘록 3건, 참알록 2건, 방명록 2건, 심재록 1건 등 도합 80건으로 전체의 1/3 이상을 차지하는데, 우선 그 내역을 간단히 정리해 보면 다음과 같다.

■ **향사 참사 관련 문건(68건)**

省墓錄第二(박146): 1772~1776년. 10월 10일 묘향 참사자 명단

展省錄第三(박124): 1754~1771년. 2월 춘향과 8월 추향 참사자 명단

展省錄第四(박125): 1804~1844년. 10월 10일 묘향 참사자 명단[14]

展省錄第六(박130): 1894~1899년.[15] 2월 춘향의 집사분정 내역

墓祀時時到(박213): 1896년. 10월 10일 묘향 참사자 명단

展省錄第五(박126): 1900~1915년. 2월 춘향과 10월 10일 묘향 집사분정[16]

乙卯春享時時到(박214): 1915년. 2월 춘향 참사자 명단

春享時時到(박215): 1917년. 2월 춘향 참사자 명단

展省錄第七(박127): 1918~1937년. 2월 춘향과 10월 10일 묘향 집사분정[17]

秋享時時到(박216): 1919년 10월 10일 추향(묘향) 참사자 명단

時到(잔010): 1920년. 10월 추향(묘향) 참사자 명단

壬戌二月春享時到(박217): 1922년. 2월 춘향 참사자 명단

壬戌秋享時到(박216): 1922년. 10월 10일 추향(묘향) 참사자 명단

春享時時到(박219): 1924년. 2월 춘향 참사자 명단

春享時時到(박220): 1926년. 2월 춘향 참사자 명단

春享時時到(잔071): 병인년(연대 미상).[18] 춘향 참사자 명단

秋享時時到(박221): 1928년. 10월 10일 추향(묘향) 참사자 명단

展省錄第七之中(박128): 1929~1933년. 2월 춘향과 10월 묘향(추향) 집사분정[19]

秋享時時到(박222): 1931년. 10월 10일 추향(묘향) 참사자 명단

時到(박230): 연대 미상(일제강점기 이전).[20] 제향 참여자 명단

展省錄第八(박129): 1948~1956년. 2월 춘향과 10월 묘향(추향) 집사분정

展省錄第九(박131): 1956~1984년. 2월 춘향과 10월 묘향(추향) 집사분정[21]

墓享時時到記(잔056): 1956~1958년. 10월 10일 묘향(추향) 참사자 명단

秋享時時到(잔011): 1957년. 10월 10일 추향(묘향) 참사자 명단

秋享時時到(잔012): 1958년(무술). 10월 10일 추향(묘향) 참사자 명단

時到記(잔013): 1959년(기해). 2월 춘향 참사자 명단

墓享時時到記(잔057): 1959년(기해). 10월 묘향(추향) 참사자 명단

墓享時時到記(잔058): 1960년(경자). 10월 묘향(추향) 참사자 명단

春享時時到(잔014): 1960년(경자). 2월 춘향 참사자 명단

春享時時到(잔015): 1961년(신축). 2월 춘향 참사자 명단

時到(잔016): 1962년(임인). 10월 추향 참사자 명단

春享時時到(잔017): 1962년(임인). 2월 춘향 참사자 명단

時到(잔018): 1963년(계묘). 10월 추향(묘향) 참사자 명단

時到(잔019): 1963년(계묘). 2월 춘향 참사자 명단

時到(잔020): 1964년(갑진). 10월 추향(묘향) 참사자 명단

時到(잔021): 1964년(갑진). 2월 춘향 참사자 명단

時到(잔022): 1965년(을사). 10월 추향 때 郡內 참사자 명단

時到(잔023): 1965년(을사). 10월 추향 때 郡外 참사자 명단

時到(잔024): 1965년(을사). 10월 추향 때 鄕中 참사자 명단

時到(잔025): 1965년(을사). 10월 추향 때 鄕中 참사자 명단

時到(잔026): 1966년(병오). 2월 춘향 참사자 명단

時到(잔027): 1967년(정미). 10월 추향(묘향) 참사자 명단

時到(잔028): 1967년(정미). 2월 춘향 참사자 명단

時到(잔029): 1968년(무신). 2월 춘향 참사자 명단

墓享時時到記(잔059): 1968년(무신). 10월 묘향(추향) 참사자 명단

時到(잔030): 1969년(기유). 10월 추향 참사자 명단

時到(잔031): 1969년(기유). 2월 춘향 참사자 명단

秋享時時到(잔032): 1970년(경술). 10월 추향(묘향) 참사자 명단

秋享時時到(잔033): 1971년(신해). 10월 추향(묘향) 참사자 명단

秋享時時到(잔034): 1971년(신해). 10월 추향(묘향) 참사자 명단

春享時時到(잔036): 1972년(임자). 2월 춘향 참사자 명단

時到(잔035): 1972년(임자). 10월 추향(묘향) 참사자 명단

秋享時時到(잔037): 1973년(계축). 10월 추향(묘향) 참사자 명단

春享時時到(잔038): 1973년(계축). 2월 춘향 참사자 명단

時到記(잔039): 1974년(갑인) 추향~1975년(을묘) 춘향 참사자 명단

時到(잔040): 1975년(을묘). 10월 추향(묘향) 참사자 명단

時到(잔042): 1976년(병진). 2월 춘향 참사자 명단

時到(잔041): 1976년(병진). 10월 추향(묘향) 참사자 명단

時到記(잔044): 1977년(정사). 2월 춘향 참사자 명단

五土齋時到錄(잔043): 1977년(정사) 추향~1979년(기미) 추향 참사자 명단

時到(잔045): 1980년(경신). 2월 춘향 참사자 명단

時到錄(잔046): 1981년(신유) 춘향~1990년(경오) 춘향 참사자 명단

墓享時時到記(잔060): 1982년(임술). 10월 묘향(추향) 참사자 명단

時到記(잔047): 1988년(무진) 춘향~1997년(정축) 추향 참사자 명단

五土齋時到錄(잔051): 1997년(정축) 춘향~2000년(경진) 춘향 참사자 명단

時到(잔052): 1998년(무인). 2월 춘향 참사자 명단

時到錄(잔053): 2002년 추향~2003년 추향 참사자 명단

時到錄(잔054): 2004년(갑신)~2007년(정해) 추향 참사자 명단

■ **알묘·방문 관련 문건(11건)**

謁廟錄第一(박145): 1664~1777년. 진민사 배알자 명단

謁廟錄(박147): 1762~1797년. 진민사 배알자 명단[22]

諸宗尋齋錄(박227): 1924~1931년. 오토재 방문자 명단[23]

參謁錄(잔004): 1988~1992년. 진민사 알묘자 명단

謁廟錄(잔005): 1995~2000년. 진민사 알묘자 명단

參謁錄(잔006): 2001년. 진민사 알묘자 명단

芳名錄(잔007): 2005~2006년. 오토재 방문자 명단

時到(잔049): 1993년. 6월 총회, 8월 하계연수 참석자 명단

時到(잔048): 1992~1995년. 오토재 방문자 명단

芳名錄(잔050): 1995년. 6월 총회, 8월 하계연수 참석자 명단 및 單子

時到記(잔055): 2007~2010년. 오토재 방문자 명단

위를 보면 오토재 문서 가운데 방문 인물과 관련된 문건이 약 80건에 달함을 실증적으로 확인할 수 있다.[24] 이 중에서도 춘향·추향·묘향 등 특정 향사의 참사와 관련된 문건이 약 70건으로 단연 압도적이다. 그리고 시기적으로도 1700년대 중반부터 2000년대에 이르기까지 전 시기에 걸쳐 고루 충실하게 남아 있는데, 이는 진민사와 오토재의 핵심 기능이 바로 향사의 집행에 있었고, 향사 참사와 관련된 문건의 생산이 가장 활발하고 지속적이었음을 단적으로 보여주는 것이라고 할 수 있다.

인물 관련 문건에 기록된 정보 내용은 매우 다양하였다. 개인의 성명을 비롯하여 군수·찰방·생원·진사·유학(幼學) 등과 같은 신분, 도유사(都有司)·부유사(副有司)·유사(有司)·장의(掌議) 등과 같은 각종 재임(齋任) 관련 사항, 거주지, 자, 생년, 기타 특이사항 등이 그런 것인데, 문건마다 이런 정보의 일부 혹은 전부를 성명의 윗부분이나 아랫부

분에 선택적으로 기록하는 방식이었다. 그래서 이런 기록 내용을 정밀하게 검토할 경우 오랜 세월에 걸쳐 진민사와 오토재를 방문한 인물의 시기별 현황과 규모, 지역적 범위와 분포 상황, 성씨별 참사 실상과 역사적 변화 등 여러 가지 흥미로운 사항을 파악할 수 있으며, 이를 통해 진민사와 오토재의 성격, 향촌 사회에서의 기능과 영향력 등도 아울러 규명해 볼 수 있을 듯하다.

특히 유의할 만한 점은 이런 문건에 기록된 재임 관련 사항이다. 재임이란 일정 기간 오토재 운영의 책임을 맡아 향사를 비롯한 각종 행사와 재정 관리 등을 주도한 도유사·유사·부유사·장의와 같은 임원을 가리킨다. 이들이야말로 시기별 오토재 운영의 실질적인 중심 인물이라고 할 수 있겠는데, 바로 이런 재임 관련 사항을 제각각 다른 시기의 다른 문건에 다양하게 기록해 놓았던 것이다.

①「展省錄第三」(박124), 1754년(갑술) 8월 20일

金宇謙, 金漢采 都有司, 申洛瑞, 申應杓, 金必鉉, 金應龍 有司,

金熙麟, 金弘溥 有司, 金汝鉀, 戶長 金亨道

②「展省錄第三」(박124), 1765년(을유) 8월 27일(中丁以國忌退行)

都有司 申應聃, 有司 金熙麟, 齋員 申應杓 朴沈 金弘溥 申維德

金命宗(固阜), 副有司 金甲粹, 戶長 吳一復

③「省墓錄」(박146), 1772년(임진) 10월 30일 修墓時執事[25]

金相玉 欽夫 庚寅 安東 都有司, 金龍瀷 仲見 己酉 靑松 齋有司

李宜泰 大來 辛巳 本縣, 李宜華 國俊 癸未 …(중략)…

李思說 學初 庚申, 金就道 極形 丁亥 副有司

④「展省錄第四」(박125), 1808년(무진) 10월 10일 墓祀時執事分定記

初獻 金熙相(以都有司 有故不參回去 金項 初獻代行), 亞獻 金宗謙,

終獻 金泰熙 齋有司, 陳設 金復熙 金琬, 執禮 金鳴鐸, 金舜熙,

金正熙, 金珌振, 金鳳瑞. 際. 副有司 金點福

⑤「墓祀時時到」(박213), 1896년(병신) 10월 일

都有司 金承洛(金溪), 掌議 金峻鎭(靑松), 金龍洙, 金性和(中沙), 金弼臣,

金弼文(開日) …(중략)… 副有司 金得河(連豊), 金基洛, 金俊模(全豊)

…(후략)…

⑥「春享時時到」(박220), 1926년(병인) 2월 15일

金○○ 齋長(安東 芝禮), 金宅浚 掌議(井邑 道溪), 金基洛(靑松 呂岩),

金東煥(率奴, 安東 芝禮), 金天浩(率奴, 靑松 道洞), 金鎭恒(安東 川前)

위는 1700년대부터 1900년대에 이르기까지 전성록(展省錄), 성묘록(省墓錄), 시도(時到) 등 제각각 다른 문건의 내용 일부를 적시해 본 것이다. 이를 보면 시기가 다르고 문건의 종류가 다름에도 불구하고 곳곳에 도유사·유사·장의·부유사 등과 같은 재임 관련 사항을 함께 기록해 둔 사실을 분명히 확인할 수 있다. 그리고 관련 내용을 좀 더 자세히 살펴보면 시기에 따라 재임의 종류나 구성원 수에 일정한 변화가 있음을 간파할 수 있는데, 이를 따로 정리한 몇 건의 오토재사임안(五土齋舍任案)과 함께 검토할 경우, 오토재 운영을 실질적으로 주도한 핵심 임원의 현황에 대해 종합적으로 파악할 수 있을 것으로 판단된다.

하나 더 유의할 필요가 있는 것은 1800년대 말부터 8월 추향 관련

문건이 보이지 않는다는 점이다. 1700년대 후반 2월 춘향과 8월 추향 참사자 명단을 함께 기록한 「전성록 제3(展省錄第三)」(박146), 1800년대 전반 10월 묘향 참사자 명단을 따로 기록한 「전성록 제4(展省錄第四)」(박125) 등을 보면, 1800년대까지는 진민사의 2월 춘향과 8월 추향, 오토재의 10월 묘향이 별도로 존재하였음이 분명하다. 그런데 1800년대 말기의 「전성록 제6(展省錄第六)」부터는 2월 춘향과 10월 묘향 관련 문건만 있고 8월 추향 관련 문건이 없다. 「추향시시도(秋享時時到)」 등 제목에 추향을 명시한 문건이 여럿 있지만 모두 10월 묘향을 가리킬 뿐이었다. 이것은 1870년경 진민사를 오토재 경내로 이건한 이후 진민사의 8월 추향을 폐지한 결과로 보이는데, 「오토산별묘향례시사례(五土山別廟享禮時事例)」(박122) 앞부분에 이를 구체적으로 지적한 내용이 있다.

> 진민사가 훼철된 후 (오토재로) 옮겨 모시는 일이 너무 구차하고 갑작스러워 안타까웠는데, 사당 문이 한번 닫히고는 제향을 오랫동안 빠트렸으니, 이는 진실로 후손들이 함께 개탄하는 바였다. 지난해부터 여러 종인들이 의견을 모아 부득이 오토산 왼편 송추를 떼어 팔아서 약간의 위토를 마련하고(소나무 값과 전답 값은 모두 그해 문부에 있다) 해마다 한 번 향사할 계획을 하였는데, 역량이 넉넉지 못하고 법도가 미비하다. 그럼에도 다만 향사의 형식이라도 남겨 둔다는 뜻을 담아 후일을 기다린다.[26]

위의 예문을 보면 1870년경 의성 읍내에 있던 진민사가 훼철될 상황이 되자 이를 경황없이 오토재 경내에 별묘 형식으로 이건하였고, 이후 한동안 제향을 모시지 못하였으며, 1890년에 와서야 비로소 의성김씨 집안사람들이 뜻을 모아 오토산 왼편 소나무를 떼어 팔아 위토(位土)를 마련하여 1년에 한 번씩 제향하였음을 알 수 있다. 2월 춘향과 8월 추향 중 오토재의 10월 묘향과 중복성이 있는 8월 추향을 폐지하고 2월 춘향 한 번만 시행했을 터인데, 그래서 8월 추향 관련 문건이 자연스럽게 없어진 것이다. 이것은 위의 예문에서 "법도가 미비하다", "향사의 형식이라도 남겨 두려는 뜻을 담아 후일을 기다린다."고 한 것처럼 전례가 없는 일이었으며, 오토재가 향현사의 기능을 함께 맡음에 따라 향사의 방식까지 일부 재조정하였음을 보여 주는 희귀한 사례로 특별히 유의할 가치가 있다.

오토재 문서 가운데 두 번째로 큰 비중을 차지하는 것은 도록(都錄)·문부(文簿)·전답안(田畓案)·추수기(秋收記)·관전수봉록(冠錢收捧錄)·관의금영수책(冠義金領收冊)·출의별록(出義別錄)·수단안(修單案)·금전출납부(金錢出納簿)·수지일람부(收支一覽簿)·수지기(收支記)·하기(下記) 등으로 명명한 각종 재정 관련 문서들이다. 도록(都錄)이란 특정 사항을 함께 모아 기록한 장부라는 뜻인데, 오토재 문서에서는 예외 없이 모두 1년 동안의 수입과 지출 내역을 기록한 문서를 지칭하였다. 문부(文簿)란 글자 그대로 문서 장부라는 뜻인데, 오토재 문서에서는 도록과 거의 차이가 없는 동의어로 사용하였다. 관전(冠錢)[27]·관의금(冠義金)·출의(出義)·헌성(獻誠) 등은 모두 성금을 가리키고, 수단안(修單案)은 성금 모금을 위해 따로 작성한 지역별 첨사공 자손 명단과 모금액에 대한 기록이다. 하기(下記)란 용하기(用下記)의 줄임말로, 지출 내역에 대한 기록이란 뜻이다. 그래서 지출 주체에 따라 관하기(官下記, 관청)·동중하기(洞中下記, 마을)·족하기(族下記, 집안) 등으로, 지출 내역에 따라 전하기(錢下記, 돈)·곡하기(穀下記, 곡물)·식상하기(食床下記) 등으로 구분하기도 하였는데, 오토재 문서에서는 지출뿐만 아니라 수입 내역을 함께 기록한 경우도 적지 않았다. 기타 전답안(田畓案)은 위토 구입 내역을, 추수기(秋收記)는 위토의 추수 내역이나 임대료[賭租] 수입 내역을, 금전출납부(金錢出納簿)·수지일람부(收支一覽簿)·수지기(收支記) 등은 연도별 혹은 사안별 수입과 지출 내역을 기록한 것이다. 오토재 문서 가운데는 바로 이와 같은 재정 관련 문건이 69건이나 되는데, 그 내역을 정리해 보면 다음과 같다.

都錄(박155): 1849년(기유)[28] 11월. 오토재 추수 및 지출 내역

五土山墓位田畓案(박196): 1890~1910년. 오토재 묘위 전답 취득 내역

春享時下記(박197): 1896년(병신) 3월. 오토재 추수 및 춘향 지출 내역[29]

五土齋舍都錄(박152): 1906년(병오) 10월. 추수와 금전 수입 및 지출 내역

五土齋舍都錄(박153): 1907년(정미) 10월. 추수와 금전 수입 및 지출 내역

五土齋舍都錄(박154): 1908년(무신) 10월. 추수와 금전 수입 및 지출 내역

秋享時文簿(박175): 1909년(기유)[30] 10월. 오토재 추수 및 추향 지출 내역

秋享時文簿(박176): 1910년(경술) 10월. 오토재 추수 및 추향 지출 내역

春享時文簿(박177): 1911년(신해) 2월. 오토재 춘향 지출 내역. 추수기 포함

五土齋舍秋享時文簿(박178): 1911년(신해) 10월. 추수 및 추향 지출 내역

春享時文簿(박173): 1912년(임자) 2월. 춘향 시 금전 지출 내역[31]

春享時文簿(잔69): 임자년(1912년 이전). 춘향 시 지출 내역[32]

土齋秋享時文簿(잔70): 계축년(1913년 이전). 추향 시 지출장부[33]

土齋秋享時文簿(박174): 1913년(계축) 10월. 추수 및 추향 지출 내역

春享時下記(박190): 1914년(갑인) 2월. 춘향 시 지출 내역

五土齋秋享時文簿(박179): 1914년(갑인) 10월. 추수 및 지출 내역

土齋松楸發賣時(박199): 1915년(을묘). 송추 매도 시 경비 내역. 춘향 포함

五土山秋享時文簿(박180): 1915년(을묘) 10월. 추수 및 추향 지출 내역

五土齋舍文簿(박181): 1916년(병진) 2월. 춘향 시 지출 내역

五土齋重建時都錄(박158): 1916년(병진) 6월. 오토재 중건 시 수입·지출 내역

五土山齋舍重建時食下記(박138): 1916년. 오토재 중건 시 식사비 내역[34]

五土齋草家役時文簿(박182): 1916년(병진) 2월. 오토재 초가 공사 지출 내역

五土山齋舍重建時錢下記(박135): 1916년(병진) 3~4월. 재사 중건 경비 내역

五土山齋舍重建時出義別錄(박136): 1916년(병진) 4월. 재사 중건 성금 내역

五土山齋舍重建時冠錢收捧錄(박137): 1916년(병진) 4월. 재사 중건 성금 내역[35]

五土齋重建時金錢出納簿(박191): 1916년(병진). 재사 중건 성금 및 지출 내역

收支一覽簿(박198): 1916년(병진). 재사 중건 시 지역별 성금 및 지출 내역

五土山秋享時文簿(박181): 1916년(병진) 10월. 추수 및 추향 지출 내역

食床下記冊(박192): 1917년(정사). 춘향 시 식사비 내역[36]

義城金氏宗中冠錢收納冊(박200): 1917년 5~7월. 재사 중건 성금 내역[37]

五土齋重建時冠義金領收冊(박202): 1917년 7월 14일~1918년 9월 17일. 성금 내역

義城金氏五土齋重建時修單案(박141): 1917년. 자손 성금 납부 내역[38]

五土齋重建時修單案(박141): 1917년. 자손 성금 납부 명단과 내역[39]

五土齋文簿(박183): 1917년(정사) 10월. 오토재 추수 및 지출 내역

五土齋重建時食床下記(박139): 1917년 7월~1918년 8월. 월·일별 식비 내역

五土齋重建時雜用文簿(박140): 1917년 7월~1918년 8월. 월·일별 잡비 내역

五土齋重建時修單案(박141): 1918년. 자손 성금 납부 명단과 내역[40]

五土齋舍用下文簿(박184): 1918~1920년. 오토재 각종 행사 지출 내역[41]

五土山採松時文簿(박185): 1919년(기미). 오토산 소나무 벌목 지출 내역[42]

享祀時下記(박203): 1921년(신유) 10월. 추수 및 추향 시 지출 내역

出納文簿(박204): 1922년(임술). 家役所의 금전 출납 장부

五土山齋舍秋收記(박193): 1926년(병인). 추수 및 묘향 시 지출 내역

蓋瓦下記(박194): 1931년(신미) 7월. 蓋瓦 지출 내역

五土山齋舍秋收記(박195): 1933년(계유). 추수 및 묘향 지출 내역

五土齋春享時都錄(박157): 1937년(정축) 2월. 춘향 시 수입과 지출 내역

五土齋都錄(박158): 1937년(정축) 10월. 추수 및 금전 수입과 지출 내역

五土齋都錄(박160): 1951년 10월~1952년 2월. 추수 및 금전 수입과 지출 내역

五土齋舍都錄(박161): 1952년 10월~1953년 2월. 추수 및 금전 수입과 지출 내역

五土齋都錄(박162): 1953년 10월~1954년 2월. 추수 및 금전 수입과 지출 내역

廟宇講堂修理時收支記(박143): 1955년. 묘우 강당 수리 시 금전 수입·지출 내역

賣松文簿(박186): 1955년(을미) 1월. 오토산 소나무 판매 시 경비 내역[43]

春享時文簿(박187): 1955년(을미). 추수 및 춘향 시 지출 내역[44]

五土齋修理雙方契約書(박205): 1955년(을미). 오토재 수리 계약문서

五土齋都錄(박163): 1955년(을미) 10월. 추수 및 금전 수입과 지출 내역

春享時文簿(박188): 1956년(병신) 2월. 춘향 시 수입과 지출 내역[45]

五土齋都錄(박164): 1956년 10월~1958년 2월. 추수 및 지출 내역

五土齋都錄(잔62): 1958년(무술) 10월. 오토재 수입·지출 내역

五土齋都錄(박166): 1959년(기해) 2월. 오토재 이월금과 지출 내역

五土齋都錄(박165): 1959년(기해) 10월. 오토재 추수 및 지출 내역

五土齋都錄(잔65): 1960년(경자) 2월. 춘향 시 수입·지출 내역

五土齋都錄(박167): 1960년(경자) 10월. 추수 및 금전 수입과 지출 내역

五土齋都錄(박168): 1961년 10월~1962년 2월. 추수 및 금전 수입과 지출 내역

五土齋秋享時都錄(박169): 1962년 10월~1963년 2월. 추수 및 금전 수입과 지출 내역

五土齋都錄(박170): 1963년 10월~1964년 2월. 추수 및 금전 수입과 지출 내역

賣買契約書(박208): 1963년. 의성군 토지 120필지의 매매계약서

五土齋都錄(박171): 1964년(갑진). 추수 및 지출 내역

溜池工事簿記(잔61): 1966~1967년. 오토재 연못 조성 시 수입·지출 내역

五土齋都錄(박172): 1983년(계해). 오토재 추수 및 지출 내역

五土齋重建獻誠錄(잔67): 1987~1988년. 오토재 중건 시 성금 기탁자 명단

위를 보면 오토재 문서 가운데 도록(都錄) 22건,[46] 문부(文簿) 22건,[47] 하기(下記) 8건, 관전(冠錢)·관의금(冠義金)·출의록(出義錄)·헌성록(獻誠錄) 등 5건, 수단안(修單案) 3건, 추수기(秋收記) 2건, 수지기(收支記) 2건, 계약서(契約書) 2건, 전답안(田畓案) 1건, 금전출납부(金錢出納簿) 1건, 부기(簿記) 1건 등 재정 관련 문건이 전체 69건에 달함을 알 수 있다. 그러나 재정 관련 문건은 위와 같은 별건 문건에 그치지 않는다.

1848년 「오토산재사사례(五土山齋舍事例)」(박123)에 첨부된 본소전답안(本所田畓案)과 오토산재사전답안현재기(五土山齋舍田畓案見在記. 1872), 1896년 「묘사시시도(墓祀時時到)」(박213)에 첨부된 본소추수기(本所秋收記)와 별소문부(別所文簿), 1915년 「을묘춘향시시도(乙卯春享時時到)」(박214)에 첨부된 하기(下記) 등 여타 문건에 첨부된 것도 적지 않으며,[48] 이를 모두 감안하면 75건이 넘는다. 양적으로 방문 인물 관련 문건에 버금갈 정도로 큰 비중을 차지하였던 것이다.

재정 관련 문건은 시기적으로 1910년 이전 문건이 7건, 1910~1945년 일제강점기 문건이 39건, 1945년 광복 이후 문건이 23건으로, 일제강점기 문건이 가장 많다. 그중에도 1915년 화재 이후 오토재를 중건할 당시 작성한 문건이 18건으로 특별히 두드러지는데, 이를 통해 1916년부터 수년간 오토재 중건을 위해 전국 각지의 자손들이 대대적으로 성금 모금에 참여하였던 사실, 지역별·개인별 각종 성금의 구체적 납부 내역, 월·일별 식비와 잡비 지출 내역 등을 매우 소상하게 파악할 수 있다.

재정 관련 문건은 일차적으로 오토재의 기본 재산, 연도별 수입과 지출 내역, 정기적인 향사의 규모와 비용, 중건·신축·개와(蓋瓦)·벌목 같은 각종 부정기적 사안의 비용 등 오토재 운영의 물적 기반을 파악하는 기초자료라는 점에 중요한 가치가 있다. 그러나 이 가운데는 물적 기반과 다른 차원의 여러 부가적인 정보가 많다. 예컨대 향사와 관련된 문건의 경우, 제수물품의 종류, 향사를 주관하는 주요 임원의 예우, 향사 참사자의 접대 등에 대한 정보가 여럿 있으며, 공사와 관련된 문건의 경우에도 공사 현장을 왕래한 각 지역 임원의 여비, 공사 진행에 소요된 밥값·술값·담뱃값 등 각종 잡비 지출 내역, 기타 하인이나 말에 대한 지원 사항 등 흥미로운 정보가 대단히 많이 들어 있다.

① 1937년 「五土齋春享時都錄」(박157), 用下

2환15전 소고기, 2환80전 상어(常魚) 4마리[尾], 2환55전 청어 2두릅[級], 2환50전 북어 2띠[桴], 30전 김 3첩(帖), 40전 두부, 70전 콩, 50전 방게, 30전 무, 42전 계란, 10전 남포심, 18전 나무젓가락 2다스[打], 26전 파, 2환30전 소반 1대[竹], 50전 벼루통, 1환38전 담배, 16전 소주, 1환10전 술 반 말[半斗], 2환42전 재장(齋長)·장의 여러분이 읍내에 올 때, 1환60전 시장 볼 때 밥값[市饒], 3환79전 임야세금 2기분, 70전 신·구 재장 모임 때(川前), 80전 2월 천전·금계에 통고할 때 하인 여비, 1환20전 재장 마삯[馬貰], 5환 재장 거마비와 세의(歲儀), 6환 두 임원 거마비, 2환 두 임원 여비, 1환20전 두 임원 세의, 80전 두 임원 신값[履價], 2환38전 치선동 지세(地稅) 2기분, 1환60전 초청 손님 여비, 합계 47환9전[49]

② 1916년 「五土山齋舍重建時錢下記」(박135), 用下(4월)

**11일**. 1냥3전7푼 3전2푼 후지(厚紙) 1속(束) 5장, 7전6푼 인찰지(印札紙), 1전6푼 초필(草筆) 1자루, 1전 봉투지. **22일**. 7전 담배, 7전6푼 술(여러분). **23일**. 4전 지례 하인 귀가 여비, 5전 구미 임원 귀가 여비, 5전 금계 임원 귀가 여비, 3냥 신당 임원 왕래 여비 및 편자, 8전 망천 노마(奴馬) 귀가 여비, 4냥 금곡 임원 왕래 여비 및 편자, 7전5푼 여암 임원 귀가 여비, 4전 술값, 3전 3월 술값 갚음, 1전5푼 망천 하인 짚신 1켤레, 5전 각처 하인 술값, 7전2푼 술값(신청서 쓸 때). **24일**. 6전 아침 술값, 4전 금곡 임원 술값(돌아갈 때 여러 분), 8전5푼 지례 임원 약값, 2냥5전 초지(草紙) 5권, 7전5푼 엽서지(葉書紙) 10장, 5전8푼 낮 술값, 1전5푼 하인 점심값. **25일**. 3전6푼 아침 술값, 1냥 도장 2개, 7전2푼 낮 술값. **26일**. 1냥2전3푼 술값·담뱃값, 2전 개일 임원 점심값, 3전6푼 술값. **27일**. 2전4푼 아침 술값, 3전3푼 하인 아침값·점심값, 1전8푼 술값, 5전 영주 한 임원 귀가 여비, 5전 담배. **28일**. 4전 아침 술값, 3전7푼 하인 아침값·점심값, 1냥5전9푼 여러분 점심값, 4전3푼 술값. **29일**. 3전4푼 아침 술값, 6전7푼 오전 술값(청원할 때), 9냥 말죽 30통(전수 합계), 1냥1전2푼 천전·지례 귀가 시 여러분 술값, 2냥5전 지례 임원 왕래 여비 및 편자, 2냥5전 천전 임원 왕래 여비 및 편자, 2전4푼 밤 술값, 3전6푼 오후 술값, 1냥 대서인(代書人) 수고료(미루어 갚음), 5냥6전 말죽 12통, 2냥5전 망천 임원 왕래 여비, 1냥5전 두동 임원 왕래 여비, 27냥5전 대서인 연간 수고료. 이상 합계 85냥3전9푼[50]

①은 1937년 춘향 때의 지출 내역이고, ②는 1916년 오토재를 중건할 때 그해 4월분에 해당하는 지출 내역이다. ①을 보면 춘향 때 지출한 비용이 얼마인지는 물론, 제수품의 종류와 규모, 임원의 세의(歲儀)와 거마비(車馬費), 초청 빈객에 대한 예우 등 향사와 관련된 부가적인 내용을 다수 확인할 수 있다. ②도 마찬가지다. 4월 한 달 동안 공사에 소요된 물품, 현장을 왕래한 임원의 여비, 대서인(代書人)·

하인 등에 대한 지원, 술값·담뱃값·신값·약값 같은 각종 잡비 등 공사 관리에 필요한 여러 중요한 정보들이 있다. 재정 관련 문서는 이처럼 오토재의 물적 기반을 파악함에 있어서뿐만 아니라 운영의 구체적 실상을 이해하는 데 요긴한 각종 정보를 함께 제공한다는 점에 또 다른 중요한 가치가 있다.

세 번째로 주목할 만한 것은 재임안(齋任案)과 집사분정(執事分定)이다. 재임은 도유사(都有司)·재유사(齋有司)·부유사(副有司)·유사(有司)·장의(掌議) 등 일정 기간 오토재 운영을 담당한 임원을 가리킨다. 집사분정은 향사가 있을 때마다 한시적으로 초헌(初獻)·아헌(亞獻)·종헌(終獻)·축(祝)·진설(陳設)·봉향(奉香)·봉로(奉爐)·사준(司罇)·봉작(奉爵)·전작(奠爵)·봉반(奉盤) 등 특정 업무를 맡아 수행한 집사자의 업무분담을 가리킨다. 따라서 재임과 집사야말로 오토재 운영을 실질적으로 주도한 주역이라 하겠는데, 바로 이런 내용을 정리한 문건이 적지 않았다. 재임의 경우 시도(時到)·성묘록(省墓錄) 등 여타 문건에 병기된 예가 많음을 앞에서 이미 지적한 바 있다. 그런데 이와 달리 재임 관련 사항만 따로 모아 정리한 재임안(齋任案)이 별도로 존재하였다. 그리고 집사분정에 대한 기록은 전성록(展省錄)이 대표적인데, 현존하는 전성록 8종 중 7종이 모두 이를 정리한 것이며,[51] 1회용 집사분정도 더러 발견되었다.

■ **종합 정리된 재임안과 집사분정(11건)**

五土齋舍任案(박148): 1846~1915년 오토재 재임 명단

五土齋舍任案(박149): 1917~1947년 오토재 재임 명단

五土齋任案(박150): 1948~1989년 오토재 재임 명단

任司錄(잔67): 1990~2013년 오토재 재임 명단

展省錄第四(박125): 1805~1844년. 10월 10일 묘향 집사분정[52]

展省錄第六(박130): 1894~1899년. 2월 춘향 시 집사분정

奠省錄第五(박126): 1900~1915년. 2월 춘향과 10월 10일 묘향 집사분정[53]

奠省錄第七(박127): 1918~1937년. 2월 춘향과 10월 10일 묘향 집사분정[54]

奠省錄第七之中(박128): 1929~1933년. 2월 춘향과 10월 묘향(추향) 집사분정[55]

奠省錄第八(박129): 1948~1956년. 2월 춘향과 10월 묘향(추향) 집사분정

奠省錄第九(박131): 1956~1984년. 2월 춘향과 10월 묘향(추향) 집사분정[56]

■ **개별 기록의 재임안과 집사분정(9건)**

備三望(박151): 1984년. 1977~1984년 오토재 首任 三望 명단 초본

備三望(박151): 1989년. 1977~1989년 오토재 首任 三望 명단[57]

詹事公神道立石告由時執事(박209): 1924년(갑자). 신도비 立石 告由 때 집사분정[58]

詹事公神道立石告由時爬錄(박132): 1924년. 신도비 입석 고유 때 집사분정[59]

秋享時執事(박212): 1981년(신유). 추향 시 집사분정[60]

五土齋任案(박150) 별첨: 1988년. 진민사 중건 還安告由時와 秋奠 집사분정 2건
1989년. 春奠과 秋奠의 집사분정 2건

위는 재임과 집사분정에 대한 문건만 정리해 본 것인데, 여러 해분을 종합적으로 정리한 것이 11건, 수임(首任) 관련 사항만 따로 정

리한 것이 2건, 기타 개별적인 집사분정 7건 등 도합 20건이다. 위의 문건을 살펴보면, 재임의 경우 1846년부터 2013년까지 내역을 거의 완벽하게 파악할 수 있다. 그리고 기타 문건에 병기된 것을 참고하면 1846년 이전 내역도 상당 부분 파악할 수 있으며, 의성김씨 집안의 대표적 학자였던 서산(西山) 김흥락(金興洛, 1881년), 척암(拓庵) 김도화(金道和, 1889년), 중재(重齋) 김황(金榥, 1966년) 같은 인물이 두루 도유사를 맡았던 역사적 사실까지 함께 확인할 수 있다. 집사분정은 이에 비해 상대적으로 누락된 부분이 많다. 그래서 재임만큼 완벽하지는 않은데, 그럼에도 불구하고 일정 시기(특히 1800년대 후반)를 제외하고는 비교적 소상하게 파악할 수 있으며, 이것만으로도 유사한 다른 사례를 찾아보기 어려울 정도로 충실하다고 할 만하다. 두 종의 문서는 이렇듯 오토재 운영을 실질적으로 주도한 인물의 실체를 체계적으로 파악할 수 있게 해 준다는 점에 일차적으로 중요한 가치가 있다. 그리고 오랜 기간에 걸친 연속적인 기록인 만큼 이를 통해 직종과 구성원의 역사적 변천상까지 엿볼 수 있는데, 재임의 경우를 간단히 제시해 보면 [표 3-3]과 같다.

**[표 3-3] 재임의 직종과 구성원 변천**

| | 都有司 | 別有司 | 副有司 | 有司 | 掌議 | 別所掌議 | 理事 | 議員 | 掌財 | 句管 |
|---|---|---|---|---|---|---|---|---|---|---|
| 1845년 | 1명 | | 1명 | | 1명 | | | | | |
| 1896년 | 1명 | | 1명 | | 2명 | 1명 | | | | |
| 1910년 | 1명 | | | | 2명 | | | | | |
| 1937년 | 1명 | 2명 | | | 2명 | | | | | |
| 1939년 | 1명 | 1명 | | | 1명 | | 1명 | 2명 | | |
| 1948년 | 1명 | | | | 2명 | | | | | |

| 1961년 | 1명 | | | | 2명 | | | | 2명 | |
|---|---|---|---|---|---|---|---|---|---|---|
| 1972년 | 1명 | | | | 2명 | | | | | |
| 1975년 | 1명 | | | | 5명 | | | | | |
| 1981년 | 1명 | | | 5명 | | | | | | |
| 1987년 | 1명 | | | 4명 | | | | | | 2명 |

[표 3-3]을 보면 재임의 직종과 구성원에 많은 변화가 있음을 알 수 있다. 1800년대에는 도유사·부유사·장의 각 1명이 기본이었지만, 1910년 이후 부유사 직종이 폐지되었고, 1937년 이후에는 일정 기간 별유사 제도가 시행되었으며, 1939년 무렵에는 이사와 의원 제도가 신설된 사실, 1961년에 장재(掌財) 제도가 등장한 사실, 기타 각 직임을 맡은 사람 수가 일정하지 않은 사실 등이 모두 그런 것이다. 이처럼 오토재의 재임안과 집사분정은 장기 지속적인 기록을 통해 그동안 학계에서 거의 주목하지 못하고 있던 재사 직임의 종류와 구성원 수의 역사적 변천상을 보여 준다는 점에 또 다른 가치가 있다.

네 번째로 주목할 필요가 있는 것은 절목(節目)·사례(事例)·의사록(議事錄) 종류이다. 절목이란 조목(條目)과 비슷한 말로, 특정 기관·단체의 운영 원칙이나 규정을 조목별로 나누어 기록한 문건을 가리킨다. 사례란 이전에 시행한 적이 있는 '일의 본보기'란 뜻으로, 법률이나 규정에 명시되지 않은 유사한 일이 발생할 경우 특별히 참고하기 위해 작성한 일종의 지침서이다. 의사록은 회의에서 결정한 사항을 기록한 회의록의 일종인데, 여기에 공적으로 등재한 각종 결정 사항은 당연히 규정이나 지침에 준하는 효력을 가진다. 따라서 이런 문건은 모두 특정 기관·단체의 운영을 위한 핵심 규정과 지침을 담은 것이란 점에서 특별히 유의할 가치가 있다. 오토재 문서 가운데는 이런 종류의 문서가 7건 정도 있다.

① 五土山齋舍事例(박123): 1848년. 오토재 운영 관련 세부규정
位畓 수입, 제향 비용, 제수 품목과 규모, 齋員·下丁·齋直·산지기·식모 등 종사원의 수고료 및 歲儀·노자 산정 방법, 시장 볼 때 유의사항, 남는 제수품 처리 방법 등

② 五土山別廟享禮時事例(박122): 1891년. 별묘(진민사) 향사 관련 세부규정
향사일 확정, 제수 품목, 齋儒 선임 방법, 참사자 비용 부담 방법, 도유사의 예우, 추수 내역 정리와 점검, 기타 유의사항 등

③ 節目(박126): 1910년. 오토재 운영 관련 세부규정[61]
운영비 절약, 松楸禁護와 판매 금지, 偸埋 발생 시 대처 방법, 別廟 도유사와 장의 선임 방법, 장의의 나이 제한, 향사 불참자에 대한 처벌 등

④ 節目」(박111): 1915년. 오토재 중건을 위한 비용 수금 방법과 절차 규정[62]
개인별 부담액, 수금을 위한 자손록 작성, 미납자에 대한 대처, 지역별 모금액 전달 방법, 수금 책임자 선정, 고액 부담자 기록 방법 등

⑤ 五土齋舍更張節目(박111): 1915년 화재 후 향사 시행 관련 변경사항 규정[63]
떡쌀[餠米]과 祭酒米 수량, 酒稅 부담 방법, 희생용 소와 가죽 처리 방법, 제수 품목 축소 내역, 재임에 대한 예우 내용, 향사별 회계 보고 방법, 山監 위임 등

⑥ 土齋營建以後參攷事項(박111): 1916~1940년. 宗會에서 결정 시행한 주요 사항[64]
齋任의 추천과 결과, 공사의 발의와 시행, 비용의 납부 상황, 부

족한 재원 마련 방법, 개인 명의 토지의 이전 등 주요 사항에 대한 논의와 실천 내용 기록

⑦ 議事記錄簿」(박233): 1938~1947년. 춘추 향사 시 宗會의 각종 결정 사항 기록

都有司·有司·掌議·議員·理事 등의 선임 과정과 결과, 기타 부동산 이전, 墓所 立碣, 묘사 날짜 변경, 유사의 임기 연장 등에 대한 토론 내용 기록

위의 ①과 ③은 오토재 자체의 운영과 관련된 것이고, ②는 별묘로 편입된 진민사의 향사 집행과 관련된 것이며, ④는 오토재 중건을 위한 성금 모금 방법과 절차를, ⑤는 1915년 화재 이후 향사 비용의 절약과 축소를 위한 변경 지침을, ⑥과 ⑦은 기타 종회에서 결정한 사항과 그 실천 내용을 정리한 것이다. 이런 문건은 위에 요약 정리한 바와 같이, 기록 내용이 아주 다양하고 구체적이다. 오토재의 경우 위토(位土)의 수입 관리, 향사의 날짜 변경, 향사 비용의 총액 한도, 제수품의 품목과 규모, 재원(齋員)·재직(齋直) 등의 수고비 산정, 남은 제수품 처리 방법, 불참자에 대한 처벌 방법, 부족한 재원 충당 방법, 송추금호(松楸禁護)의 원칙, 투장(偸葬) 발생 시 대처 요령, 재임의 자격과 선임 방법 등 유의해야 할 중요 사항을 두루 구체적으로 명시하였다. 진민사의 향사나 오토재 중건에 관한 것도 이와 다르지 않다.

一. 별묘 향례는 늘 매년 3월 상정일(上丁日)로 정한다.

一. 별묘 향례 제수는 전례에 따라 날것으로 올린다. 희생은 닭으로

대신한다.

一. 향사 재유(齋儒)는 문서를 낼 필요 없이 각 마을에서 1명씩 보낸다(천전, 금계, 구호, 개일, 중사촌, 서면).

一. 각 마을에서 보내는 1명의 노잣돈은 각 마을에서 마련하고 향례소 비용에 추가하기를 기대함이 없어야 한다.

一. 재유는 정해진 1명 외에 더 참석한 자가 있을지라도 지공(支供)을 허락하지 말라.

一. 재유의 이틀 숙박비는 향례소에서 부담한다.

一. 3명의 임원은 오토재사의 유사가 맡아서 행한다.

一. 도유사의 왕래 노잣돈은 언제나 먼 곳이면 3냥, 가까운 곳이면 1냥 혹은 5전으로 정한다.

一. 별묘에서 추수한 것은 매년 조심스럽게 살펴 점검하고, 각각 문부를 작성하여 향례 때 대조 검토하며, 잉여분은 별도 조치하고 오토재 도록에 섞어 넣음이 없어야 한다.

一. 향례가 끝난 뒤 3명의 재임 이하는 각자 출발해서 돌아가고 그대로 머물러 비용을 추가함이 없어야 한다.[65]

위는 1891년 진민사 향사에 관련된 지침을 기록한「오토산별묘향례시사례(五土山別廟享禮時事例)」(박122)이다. 이를 보면 진민사의 향례 날짜, 제수품의 형태, 재유(齋儒)의 파견과 비용 부담 방법, 임원을 담당할 인물의 위촉 원칙, 도유사에 대한 예우 정도, 수입과 지출에 관한 유의사항과 문서 처리 방법, 향례 참사자의 체류 기간 제한 등 진민사의 향사에 관련된 세부 원칙을 10개 조목에 걸쳐 아주 분명하고 구체적으로 명시하였음을 알 수 있다. 이처럼 절목·사례·의사록 등은 문건 수가 많지는 않지만, 오토재와 진민사의 핵심적인 운영 원칙을 다른 어떤 문건보다 정확하게 보여 주는 것이란 점에 중요한 가치가 있다.

마지막으로 유의할 필요가 있는 것은 이건(移建)·중건(重建)·수리(修理) 등에 관한 문건이다. 이런 문건을 가장 많이 수록하고 있는 것은 「고왕록(攷往錄)」이다. 「고왕록」은 '지난 역사에 대한 고찰(을 위한) 기록' 정도로 풀이할 수 있는데, 실제로 여기에는 오토재와 진민사의 역사적 사적을 파악하는 데 아주 요긴한 글 28편이 수록되어 있으며, 이 가운데 17편이 이건·중건·수리 등과 직접 관련된 것이다. 개별 문서 가운데도 이런 종류의 문건이 적지 않다. 하나의 독립적인 문건으로 존재하는 것이 27건, 다른 문건의 일부로 편입되어 간접적으로 참고할 가치가 있는 것이 4건 정도 있으며, 기타 문집이나 현장에서 이와 중복되지 않는 여타 비문·기문 등도 12편을 추가로 확인할 수 있다.

■ **「攷往錄」 수록 자료(17건, 연대순 재정리)**

① 鎭民祠移建記: 1662년. 金應祖 찬. 安應昌이 진민사를 이건한 내역 기록

② 鎭民祠重修記: 1749년(기사) 3월. 후손 金聖欽(1682~1757) 찬. 진민사 중수 기록

③ 附後孫龍翼呈金義城履福詩幷序: 1767년. 오토재 화재 이후 중건 과정 상세 서술

④ 五土山齋舍重修記: 1770년. 李象靖 찬. 오토재 화재로 중수한 내역 상세 기록

⑤ 思敬樓重修記: 1850년(경술). 후손 金明壽 찬. 오토재 略史와 사경루 중수 기록

⑥ 鎭民祠事蹟: 1860년경. 경상감영에 진민사 창건 사적과 현황을 보고한 기록

⑦ 別廟上樑文(移建時): 1870년경. 金道和(1825~1912) 찬
의성 읍내 진민사를 오토재 별묘로 이건한 이후 별묘 상량문

⑧ 修墓時告由文: 1900년대 초(?). 후손 金崧鎭(1850~1919) 찬. 묘소 수리 고유문

⑨ 五土山竪碣時通文: 甲申(?) 10월 10일. 묘소 비석 改竪를 위한 모금 관련 통문

⑩ 五土齋別廟修理時移安告由文: 1915년. 후손 金鎭聲(1862~1933) 찬

⑪ 五土齋別廟修理時還安告由文: 1915년. 후손 金鎭聲(1862~1933) 찬. 1915년 오토재 화재로 별묘를 중수할 때 위패를 移安·還安한 고유문

⑫ 五土齋重建通文: 1915년. 화재로 인한 오토재 중건을 알리고 모금 방법을 節目으로 밝힘

⑬ 五土齋舍講堂上樑文: 후손 金鎭聲(1862~1933) 찬. 1915년. 화재 후 강당 移建 상량문

⑭ 神道碑閣上樑文: 후손 金天浩(1864~1949) 찬. 1925년. 신도비 竪碑 후 비각 상량문

⑮ 土齋營建以後參攷事項: 1916년 2월~1940년 2월까지 강당·廚舍·神道碑 등 영건 사실 기록

⑯ 鎭民祠重建上樑文: 1962년(임인) 7월. 후손 金佑林(1896~1978) 찬. 진민사 중건 상량문

⑰ 鎭民祠重創廟庭碑: 1965년. 후손 金元大(1890~1979) 찬. 진민사 중창 기록

■ **별건 문건 자료(31건, 연대순 재정리)**

① 祠宇移創時列邑扶助記(박112): 1666년. 진민사 이건 시 부조 기록

② 展省錄第三(박124): 1764년(갑신). 진민사 수리 시 移安·還安 고유문 있음

③ 省墓錄第二(박146): 1772년(임진). 묘소 수리 시 집사분정 기록 있음

④ 五土山齋舍重建時食下記(박138): 1916년. 오토재 중건 시 식사비 내역 齋舍宗會時와 邑會時로 구분. 특히 邑會時 내역 상세

⑤ 五土齋重建時都錄(박158): 1916년(병진) 6월. 오토재 중건 시 수입·지출 내역

⑥ 五土齋草家役時文簿(박182): 1916년. 오토재 草家 공사 시 지출 내역

⑦ 五土山齋舍重建時錢下記(박135): 1916년(병진) 3~4월. 재사 중건 경비 내역

⑧ 五土山齋舍重建時食下記(박138): 1916년. 오토재 중건 시 식사비 내역

⑨ 五土山齋舍重建時出義別錄(박136): 1916년(병진) 4월. 재사 중건 성금 내역

⑩ 五土山齋舍重建時冠錢收捧錄(박137): 1916년(병진) 4월. 재사 중건 성금 내역

⑪ 五土齋重建時金錢出納簿(박191): 1916년(병진). 재사 중건 성금 및 지출 내역

⑫ 義城金氏宗中冠錢收納冊(박200): 1917년 5~7월. 재사 중건 성금 내역

⑬ 五土齋重建時冠義金領收冊(박202): 1917년 7월 14일~1918년 9월 17일. 성금 내역

⑭ 五土齋重建時食床下記(박139): 1917년 7월~1918년 8월. 중건 시 월·일별 식비 내역

⑮ 五土齋重建時雜用文簿(박140): 1917년 7월~1918년 8월. 중건 시 월·일별 잡비 내역

⑯ 義城金氏五土齋重建時修單案(박141): 1917년. 자손 성금 납부 내역

⑰ 五土齋重建時修單案(박141): 1917년. 자손 성금 납부 명단과 내역

⑱ 五土齋重建時修單案(박141): 1918년. 자손 성금 납부 명단과 내역

⑲ 五土齋舍用下文簿(박184): 1918년. 廟位 중수 시 用下記 있음

⑳ 上樑文(박133): 1922년. 후손 金正和 찬. 오토재 중건 상량문

㉑ 詹事公立石告由時執事(박209): 1924년. 첨사공 신도비 입석 때 집사분정

㉒ 詹事公立石告由時爬錄(박132): 1924년. 첨사공 신도비 입석 때 집사분정

㉓ 蓋瓦下記(박194): 1931년(신미) 7월. 蓋瓦 지출 내역

㉔ 五土山別廟營建日記(박142): 1942년 2월 18일~9월 17일. 오토재 별묘 중건 일기

㉕ 五土齋修理雙方契約書(박205): 1955년. 오토재 수리 계약문서

㉖ 賣松文簿(박186): 1955년. 廟宇及講堂修理時入金記가 있음

㉗ 廟宇講堂修理時收支記(박143): 1955년. 묘우·강당 수리 시 금전 수입·지출 내역

㉘ 五土齋重建時日記(박144): 1962년 7월 7일~10월 28일. 오토재 중건 공사 일기

㉙ 五土齋碑閣講堂修理日記(박134):1963년 3월 19일~4월 23일. 오토재 비각·강당 수리 일기

㉚ 溜池工事簿記(잔61): 1966~1967년. 오토재 연못 조성 시 수입·지출 내역

㉛ 五土齋重建獻誠錄(잔67): 1987~1988년. 오토재 중건 시 성금 기탁자 명단

■ **기타 문집과 현장 자료(12건, 연대순 재정리)**

① 五土山立石發文: 1576년.[66] 金璡(1500~1580)의 묘비 입석 발의문

② 始祖太子詹事府君墓碑: 1577년.[67] 金宇顒(1540~1603)의 첨사공 묘비문

③ 鎭民祠重修記: 1807년.[68] 金埅(1739~1816)의 진민사 중수 기문

④ 鎭民祠遺址碑陰記: 1890년. 金興洛(1827~1899)의 진민사 유허비 음기

⑤ 鎭民祠遺址碑陰記後識: 1890년. 金胤鉉(미상)의 진민사 유허비 음기 후지

⑥ 鎭民祠遺址碑閣記: 1890년. 金道和(1825~1912)의 진민사 유허비각 기문

⑦ 鎭民祠遺墟碑閣重丹雘記: 1904년. 金弼華(미상)의 유허비각 단청 기문

⑧ 鎭民祠遺址碑閣重修記: 1911년. 金翰周(1856~1929)의 유허비각 중수 기문

⑨ 鎭民祠重建記: 1962년. 金正模(1889~1967)의 진민사 중건 기문

⑩ 五土齋重建記: 1988년. 金喆熙(1915~2009)의 오토재 중건 기문

⑪ 鎭民祠重建記: 1988년. 金日大(1919~? )의 진민사 중건 기문

⑫ 思敬堂重建記: 1989년. 金秉武(미상)의 사경당 중건 기문

위를 보면 1576년 무렵 청계(靑溪) 김진(金璡, 1500~1580)이 처음으로 묘소에 묘비 건립을 발의한 이래 오늘에 이르기까지 진민사의 이건·중건·중수·수리와 유지비(遺址碑) 건립, 오토재의 창건·중건·중수·수리와 초가 개와(蓋瓦) 공사, 사경루(思敬樓) 중수와 사경당(思敬堂) 중건, 묘소 수리와 묘비 건립 및 개갈(改碣), 신도비의 건립과 비각의 보수, 연못과 사원지(思源池) 조성 등 건물과 시설에 대한 숱한 이건·중수·보수 등의 사적을 상세하게 파악할 수 있다.

■ **진민사 관련 내역**

1662년 이건, 1749년 중건, 1764년 수리, 1807년 중수, 1870년 별묘(別廟) 이건, 1890년 유지비 건립, 1904년 유지비각 단청, 1911년 유지비각 중수, 1915년 수리, 1918년 중건, 1942년 중건, 1955년 수리, 1962년 중건, 1965년 중창 관련 묘정비 건립, 1988년 중건

■ **오토재 관련 내역**

1662년 창건, 1770년 중건, 1850년 사경루 중수, 1916년 초가 중건, 1931년 개와(蓋瓦), 1955년 수리, 1962년 중건, 1988년 중건, 1989년 사경당 중건

■ **묘소·묘비·신도비 등 관련 내역**

1577년 묘비 건립, 1772년 묘소 수리, 1900년대 초 묘소 수리와 묘비 개갈. 1924년 신도비 건립, 1925년 신도비각 상량, 1963년 신도비각 수리, 1966년 연못[溜池] 공사, 1988년 사원지(思源池) 조성

위는 「고왕록」 수록 자료 17건, 별건 자료 31건, 기타 문집이나 현장 자료 12건 등을 참고하여 이건·중건·중수·수리 등이 실제로 언제 얼마나 이루어졌는지 따로 정리해 본 것이다. 이를 보면 진민사의 경우 이건·중건이 7차례, 중수·수리가 4차례, 유지비와 비각의 건립·중수가 3차례 이루어졌고, 오토재의 경우 창건·중건이 6차례, 중수·수리·개와 등이 3차례 이루어졌으며, 묘소 수리가 2차례, 묘비 건립과 개갈이 2차례, 신도비 건립과 비각 수리 등이 3차례, 연못 공사가 2차례 이루어졌음을 구체적으로 확인할 수 있다.

이 가운데 1916년 무렵 오토재 중건과 관련된 사항을 따로 기록한 개별 문건 17건(별건 문건 ④~⑳), 1916년 이후 강당·주사(廚舍)·신도비 등의 영건 사항을 기록한 「토재영건이후참고사항(土齋營建以後參攷事項)」(고왕록 ⑮), 1942년 별묘 중건 과정을 일기체로 기록한 「오토산별묘영건일기(五土山別廟營建日記)」(별건 문건 ㉔), 1962년 오토재 중건과 1963년 비각과 강당 수리 내용을 동일한 방식의 일기체로 기록한 「오토재중건시일기(五土齋重建時日記)」(별건 문건 ㉘), 「오토재비각강당수리일기(五土齋碑閣講堂修理日記)」(별건 문건 ㉙) 등은 특별히 주목할 가치가 있다. 중건이나 수리에 대한 일반적 정보를 제공하는 수준에 그치지 않고, 공사의 재원 마련이나 비용 지출, 공사 대상과 시행 규모, 공

사 진행의 구체적 일정 등 유익하고 심층적인 정보를 다른 어떤 문건보다 자세하고 풍부하게 제공하기 때문이다.

오토재 문건은 이처럼 시도(時到)·알묘록류(謁廟錄類)의 방문 인물, 도록(都錄) 문부류(文簿類)의 재정 운용, 전성록류(展省錄類)의 재임과 집사분정, 절목(節目)·사례(事例)·의사록류(議事錄類)의 운영 원칙, 고왕록(攷往錄)을 비롯한 이건·중건·보수 관련 등이 내용상 큰 비중을 차지하였다. 그래서 이런 문건을 종합적으로 검토할 경우 오토재의 운영 주체, 운영 원칙, 물적 근거, 재정 운용, 향사의 종류와 집행 절차, 관련 시설의 역사적 변천 양상, 지역사회에서의 영향력 등을 대단히 자세하게 검증할 수 있는데, 바로 여기에 오토재 문서의 자료적 가치가 있다.

## 4. 검토를 마치며

본고는 오토재에서 생산한 문서가 대단히 다양하고 풍부하다는 사실에 주목하고, 현존하는 문서의 현황과 주요 내용을 검증해 보고자 하였다. 그 결과, 오토재 문서가 시기적으로 특별히 오래된 것이 아님에도 불구하고 영남 지역 사족의 삶과 깊이 연계된 재사와 향현사의 실체를 규명하는 데 대단히 중요하다는 것을 알 수 있었다.

오토재 문서는 전체가 대략 202건이었다. 시기적으로는 1945년 이후 현대문서가 제일 많았고, 그다음으로 일제강점기 문서가 많았으며, 1910년 이전 고문서는 29건으로 전체의 15% 정도였다. 이 가운데 가장 오래된 문서는 1600년대 중반 진민사 이건을 돕기 위하여 각 고을에서 부조한 내역을 기록한 「사우이창시열읍부조기(祠宇移創時列邑扶助記)」였다. 그다음 1700년대 문서는 진민사를 참배하거나 향사에 참여한 인물 명단이 대부분이었고, 1800년대 문서는 관청에 올린 소지(所志)와 관청에서 내린 전령(傳令)이 가장 주목할 만하였다. 일제강점 이후 문서는 매우 다양하였는데, 방문 인물과 관련된 문건(시도時到·참알록류參謁錄類), 각종 수입·지출 현황을 기록한 재정 문서(도록都錄·문부류文簿類), 운영 주체에 대한 기록(재임안齋任案과 집사분정執事分定), 운영 원칙과 규정(절목節目·사례류事例類), 이건·중건 관련 문건 등이 특히 큰 비중을 차지하였다.

방문 인물과 관련된 문건은 오토재 문서의 1/3 이상을 차지할 정도로 비중이 높은데, 기록 내용이 다양하고 장기 지속적이란 점이 특징적이었다. 그래서 오토재의 시기별 방문자 규모와 지역적 분포, 성씨별 참사 현황과 역사적 변화 등을 규명하는 데 중요한 자료로 판단되었으며, 나아가 진민사와 오토재의 성격, 향촌 사회에서의 영향력 등을 밝히는 데도 유용한 근거 자료로 삼을 만하였다. 그리고 이를 통해 오토재 운영의 핵심적 주체였던 재임의 현황 파악, 진민사 통합에 따른 향사의 재조정 등과 같은 사실도 동시에 확인할 수 있었는데, 바로 여기에 인물 관련 문건의 중요한 가치가 있다.

두 번째로 비중이 높은 재정 관련 문건은 오토재의 기본 재산, 연도별 수입과 지출 상황 등 물적 기반을 파악할 수 있는 기초자료라는 점에 일차적으로 중요한 의미가 있다. 그러나 재정 관련 문건 속에는 이와 다른 차원의 부가적인 정보가 대단히 많았다. 제수물품의 종류, 주요 임원에 대한 예우, 왕래하는 임원의 여비 처리, 공사 진행에 소요된 각종 잡비 등이 모두 그런 것이었다. 따라서 재정 관련 문건은 오토재의 물적 기반을 규명함에 있어서는 물론, 오토재 운영의 세부 정보를 다른 어떤 자료보다 자세하고 생생하게 보여 준다는 점에서 특별히 중요한 가치가 있다고 할 만하였다.

세 번째로 유의할 만한 문서는 재임안(齋任案)과 집사분정이다. 재임안(齋任案)은 오토재 운영을 공적으로 책임진 임원 내역을 기록한 것이고, 집사분정은 향사가 있을 때마다 독자적인 역할을 맡아 수행한 집사 내역을 기록한 것이다. 그러므로 둘 다 오토재 운영을 실질적으로 주도한 인물에 대한 기록이라 할 수 있는데, 오토재 문서 가운데는 이런 종류의 문건이 20건에 달하였으며, 기록 내용이 자세하고 장기 지속적이었다. 따라서 두 종의 내용을 분석할 경우 오토재 운영을 주도한 핵심 인물의 실체를 상당히 파악할 수 있으며, 그 직임의 종류와 구성원의 변천까지 함께 추적할 수 있다.

네 번째로 주목할 만한 것은 운영 원칙과 지침을 기록한 절목(節目)·사례(事例)·의사록(議事錄) 등이다. 오토재 문서 가운데 이런 문서는 7건으로 수량이 많지는 않다. 그러나 오토재 자체의 일반적인 운영 원칙은 물론, 별묘로 편입된 진민사 향사의 집행과 관련된 원칙, 오토재 중건을 위한 성금 모금 방법과 절차에 관한 원칙, 향사 비용 절감을 위해 변경된 지침, 기타 종회에서 결정한 운영 원칙 등이 대단히 다양하고 구체적으로 기록되어 있다. 그래서 이를 보면 오토재가 실제로 어떤 원칙에 근거하여 어떻게 운영되었는지를 정확하게 확인할 수 있는데, 여기에 이런 문건의 가치가 있을 것으로 보인다.

다섯 번째로 주목할 만한 것은 이건·중건·보수 등과 관련된 문건이다. 이런 문건을 가장 많이 수록한 것은 「고왕록(攷往錄)」(17편)이고, 질적으로 기록 내용이 가장 자세한 것은 일기 형식의 「오토산별묘영건일기(五土山別廟營建日記)」, 「오토재중건시일기(五土齋重建時日記)」, 「오토재비각강당수리일기(五土齋碑閣講堂修理日記)」 등이며, 특히 집약된 대상은 1916년 무렵의 오토재 중건 관련 문건이다. 그리고 개인 문집이나 현장에서 확인 가능한 비문·기문 등도 적지 않았는데, 이를 모두 감안할 경우 60건에 달할 정도다. 이처럼 이건·중건·보수 관련 문건은 오토재의 역사적 변천상을 자세하게 파악할 수 있을 정도로 충실하다는 점에 중요한 의미가 있다.

이 외에도 오토재 문서 가운데는 여타 재사나 향현사에서 찾아보기 어려운 자료가 많다. 정기적인 향사와 관련된 제물품수기(祭物品數記)와 음복개좌(飮福開座), 부정기적 특수 활동과 관련된 종회(宗會)·읍회(邑會)·채송(採松)·방천(防川)·집수(執穗)·개와(蓋瓦) 등의 문건, 기타 기물전여기(器物傳與記)와 물품전여기(物品傳與記)가 그런 것인데, 이를 통해 다른 어떤 재사나 향현사보다 구체적인 운용 실상을 파악할 수 있다. 따라서 향후 이런 문건에 대한 본격적인 정리·번역과 연구를 진행할 필요가 있으며, 그것이 영남 지역 재사나 향현사의 실상을 규명하는 표본적 사례로 기여할 수 있을 것이다.

1 「土齋秋享時文簿」(박174), 「五土齋舍都錄」(박161), 「五土山齋舍重建時錢下記」(박135) 같은 각종 문서의 표지 題名에서 이런 명칭을 확인할 수 있다.

2 1890년 진민사 옛터에 遺址碑를 세우고 金興洛(1827~1899)이 「鎭民祠遺址碑陰記」를, 의성현령 金胤鉉이 「鎭民祠遺址碑陰記後識」를, 金道和(1825~1912)가 「鎭民祠遺址碑閣記」(1890년 流頭節)와 「鎭民祠移建上樑文」을 지은 사실 등을 참고해 볼 때, 1868년경 대원군의 書院毁撤令으로 鎭民祠가 훼철될 무렵 이를 五土齋 경내로 이건한 것으로 판단된다.

3 2014년 오토재 소장 문서 130여 건을 의성군 召文國博物館으로 이관하였고, 이관 즉시 이를 한국학중앙연구원에 의뢰하여 간략 목록을 작성한 바 있다.

4 「丙午十月日始 五土齋花樹會」는 「五土齋花樹契」에, 「辛酉二月日 時到」는 「時到錄(1981~1990)」에 편입·정리되었다. 기타 「一九八八年十一月 芳名錄」 또한 그 내용 전체가 「時到記(1988~1997)」에 편입·정리된 사실을 확인할 수 있었다.

5 金應祖의 「鎭民祠移建記」(攷往錄 所載)에 이런 사실이 자세하게 기록되어 있다.

6 한국학중앙연구원에서 작성한 목록에는 133건으로 나와 있다. 그러나 박물관114번 「所志」는 1건의 연결문서를 2건으로 처리하였고, 박물관233번 「規定」은 박물관159번 「議事記錄簿」와 동일 문건이다. 그래서 전체 131건으로 파악하였다. 이 외에 연대 파악의 착오도 적지 않다. 박물관155번 「都錄」(1909년은 1849년임), 132번 「詹事公神道立石告由時爬錄」(1954년은 1924년임) 등이 그런 것인데, 본고에서는 이런 착오를 가능한 한 모두 바로잡아 반영하고자 하였다.

7 ① 「春享時文簿」(壬子), ② 「土齋秋享時文簿」(癸丑), ③ 「春享時時到」(丙寅) 등 3건이다. ①과 ②는 돈을 兩과 錢으로 표기한 내용이 있어서 1912년 壬子年과 1913년 癸丑年 이전임을 알 수 있다. ③은 노비를 거느리고 왔음을 가리키는 '率奴'란 표현이 있는 것으로 보아 적어도 1926년 丙寅年 이전임을 미루어 짐작할 수 있다. 기타 오토재 잔존 문건 가운데 「時到」(庚申), 「契約書」(辛未) 등도 내용을 참고할 때 1920년 庚申年과 1931년 辛未年 이전임을 알 수 있다.

8 「謁廟錄第一」(박145)은 1664~1777년 배알자 명단을, 「謁廟錄」(박147)은 1762~1797년의 배알자 명단을 기록하여 연도가 일부 중복된다. 그러나 기록 내용은 중복이 전혀 없으며, 「謁廟錄」(박147)이 「謁廟錄第一」(박145)의 누락 부분에 해당하는 것으로 판단되었다.

9 뒷부분에 묘소 수리 시 집사자 명단이 첨부되어 있다

10 이 시기 문건 24건 중 「時到錄」(박230)은 내용을 파악할 수 없어서 제외시켰다.

11 序文, 節目, 田畓案, 思敬樓重建記(1850), 田畓案見在記(1872) 등으로 구성되어 있다.

12 1890~1894년의 秋收記, 下記, 春享時文簿 등이 포함되어 있다.

13 [표 3-1]에서는 29건으로 제시하였으나, 내용 파악이 어려운 「時到錄」(박230)을 제외시켜 28건이 되었다.

14 1827년(丁亥)분과 1843년(癸卯)분은 누락되었다.

15 이 문건은 연도별 간지 아래 누군가 서기 연도를 표기해 놓았다. 이에 근거하면 이 문건은 1954~1959년에 해당한다. 그러나 표지에 己未十月日補粧(1919)이라고 명시해 놓은 점, 제일 앞에 기록한 甲午二月二十日 참사자 명단에 1911년 「鎭民祠遺址碑閣丹雘記」를 지은 19대손 金弼華가 亞獻官으로, 1915년 「五土齋舍講堂上樑文」을 지은 20대손 金鎭聲

(1862~1933)이 陳設官으로 참여한 것 등을 참고하면 甲午가 곧 1894년임을 알 수 있다. 따라서 이 문건은 1894~1899년의 집사분정을 기록한 것이 분명해 보인다.

16 1908~1911년분은 누락되었다.

17 1920년 춘향, 1922년, 1925~1926년, 1929~1934년분은 누락되었다.

18 본문에 率奴란 표현이 있는 것으로 보아 丙寅年이 1926년 이전일 것으로 추정된다.

19 「展省錄第七」(박127)의 누락 부분으로 판단되며, 1930년 묘향은 누락되었다.

20 구체적인 연대를 특정할 수는 없으나 명단 아래 率奴, 率奴子, 率二奴 등과 같은 기록이 있는 것으로 보아 종을 거느리고 다닌 일제강점기 이전 시대 문서로 판단된다.

21 1962~1970년 춘향, 1974년 묘향~1975년 묘향은 누락되었다.

22 내용상 「謁廟錄第一」의 누락 부분에 해당하는 것으로 판단된다.

23 한국학중앙연구원에서 작성한 목록에는 '1924~1931년 오토재 방문자 명단'이라고 되어 있는데, 필자가 입수한 사진본에는 이런 내용이 자세하지 않았다. 추후 재확인이 필요하다.

24 전체 80건 가운데 내용 파악이 어려운 「時到錄」(박230)을 제외하여 79건이 되었다.

25 성명 다음 부분의 기록은 字, 생년, 거주지, 재임 순이다.

26 「五土山別廟享禮時事例」(박122), "鎭民祠 自毁撤之後移奉事 惜已極苟率 而廟門一閉 香火久闕 此固後承之所共齎○者也 自去年 諸宗合議 不得已斥賣本山左偏松楸 買得若干土田(松價及沓價 俱在當年文簿) 爲歲一裸薦之計 而事力不敷 儀文未備 然只以寓魯廟存羊之義 以竢後日云爾".

27 冠錢이란 冠者, 즉 성인의 誠金이란 의미로 판단되는데, 정확한 의미는 확인해 보지 못하였다.

28 한국학중앙연구원에서 작성한 목록에는 己酉年을 1909년으로 파악하였다. 그러나 1909년에는 이와 내용이 판이한 「秋享時文簿」(목록71)가 별도로 있다. 그리고 이 문건 秋收記에 기록된 전답 내용이 1848년 작성된 「五土山齋舍事例」(목록30)에 수록된 '本所田畓案'과 대동소이한 것으로 보아 이 문건의 己酉年은 1849년으로 보아야 마땅할 것으로 판단된다.

29 문서 뒷부분에 別所秋收記가 포함되어 있다

30 이 문건에 명시된 掌議 金永和가 1904년 鎭民祠遺墟碑閣丹靑 때 수고한 사람 명단에 들어 있고, 金溪輝가 1911년 鎭民祠遺址碑閣重修 때 都監을 맡은 사실로 보아 己酉年이 1909년이 분명한 듯하다.

31 이 문건은 지출 내역을 祭需條, 供士條, 祭需米條 등으로 구분 정리한 것이 특징적이다.

32 돈을 兩과 錢으로 표기한 것으로 보아 1912년(壬子) 이전 문건으로 판단된다.

33 돈을 兩과 錢으로 표기한 것으로 보아 1913년(癸丑) 이전 문건으로 판단된다.

34 齋舍宗會時와 邑會時로 구분되어 있는데, 특히 邑會時 내역이 상세하다.

35 支派·地域별 고액의 공동 성금 납부 내역을 기록하였다.

36 2월 13일 種松時, 3월 13일 宗會時, 8월 28일 기타 지출 등을 포함하였다.

37 支派·地域별 고액 성금 내역을 금액, 지역, 대표자, 날짜 순으로 기록하였다.

38 영천, 경산, 경주, 연일, 울산 지역 관련이다. 수납 방법을 안내한 通文과 慶北警務部長의 허가증이 첨부되었고, 개인별 주소, 代數, 성명, 자, 생년, 금액 순으로 기록하였다.

39 충청도, 전라도, 함경도, 강원도, 서울 지역 관련이다. 수납 방법을 안내한 通文이 있고, 기록 방법은 위의 박141과 동일하다. 그러나 금액이 적혀 있지 않은 것으로 보아 실제 수금은 하지 못한 듯하다.

40 황해도, 평안남도, 경기도 지역 관련이다. 수납 방법을 안내한 通文이 있고, 기록 방법은 위의 박141과 동일하다. 그러나 금액이 적혀 있지 않은 것으로 보아 실제 수금은 하지 못한 듯하다.

41 春享時用下記, 防川時用下, 廟位重修時用下, 齋沓執穗記, 墓享時用下記, 春享時文記, 測山時下記, 看坪時下記, 秋收記 등으로 구분 정리되어 있다.

42 뒷부분에 採松 수익금과 경비 내역을 종합적으로 정리해 놓았다.

43 賣松時滋用, 松楸下山時下記, 廟宇及講堂修理時入金記 등이다.

44 別所秋收記와 춘향 시 지출 내역을 포함하였다.

45 移越 곡물과 穀用, 금전 수입과 지출 내역으로 구분되어 있다.

46 도록은 전체 24건인데, 1959년의 춘향과 관련된 「五土齋都錄」(잔63), 추향과 관련된 「五土齋都錄」(잔64) 2건이 중복되어 이를 제외시킨 결과 22건이 되었다.

47 문서 제목에 文簿로 분명히 명시한 것은 21건인데, 1915년(乙卯) 「土齋松楸發賣時」(박199)를 여기에 편입시켜 22건이 되었다.

48 이 외에 1890~1894년 「五土山別廟享禮時事例」(박122)에 첨부된 秋收記·下記·文簿, 1917년 「春享時時到」(박215)에 첨부된 下記 등을 확인할 수 있다.

49 「五土齋春享時都錄」(박157)), 用下, "二圓十五錢 黃肉, 二圓八十錢 常魚四尾, 二圓五十五錢 靑魚二級, 二圓五十錢 北魚二桴, 三十錢 海衣三帖, 四十錢 造泡, 七十錢 藿, 五十錢 小蟹, 三十錢 菁根, 四十二錢 鷄卵, 十錢 南泡心, 十八錢 木箸二打, 二十六錢 葱, 二圓三十錢 盤一竹, 五十錢 硯匣, 一圓三十八錢 煙草, 十六錢 燒酒, 一圓十錢 酒半斗, 二圓四十二錢 齋長及掌議諸員邑來時, 一圓六十錢 市饒, 三圓七十九錢 林野稅 二期分, 七十錢 新舊齋長會時 川前, 八十錢 二月川前金溪通告時下人行資, 一圓二十錢 齋長馬貰, 五圓 齋長車費及歲儀, 六圓 兩任車費, 二圓 兩任行資, 一圓二十錢 兩任歲儀, 八十錢 兩任履價, 二圓三十八錢 致仙洞地稅二期分, 一圓六十錢 出文賓行資, 計四十七圓九錢".

50 「五土山齋舍重建時錢下記」(박135), 用下(4월), "四月十一日 一 兩三錢七分 三錢二分 厚紙一束五丈, 七錢六分 印札紙, 一錢六分 草筆一柄, 一 錢 封套紙. 卄二日. 七錢 草, 七錢六分 酒僉員. 卄三日. 四錢 知禮下人歸資, 五錢 龜尾任員歸資, 五錢 金溪任員歸資, 三兩 新塘任員來往資及馬鐵, 八錢 輞川奴馬歸資, 四兩 金谷任員來往資及馬鐵, 七錢五分 呂岩任員歸資, 四錢 酒下, 三錢 三月酒下推報, 一錢五分 輞川下人草鞋一件, 五錢 各處下人酒下, 七錢二分 酒下 申請書寫時. 卄四日. 六錢 朝酒下, 四錢 金谷任員酒下 歸時僉員, 八錢五分 芝禮任員藥價, 二兩五錢 草紙五卷, 七錢五分 葉書紙十丈, 五錢八分 午酒下, 一錢五分 下人午料. 卄五日. 三錢六分 朝酒下, 一兩 圖章二介, 七錢二分 午酒下. 卄六日. 一兩二錢三分 酒草下, 二錢 開日任員午料, 三錢六分 酒下. 卄七日. 二錢四分 酒下朝, 三錢三分 下人朝午饒, 一錢八分 酒下, 五錢 榮川一員歸資, 五錢 草. 卄八日. 四錢 酒下朝, 三 錢七分 下人朝午

饒, 一兩五錢九分 僉員午饒, 四錢三分 酒下. 廿九日. 三錢四分 朝酒下, 六錢七分 午前酒下 請願時, 九兩 馬粥三十桶 前後合, 一兩一錢二分 川前芝禮歸時僉員酒下, 二兩五錢 芝禮任員來往資及馬鐵, 二兩五錢 川前任員來往資及馬鐵, 二錢四分 夜酒下, 三錢六分 午後酒下, 一兩 代書人勞下推報, 五兩六錢 馬粥十二桶, 二兩五錢 輞川任員來往資, 一兩五錢 杜洞任員來往資, 二十七兩五錢 代書人年料. 已上合八十五兩三錢九分".

51 전성록 8종 중 「展省錄第三」(박124)에는 집사분정 기록이 없다. 1754년부터 1771년까지 2월 춘향과 8월 추향 참사자 명단만 기록하였을 뿐이다.

52 1827년(丁亥)분과 1843년(癸卯)분은 누락된 상태이다.

53 1908~1911년분은 누락되었다.

54 1920년 춘향, 1922년, 1925~1926년, 1929~1934년분은 누락되었다.

55 「展省錄第七」(박127)의 누락 부분에 해당하며, 1930년 묘향은 누락되었다.

56 1962~1970년 춘향, 1974년 묘향~1975년 묘향은 누락되었다.

57 「備三望」 2건의 1977~1984년은 연도와 내용이 모두 중복된다.

58 1918~1937년 집사분정을 기록한 「奠省錄第七」에는 이 내용이 들어 있지 않다.

59 「詹事公神道立石告由時執事」(박209)와 동일한 내용의 이본이다.

60 1956~1984년 집사분정을 기록한 「奠省錄第九」에는 이 내용이 들어 있지 않다.

61 독립 문건이 아니라 「奠省錄第五」(박126) 앞부분에 수록되어 있다.

62 독립 문건이 아니라 「孜往錄」 속에 수록되어 있다.

63 독립 문건이 아니라 「孜往錄」 속에 수록되어 있다.

64 독립 문건이 아니라 「孜往錄」 속에 수록되어 있다.

65 「五土山別廟享禮時事例」(박122), "一 別廟享禮 以每年三月上丁恒定事, 一 廟享祭需 依舊例 生薦事 牲代鷄, 一 享祀時齋儒 不必出文 自各村各送一員事(川前 金溪 龜湖 開日 中沙村 西面), 一 各村送一員資斧 自其各村辦備 無待貼契本所事, 一 齋儒一員定式外 雖有來參者 勿許支供事, 一 齋儒二宿料 自享禮所擔當事, 一 三任 以齋舍有司遵行事, 一 都有司往來資斧 遠地則以參兩爲定 近地則或壹兩或伍錢恒定事, 一 別廟所秋收 每年惕念看檢 各成文簿 於享禮時照勘 而以其贏餘 別般拮据 無得混入本齋都錄事, 一 享禮齋罷後 三任以下 各自發歸 無得留連貼契事".

66 金宇顒이 본 비문을 작성한 시기가 1577년 무렵임을 감안하여 추정한 결과이다.

67 비문에 "이제 吏部가 同宗 제현과 함께 비를 세워 이를 기록하게 하니[今吏部與同宗諸賢立石以識之]"란 표현이 있다. 여기서 吏部는 立石을 발의한 金璡(1500~1580)의 아들 金誠一이 吏曹郎으로 있었음을 가리키는데, 김성일은 1576년 봄에 이조좌랑, 1577년 겨울에 이조정랑을 역임하였다. 이런 사실을 감안하여 1577년 무렵 작성한 것으로 추정하였다.

68 비문에 "1802년 진민사에서 대동보 편찬을 마친 뒤 중수를 결정하였다. …… 5년 뒤인 1807년(정묘) 2월 일을 시작하여 5월에 마쳤다."는 기록이 있다. 이를 근거로 작성 연도를 추정하였다.

제4장

# 의성 진민사의 역사문화적 가치와 의례적 성격

—

김미영

## 1. 사우의 성격과 특징

사우(祠宇)는 선사(先師)와 선현(先賢)의 영정을 모셔 둔 신라·고려시대의 '사묘(祠廟)'에 연원을 두고 있는 것으로 알려져 있다. 그리고 이러한 제향 기능을 갖춘 '사(祠)'와 기존의 교육장소로 이용되던 '재(齋, 書齋)'가 결합되어 서원이 탄생했다고 한다.[1] 물론 서원의 기원을 통일신라시대의 태학에서 찾을 수도 있지만, 서원에서는 성리학을 탐구한다는 점을 감안할 때 주자학이 전래된 고려 말 이후부터 설정해야 할 것이다. 이와 달리 사우는 성리학이 도입되기 이전부터 있어온 신라·고려시대의 선현숭배사상에 기반하여 건립된 것으로 전한다.[2] 사우는 영당(影堂)·향현사(鄕賢祠)·세덕사(世德祠)·향사(鄕祠)·이사(里社)·생사당(生祠堂)·영전(影殿) 등의 별칭으로도 불리고 있다.

그런가 하면 서원이 강학과 제향의 기능을 동시에 갖고 있는 반면에 사우(祠宇)는 제향 기능이 두드러진다고 할 수 있다. 사우의 주된 건립 목적은 귀감적(龜鑑的) 인물의 제향을 통한 향촌교화이다. 즉 서원의 경우 성성(成聖)과 성현(聖賢)이 되는 것을 목표로 그 학덕을 기리고 학업에 전념하기 위해 사당을 건립했다면, 사우는 이른바 사현(祀賢)의 종교적 의미만을 지니고 있는 셈이다. 이와 관련하여 다음의 기록이 전한다.[3]

> 경외(京外)를 막론하고 도덕과 절의가 있는 자(者)는 원근의 유생들이 발의하여 사재(私財)를 털어 생로지향(生老之鄕)이나 장리지지(杖履之地)[4]에 원(院)·사(祠)를 세워 제사를 지냈다.

위의 내용은 박문수가 영조에게 올린 상소문으로, 사우에서는 '행의절렬(行誼節烈)', 곧 충절의 인물을 제향함으로써 향촌교화의 목적을 달성하고자 했음을 알 수 있다. 이에 반해 서원은 도학연원(道學淵源)·학문종사(學問宗師)·공적위국(功積爲國)·사절지충(死節之忠)·인륜추사표(人倫追師表) 등의 부합 여부를 가려 제향 인물을 선정했는데,[5] 그중 학문적 업적을 가장 우선하였다. 이처럼 제향 인물의 성격과 제향 목적에서도 나타나듯이, 사우는 '지역 중심적 의례공간'인 반면에 서원은 '인물(학자) 중심적 의례공간'이라고 할 수 있다. 하지만 종법의 정착에 따라 문중의식이 고조되면서 지역성보다는 혈통성이 강화된 사우 건립이 활발해지기 시작한다. 즉, 17~18세기 이후 재지사족들은 향촌에서의 지위 유지를 위해 결속력을 강화할 필요가 있었고,

이때 문중의 본관지(本貫地)나 입향지 등에 시조(혹은 현조顯祖)를 모신 사우를 건립했던 것이다. 이와 더불어 당초 지역민들에 의해 건립·운영되었던 사우 또한 가문의식이 강해지는 후대로 갈수록 특정 문중 중심의 운영 체제로 전환되는 경우가 적지 않았다.

이 연구는 크게 두 가지 목적에서 수행되었다. 첫째는 의성김씨 문중사우인 진민사(鎭民祠)의 건립 배경과 목적을 고찰하는 것이다. 특히 진민사의 건립 과정과 이후의 운영 등에서 향촌사회와 의성김씨 문중이 수행한 역할을 살펴봄으로써 진민사의 역사문화적 가치를 조명할 수 있을 것으로 생각한다. 둘째는 진민사 제향의 의례적 성격을 살펴보는 것이다. 즉, 사우로서의 진민사 제향은 향교의 석전(釋奠)과 서원의 향사에 비해 어떠한 의례적 성격을 갖고 있는지를 비교·고찰함으로써 진민사 제향의 특징이 드러날 것으로 기대한다.

## 2. 진민사의 역사문화적 변천 과정

진민사(鎭民祠)는 의성군 사곡면 토현리 오토산(五土山)에 자리하고 있다. 제향 인물은 의성김씨 첨사공(詹事公) 김용비(金龍庇)로, 신라 경순왕의 아들이자 의성김씨 시조인 김석(金錫)의 9세손이다. 대부분의 성씨들이 그러하듯이 의성김씨 역시 상계(上系) 인물에 관한 정보가 거의 남아 있지 않다. 이런 이유로 그나마 역사적 기록이 전하는 김용비를 실질적인 시조로 받들고 있는데, 아쉽게도 그의 정확한 생몰과 행적은 알려진 바가 별로 없다.

### 1) 지역 공묘(公廟)로서 건립

김용비의 생몰에 관해서는 두 가지 설이 있다. 첫째는 고려 명종(재위 1171~1197) 때의 인물이라는 것이고, 둘째는 충렬왕 김방경(金方慶, 1212~1300)의 증손녀가 김용비의 증손부(曾孫婦)이므로 김방경과 비슷한 연령대일 것이라는 설이다. 이와 관련해 그의 행적을 둘러싼 두 편의 기록이 전한다.

> 우리의 시조이신 고려 태자첨사부군(太子詹事府君) 휘(諱) 용비공(龍庇公)의 묘소는 경상도 조문현(召文縣, 의성)의 남쪽 오토산 동향의 산등성에 있다. 부군이 백성들에게 큰 공덕이 있었음을 현인(縣人)들이 오래도록 감히 잊지 못하여 그곳에서 나무를 한다거나 우양(牛羊) 치기를 금하고, 또 현중(縣中)에 사당을 세워 제사를 드리기에 감히 경건히 하지 않음이 없었고, 경내에 있는 노비들에게는 관가에서 그 요역(徭役, 부역)을 면제하여 제사를 받들게 하였으니 이같이 한 것이 수백 년이 되어 하나의 고사(故事)로 되었다. 정덕(正德, 1506~1521) 연간에 모재 김안국이 이곳의 관찰사로 부임하였으니 부군(府君)의 아우인 용필(龍弼)의 후손이었다. 선생이 부임한 뒤 그 일에 감격하고 그 풍속을 아름답게 여겨 조세를 면제하라는 분부를 내리니 이로부터 고을 사람들이 받들기를 더욱 정성스럽게 하였다. 만력 5년(1577)에 부군의 후손 이조좌랑 성일(誠一)이 자손들에게 고하여 각기 재력을 내서 묘소 앞에 비석을 세우려고 하였다. 그 일을 시작한 지 얼마간의 시간이 지나 일이 마무리되자 전(前) 부교리(副校理) 우옹(宇顒)으로 하여금 그 일을 기록하여 비석에 새겨 넣도록 하였다.[6]
>
> — 첨사공 묘비문

백성들에게 큰 공덕(功德)이 있어 읍인(邑人)들이 사당을 세워 제사를 받들었는데, 정덕(正德) 연간에 모재 김안국이 이곳의 관찰사가 되었다가 그 일에 감동하고 그 풍속을 아름답게 여겨 그들에게 부역을 면하게 하는 명령을 베풀고 진민사(鎭民祠)라고 묘호(廟號)를 붙여서 해마다 봄과 가을의 중월(仲月)에 제수(祭需)를 관가에서 마련해 주어서 제사를 받들게 하였다.

—『문소지(聞韶誌)』[7]

첫 번째 기록은 1577년에 김용비의 11대손인 동강(東岡) 김우옹(金宇顒, 1540~1603)이 작성한 묘비문이고, 두 번째 기록은 『문소지(聞韶誌)』에 실려 있는 내용이다. 『문소지』는 목은 이색의 자손인 음애(陰崖) 이자(李耔, 1480~1533)가 의성 현령으로 부임해 와서 편찬한 것으로 알려져 있다. 그런데 『문소지』에 등장하는 모재(慕齋) 김안국(金安國, 1478~1543)은 1517년에 경상도 관찰사로 부임했고, 음애 이자는 1505년 무렵에 의성현령으로 오게 된다. 따라서 『문소지』에 실린 모재 김안국의 행적은 시기적으로 볼 때 부합하지 않는다. 이와 관련해 주목되는 점은 이자가 편찬한 『문소지』의 원본은 전하지 않고, 서문만 남아 있다는 사실이다. 상세 내용을 1656년에 난재(懶齋) 신열도(申悅道, 1589~1659)가 편찬한 『문소지』의 발문을 통해 살펴보기로 하자.[8]

문소(聞韶)를 현(縣)으로 삼은 것은 신라 때가 처음이다. 상하(上下)로 이어져 수천 년을 살았으니 아름답고 기이한 자취가 가히 전할 만하다. 그러나 오직 승람(勝覽, 『동국여지승람』)에만 실려 있고, 그 외에는 전하는 것이 없다. 정덕(正德) 병인(丙寅, 1506, 중종 1)에 음애(陰厓) 이자(李耔) 공(公)이 의성현령으로 와서 처음으로 지지(地誌, 邑誌)를 찬술하였다. 그 서문이 당시의 것이라고 생각하는 까닭은 여러 고을에 도적(圖籍)이 남아 있어 살펴볼 수 있기 때문이다. …(중략)… 다만 서문 몇 줄만이 있을 뿐, 글자가 많이 누락되어 살펴보기 힘들다. 가히 애석하도다! 나는 일찍이 선사(先師) 여헌(旅軒) 장현광(張顯光) 선생을 모셨는데, 선생께서 말씀하시기를 "소주(韶州, 의성)에는 옛날부터 지지(地誌, 邑誌)가 없었다네. 내가 일찍이 편찬할 뜻이 있었지만 이루지 못했다네. 자네가 그것을 계획한다면 가히 권선징악을 갖추게 될 것이네."라고 하셨다. 아아! 이는 선사(先師)의 가르침이요, 곧 음애(陰厓) 서문의 뜻이다. 드디어 참판(參判) 이민환(李民寏) 공(公)과 찬집(纂輯)을 의논하였으나 불행하게도 이 공이 세상을 떠났다. 나는 지금까지 이러한 뜻을 망령되이 마음에 두고 있었다. 기록도 찾아보고 구전으로 내려오는 이야기도 수집하고 또 선배들이 남긴 글을 참고하여 책 한 권을 엮었으나, 아직도 많은 부분이 거칠고 엉성하다. 그러다 보니 두려움이 많아 감추어 둔 채 감히 드러내 놓지 못한 것이 여러 해다. 지금(1655년경) 안응창(安應昌) 후(侯)는 유림의 명망이 있어 우리 고을에 수령으로 와서 선한 풍속을 만들기를 힘썼다. 일찍이 나에게 옛날의 흔적을 물어오니, 내가 음애(陰厓) 서문의 뜻을 설명하고 선사(先師)가 애써 부탁한 뜻을 말하면서 초본(草本)이 마무리되지 못한 사실을 알렸다. 후(侯, 안응창)가 탄식하면서 글을 엮어 마무리하도록 하였다. 이미 수차례 사양했으나 허락받지 못하였다. 이에 흩어진 자료를 다시 수습하였다. …(후략)…

숭정병자(崇禎丙子, 1636) 21년 병신(丙申, 1656) 겨울
아주(鵝洲) 신열도(申悅道)가 의성현 서쪽 단구(丹丘)의 시골집에서 삼가 쓰다

신열도는 학봉 김성일의 셋째 아들인 김꾕(金浤)의 사위이다. 아마도 이런 인연으로 스승 장현광은 그에게 『문소지』의 편찬을 권유했을 것으로 생각한다. 위의 내용을 보듯이 그는 음애 이자가 남긴 서문을 토대로 1656년에 『문소지』를 저술했으며, 김용비에 관한 기록 또한 이때 수록되었을 가능성이 높다. 이처럼 김용비에 관한 내용은 1577년에 동강 김우옹이 작성한 묘비문에 실린 것이 시기적으로 앞서는 셈이다. 아무튼 이를 바탕으로 김용비의 행적을 정리해 보면 '고려 명종 때의 인물로 당시 의성에 거주했으며 큰 공적을 세움으로써 향촌민들의 추앙을 받아 왔다.'라고 요약된다. 그런데 아쉬운 점은 그가 세운 공적에 대한 정보가 명확하지 않다는 사실이다. 김우옹 역시 "안타깝게도 문헌이 온전히 갖추어지지 않아 고증할 곳이 없으니 우리 시조께서 백성들에게 능히 대재(大災)를 막았던 것이 무슨 일이며, 능히 대환(大患)을 막았던 것이 무슨 일이었는지 알지 못하겠다."라고 아쉬움을 드러낸 바 있다. 그러는 한편, 일부 자료에서는 김용비가 세운 공적을 '홍건적의 난'으로 기재하고 있기도 하다. 그런데 홍건적이 침입한 것은 공민왕 때인 1360년대로, 김용비가 활동했던 시기와 150년 정도 시차가 난다. 따라서 이에 대해서는 세밀한 고증이 필요할 것 같다.

김용비가 올린 공적은 당시의 시대적 배경을 통해 약간의 정보를 얻을 수 있다. 고려 명종 전후의 시기는 문신 우대 정치에 불만을 품은 무신들이 무력을 앞세워 정권을 쟁탈하던 때였는데, 이는 고려 원종(재위 1259~1274)까지 지속되었다. 특히 명종 때는 문신 대살육과 의종의 폐위로 정권을 장악한 무신들이 그야말로 피비린내 나는 보복정치를 행하던 시기이기도 했다. 그러다 보니 국가질서가 붕괴되어 전국 각지에서 대규모 민중봉기와 토적(土賊)이 빈번하게 일어났는데, 이때 김용비가 난적(亂賊)을 다스리는 공로를 세운 것으로 보인다. 이에 따라 조정에서는 그를 추절보절공신(推節保節功臣) 의성군(義城君)에 책봉했으며, 벼슬은 금자광록대부(金紫光祿大夫) 태자첨사(太子詹事)에 올랐다. 이후 의성 지역 읍민들은 자신들을 위기에서 구해 준 김용비를 위해 사당을 건립하여 공적을 추모해 왔던 것이다.

이처럼 당시 김용비가 세운 공적은 향촌 공동체를 넘어 국가의 위기를 구한 것이므로 그를 위한 추모 공간 조성을 공적(公的) 차원에서 논의했을 가능성이 높다. 이는 그의 사당(진민사)이 개별 문중의 소유지가 아니라 지역의 공적 영역인 읍내(邑內)[9]에 건립되었다는 점을 통해서 확인할 수 있다. 아울러 1807년에 진민사를 중수하면서 작성된 귀와(龜窩) 김굉(金坊, 1739~1816)의 「진민사중수기(鎭民祠重修記)」[10]에도 이러한 사실이 잘 드러나고 있다.

> 진민사는 본래 읍인(邑人)들이 세운 것으로 자손들의 사묘(私廟)와는 크게 다른데, 중간에 무슨 연유로 자손들이 향사를 주관하게 되었는지 알지 못하겠다. 최근에 천전(川前)에서 종의(宗議)를 모아 반드시 향중(鄕中)에 되돌려 주고 자손들은 다시 맡지 않도록 하고자 하니 이 의논이 참으로 옳다.

위의 내용과 같이 후손들 역시 선조의 사당이 문중 차원에서 건립된 사묘(私廟)가 아니라는 점을 강조하고 있다. 이로 볼 때 사우에 제향된 대다수의 인물들은 개별 가문의 현양(顯揚)을 위한 조상에 국한된다는 기존의 지적[11]과 달리, 김용비는 사회적으로 존경받을 만한 공적을 인정받아 향촌민들의 공론에 따라 추모된 경우라고 할 수 있다.

### 2) 문중 사묘(私廟)로의 전환

김용비의 공적을 기리기 위해 세워진 사당의 정확한 건립 연대는 알 수 없으나, 1517년 모재 김안국이 경상도 관찰사로 부임했을 때 사당의 쇠락을 안타까워하면서 '진민사(鎭民祠)'라는 편액을 내린 뒤 봄과 가을의 중월(仲月)에 관아에서 제수(祭需)를 제공하여 향사를 지내도록 했다는 기록이 전한다.[12] 따라서 이로 볼 때 진민사는 적어도 1400년대에 세워진 것으로 추측된다.

김안국이 사당을 정비하고 나서 60년이 지난 1577년에는 김용비의 10대손인 청계(青溪) 김진(金璡, 1500~1580)의 발의에 의해 묘비(墓碑)가 건립되는데, 비문(碑文)은 11대손 동강 김우옹이 작성한다. 그런데 당시 김진은 78세의 고령이었던 관계로 그의 넷째 아들 학봉(鶴峯) 김성일(金誠一, 1538~1593)이 실질적인 역할을 수행한다. 청계 김진은 안동 임하면 내앞마을[川前]에 위치한 청계 종가의 시조이다. 그의 조부 김만근(金萬謹, 1446~1500)은 임하현 일대에 상당량의 토지를 소유하고 있던 해주오씨 오계동(吳季潼)의 사위가 되면서 처가 터전에 정착한 것으로 알려져 있다. 이후 김만근의 차남 김예범(金禮範, 1479~1540)이 임하현에서 지금의 종택 자리로 옮겨 왔는데, 그의 장남이 바로 김진이다. 그는 내앞 의성김문을 크게 일으킨 중흥조로 추앙되고 있는 인물이다. 생원시에 합격한 후 성균관에서 잠깐 과거를 준비한 적도 있으나 도중에 단념하고 고향으로 돌아와서 서당을 세운 뒤 후학 양성에 힘을 쏟아 면학 기틀을 다지는 한편, 탁월한 치산이재로 내앞 의성김씨의 경제적 기반을 다지는 데도 크게 기여하였다. 특히 내앞마을에서 약 150리 떨어진 영양 청기의 황무지에 24만 평 규모의 농장을 개척했으며 강원도 강릉 금광평에는 150만 평의 광활한 토지를 개간하기도 했다. 김진은 자녀 양육에도 남다른 면을 보여 약봉(藥峯) 김극일(金克一)·귀봉(龜峯) 김수일(金守一)·운암(雲巖) 김명일(金明一)·학봉 김성일·남악(南嶽) 김복일(金復一) 등 아들 5형제 가운데 3명이 대과에 급제하고 2명이 소과에 합격하였다. 이런 이유로 이들 5형제는 지역사회에서 천전오룡(川前五龍)이라 불리고, 청계 종가는 오자등과댁(五子登科宅)이라는 영예로운 별칭을 얻게 되었다.

청계 김진과 학봉 김성일이 활동했던 16세기는 유교적 이념에 바탕을 둔 가문의식이 자리 잡기 시작했던 시기로, 김진이 아들 교육에 힘쓰고 경제적 기반을 구축하고자 했던 이유도 가문의 정체성을 수립하여 그 위상을 제고하기 위함이었다. 실제로 그는 자녀 교육에서 존조중종(尊祖重宗)의 도리를 특별히 중시한 것으로 알려져 있다. 평소 자녀들에게 "집안이 흥성하느냐 몰락하느냐는 반드시 조상제사를 지내는 데서 시작되는 법이다. 어찌 조상제사를 공경히 지내지 않으면서 복을 누리는 경우가 있겠는가."라는 말을 자주 하곤 했다.[13] 그런가 하면 가문의식은 문중의식-본관의식으로 확장되는 것이 일반적 경향인데, 김진 역시 이러한 연장선에서 중시조 김용비의 묘비 건립을 추진했을 것으로 보인다. 아울러 김성일은 1568년에 문과에 급제하여 승문원 정자·사간원 정언·이조좌랑을 역임했으며, 1577

년 1월에는 선조의 특명을 받아 사은사(謝恩使) 서장관(書狀官)의 신분으로 명나라를 다녀왔다. 따라서 시기적으로 볼 때 그는 명나라를 다녀온 후 아버지 김진의 명을 받고 묘비 조성에 참여한 것으로 추측된다. 이처럼 김진이 중시조의 묘소 정비를 추진하게 된 이유는 자신의 아들 3형제가 대과급제를 하고 또 넷째 아들 김성일이 크게 현달한 것과 무관하지 않다. 즉, 아들들의 영예로 인해 그동안 자신이 추진해 왔던 가문의 위상 정립이 충분히 달성되었다고 판단한 그는, 가문의 정체성을 뒷받침해 줄 혈통의 근원에 관심을 가지게 된 것이다.

청계 김진으로부터 시작된 혈통의 정통성 찾기는 이후에도 계속된다. 1656년에는 의성현령이었던 안응창(安應昌, 1603~1680)이 김용비의 묘소 주변에 재사(齋舍)를 건립하여 매년 10월 초하루에 회전(會奠)을 거행하도록 했으며, 의성읍내 관아 뒤편의 도로변에 자리하고 있던 진민사를 지금의 유지비(遺址碑)가 세워져 있는 관아 동쪽으로 이건하여 재실과 주사(廚舍) 그리고 위토를 마련하는 등 향사 거행을 위한 기반을 조성하였다.[14] 이건 당시에는 사당 3칸, 신문(神門) 3칸, 강당 2칸의 규모였으며, 강당의 동서쪽으로 각각 1칸의 협실과 그 아래로 전수(典守)와 포주(庖廚) 3칸을 마련하였다. 한편 안응창은 순흥안씨 안향(安珦)의 14세손으로, 김용비의 외후손이기도 하다. 당시 상황에 대한 기록으로 학사(鶴沙) 김응조(金應祖, 1587~1667)가 작성한 「진민사이건기(鎭民祠移建記)」가 전하는데, 그는 학봉 김성일의 셋째 아들 김광의 맏사위이다. 따라서 1656년에 간행된 『문소지』의 편찬자 신열도(申悅道, 1589~1659)와는 동서 간이 되는 셈이다. 다음은 「진민사이건기」의 내용 일부이다.[15]

> 묘소 앞에는 석물(石物)과 향화(香火)가 갖추어지질 못했고, 영령(英靈)을 받드는 사당은 사방으로 난 길 가운데 있어서 말발굽과 수레바퀴 소리가 어지러워 신령을 편히 모실 수 있는 장소로는 적합하지 못함이 분명하였다.

내용을 보듯이 1577년에 청계 김진이 묘비를 건립했으나 여전히 묘소 주변은 정비되지 않은 상태였으며, 또 읍내 대로변의 어수선한 주변 환경으로 인해 향사를 거행하기에는 적합한 장소가 아니었음을 짐작할 수 있다. 이후 1749년에는 16대손 김우겸(金宇謙, 1682~1760)이 중심이 되어 사당과 재실 등을 중수하고, 위토를 추가로 구입하였다. 당시 16대손 와계(臥溪) 김성흠(金聖欽, 1682~1757)이 「진민사중수기」를 작성했는데, 내용을 요약하면 다음과 같다.[16]

> 진민사는 수백 년이나 오래되어 재우(齋宇)가 기울고 무너졌다. 예산이 모자란 탓에 춘추의 제향과 한 해의 묘사(墓祀)를 갖추어 행할 수가 없었고, 여러 자손들은 사방에 흩어져 일을 맡아 볼 사람이 없으니 멀고 가까이서 보고 듣는 사람들이 마음속으로 슬피 탄식하지 않는 이가 없었다.

앞서 1656년 의성현령 안응창에 의해 이루어졌던 중수작업으로부터 약 100년이 흐른 상황이다. 내용을 보듯이 체계적인 관리 체제가 정비되지 않은 탓에 건물의 쇠락이 심각했으며, 또 춘추향사와 묘사가 안정적으로 거행되지 않았음을 알 수 있다.

그런데 1770년 무렵에는 갑작스런 화재로 인해 재사(齋舍)가 잿더미로 변해 버렸다. 이에 18대손 김상옥(金相玉)과 16대손 송고(松皐) 김용익(金龍瀷)의 주도 아래 개최된 문중회의에서 후손들을 대상으로 1만 2천 냥의 성금을 모으자는 의견이 제시되었다. 그 결과 원래의 위치에서 십여 리 떨어진 곳에 25칸 규모로 재사를 증축했는데, 이때 추원당(追遠堂) 4칸, 사경당(思敬堂) 2칸, 방 8칸을 비롯해 주사(廚舍)와 창고가 추가되었다. 참고로 김상옥은 학봉 김성일의 후예이고, 김용익은 1656년 진민사를 이건할 때 중심적 역할을 수행한 12대손 김탁의 현손(玄孫)이다. 당시 대산(大山) 이상정(李象靖, 1711~1781)은 「오토산재사중수기(五土山齋舍重修記)」에서 다음과 같이 밝히고 있다.[17]

> 재사(齋舍)가 오래되었고 또 화재의 액운을 당하여 기울고 무너지기가 심하였다. 후손 상옥(相玉) 군과 용익(龍瀷) 군이 전대의 뒤를 이어 이를 중수할 뜻을 두고 종중의 의논에 부쳐 1만 2천 전(錢)을 얻어 광언(光彦), 우용(遇龍), 광재(光載)에게 그 일을 맡게 하였다.

대산 이상정은 안동 내앞마을 운천(雲川) 김용(金涌)의 외후손이다. 그는 "먼 조상은 사람들이 잊기 쉬운 바인데, 능히 추모하는 것은 두터움이 지극한 것이다."라며, 몇 백 년이 지난 선조의 넋을 지속적으로 기리는 의성김문의 숭조의식을 높이 평가하고 있다.

1807년에는 『임술보(壬戌譜)』를 간행하고 나서 남은 예산으로 이식(利殖)을 늘려 사당과 신문(神門) 등을 중수했으며, 전사청(典祀廳)을 신축하였다. 당시 18대손 귀와 김굉이 작성한 「진민사중수기」가 전한다.[18]

병신(丙申, 1656)으로부터 152년의 세월이 흐르는 사이에 재사가 손상되어 무너지고 물이 새서 거의 견뎌 낼 수가 없었다. 1802년에 여러 종친이 본사(本祠)에서 대동보를 편수(編修)했는데 그 일을 마치면서 본사를 중수하기로 결정하였다.

1656년에 시작된 최초의 중수 작업으로부터 152년이 흐르고 보니 건물의 쇠락이 심각한 상황에 이르렀는데, 족보를 편찬하는 과정에서 이 문제가 제기되어 중수를 결정하게 되었다는 내용이다. 또한 의성김씨 족보의 편수 작업이 행해진 '본사(本祠)'란 오토재 강당을 일컫는데, 이는 결국 진민사가 지역 차원의 공적(公的) 영역으로부터 문중 차원의 사적(私的) 영역으로 전환되었음을 시사하는 것이라고 할 수 있다.

이후 약 40년이 지난 1850년에는 건물 대부분이 퇴락하여 허물어지는 상황이었으나 재정 마련이 여의치 않아 쇠락이 가장 심한 사경루(思敬樓)를 중수하였다. 다음은 20대손 김명수(金明壽)가 작성한 「사경루중수기(思敬樓重修記)」의 내용 일부이다.[19]

오랜 세월을 지나는 동안 기둥과 들보가 무너져 우리의 모든 종족들의 근심과 탄식거리가 된 지 오래였다. 그러나 아직까지도 일을 맡아서 힘쓸 사람이 없으니 이는 정성이 모자라서가 아니라 힘이 넉넉하지 못해서 그럴 뿐이다. 올 봄에 명수(明壽)가 재임(齋任)을 맡아 종중(宗中)에 이르기를 "재료(齋寮)의 일은 너무 벅차서 감히 손을 댈 수 없지만 가장 급한 것이 사경루(思敬樓) 3칸이니 어찌 이를 먼저 도모하여 뒷날에 개수(改修)할 바탕을 삼지 않겠는가?" 라고 하니 모두들 "그렇다!"라고 하였다.

내용을 보듯이 수차례에 걸친 중수에도 불구하고 건물의 퇴락이 심각한 수준에 달했다는 것은 그동안 자금 문제로 인해 대폭적인 중수가 이루어지지 않았음을 말해 준다. 그런 가운데 1868년에는 서원철폐령으로 인해 의성 읍내에 자리하고 있던 진민사가 헐리면서 지금의 오토산으로 이건하게 된다. 이와 관련해 21대손 척암(拓庵) 김도화(金道和, 1825~1912)가 작성한 「오토산별묘상량문(五土山別廟上樑文)」이 전하고 있다.[20]

오토산 묘소의 산등성 그윽하고 깊은 곳을 정하니 실로 문소현(聞韶縣) 맑은 정기가 맺힌 곳이다. 금성산 한 줄기의 산세는 용이 날고 봉황이 춤추는 듯하니 누가 이 체세(體勢)를 둥근 고리 같다 아니하랴? 천 년의 묘도(墓道)에 선 비석은 거북이가 엎드리고 용이 꿈틀거리는 듯하니 완연히 묘소가 여전히 무고함을 보겠도다.

이처럼 서원철폐령에 의해 김용비의 묘소가 자리한 곳으로 진민사를 이건함으로써 이른바 의성김문의 오토산 시대가 열리게 되었다. 이로부터 약 20년이 지난 1890년에는 진민사가 자리했던 읍내의 옛터에 유지비(遺址碑)가 세워졌다. 당시 22대손 서산(西山) 김흥락(金興洛, 1827~1899)이 「진민사유지비음기(鎭民祠遺址碑陰記)」를 작성했고 21대손 척암 김도화는 「진민사유허비각기(鎭民祠遺墟碑閣記)」를 지었다.

> 불행히도 수십 년 전에 서원철폐령에 함께 휩쓸려 남은 것이 없게 되었으니 천 년토록 우러르고 사모했던 곳이 하루아침에 폐허가 되어 지나가는 사람들의 마음을 아프게 하였다. …(중략)… 세월이 이미 오래 지남에 이목(耳目)이 점차 멀어져 서리와 이슬에 적셔지게 되고 밭 가는 쟁기에 침범을 당하게 되니 무너진 주춧돌과 담장에서 비록 어렴풋하게나마 옛 자취를 살피고자 하나 볼 수가 없게 되었다. 장차 무엇으로써 고을 사람들의 마음을 위로하고 자손의 무궁한 감회를 깃들일 것인가?[21]

> 사당은 몇 년 전에 서원철폐령으로 일제히 헐려 건물이 폐허가 되었다. …(중략)… 이로부터 지킬 사람이 없고 거칠어진 폐허가 눈앞에 가득하여 나무하고 꼴 뜯는 이가 제사를 드리던 장소에 어지러이 들어가고 밭 갈고 쟁기질하는 이가 상설(象設)의 유허에 이르러 길을 가는 나그네로 하여금 자주 그 자리를 가리키면서 탄식하고 차마 떠나지 못하게 함이 있었다. …(중략)… 이는 마땅히 우리 종중의 군자들이 두려워하면서 근심하고 애통해하면서 상심하여 수습하고 보호할 바를 도모하여 진민사의 자취가 사라져서 살필 것이 없어지지 않도록 해야 할 것이다.[22]

위의 내용을 보면 서원철폐령으로 인해 오토산으로 사당을 이건했지만, 아마도 건물 일부는 예전의 자리에 그대로 남아 있었던 것 같다. 그리하여 선조의 자취가 깃든 장소가 폐허로 변해 가는 것이 안타까워 유지비(遺址碑)를 건립했다는 내용이다. 하지만 비각을 세우던 해에 흉년이 들어 미처 단청을 입히지 못했다.[23] 그러다가 1904년에 비로소 단청을 입혔으며, 1911년에는 비각을 새로이 중수하였다.

그런데 1915년에 또 다시 화재의 변고를 만나 건물 전체가 소실되는 아픔을 겪었다. 이에 종중에서는 전국의 후손들에게 「오토재중건통문(五土齋重建通文)」을 돌리게 된다.[24]

> …(전략)… 운수와 복조(福祚)가 불행하여 화신(火神)이 재앙을 고하게 됨에 16칸의 천 년 재사(齋舍)가 하루아침에 불타 버리고 남은 것이 없게 되자 놀랍고 두려움은 진실로 모든 자손들이 타고난 천성에서 느끼는 바이지만, 거듭 새로 세우기는 하루 만에 할 것이 아니고 혹 기간이 늦어질 수도 있다. 그러한즉 두루 생각하고 헤아려 이 일을 도와서 이룰 방법을 도모하지 않을 수 있겠는가? …(중략)… 아! 나무가 근본이 없으면 어찌 가지가 자라날 것이며, 물이 원천(源泉)이 없으면 또한 어찌 냇물을 이루겠는가? 지금 우리 의성김씨가 면면히 신라, 고려, 조선의 삼국을 지내 오면서 전국에 널리 퍼져서 살고 있는 이들이 누구인들 선조의 깊은 근원으로부터 기운을 받아서 태어나지 않았겠는가? 그런데 만약에 능히 정성을 다하여 추모하고 보답하지 못하여 제사를 받드는 소중한 곳을 불타고 남은 잿더미 가운데 내버려 둔다면 선조의 영령(英靈)이 어찌 기꺼이 '나에게 훌륭한 후손이 있다.'라고 여기시겠는가? 우리 자손들로서 어찌 이런 일이 있을 수 있겠는가? 가까이 사는 여러 족친들이 이보다 앞서 함께 모여서 각각 임원을 정하여 능히 중건(重建)할 것을 도모하고 아울러 나라 안의 종족들에게 고하니,

> 한 조상의 후손인 우리들은 각자 힘써서 그 마음과 힘을 한결같이 함으로써 대사(大事)를 돈독히 힘쓸 터전을 삼게 된다면 얼마나 다행이겠는가?

후손들에게 보낼 통문을 작성하면서 7가지 절목(節目)을 추가로 마련하였다. 성인 1인당 한 냥의 성금을 거두고, 재사(齋舍) 중건을 계기로 전국에 흩어져 있는 후손 간의 친목을 도모하며, 모금 활동에 참여하지 않는 후손은 본재(本齋)에서 소외시킬 것이라는 내용을 담고 있다. 당시 동애(東厓) 김진성(金鎭聲, 1862~1933)이 작성한 「오토재사강당상량문(五土齋舍講堂上樑文)」에 따르면,[25] 목재는 안동에서 운반해 왔고 기와는 의성에서 조달했는데, 오토산으로 향하는 짐차와 수레가 끝이 보이지 않을 정도로 긴 행렬을 이루었다고 한다. 이후 1924년에는 오토산 입구에 신도비와 비각을 건립했으며, 1959년에는 세보(世譜) 편찬을 마무리한 뒤 진민사를 중건하였다. 다음은 만산(晩山) 김정모(金正模, 1889~1967)가 작성한 「진민사중건기(鎭民祠重建記)」의 내용 일부이다.[26]

> …(전략)… 몇 차례 수리를 한 덕분에 퇴락이 그리 심하지는 않았다. 하지만 그 규모가 향례(享禮)를 행할 때 두루 돌아서 움직이기에는 좁았기 때문에 이번 기해(己亥, 1959)의 세보(世譜)를 편찬하는 일을 마치고 각 고을의 후손들이 성금을 내고 정성을 다하여 옛적의 규모를 바꿔서 새로이 하고자 했다.

이처럼 1959년에는 건물이 퇴락해서가 아니라 규모가 협소한 탓에 이루어진 중건이었다. 이를 「진민사중건상량문(鎭民祠重建上樑文)」[27]에서는 "너무 좁아 제관이 계단 끝에서 서로 부딪히니 어찌 후손들만의 탄식이겠는가? 또한 백성들조차도 민망히 여겼도다."라며 안타까움을 나타냈다. 그러고는 "새로 짓자는 의견을 냈지만 형편이 어려워 미치지 못함을 탄식하였더니, 널리 알린 지 여러 해가 지나자 비로소 원근(遠近)의 집집마다 성금을 내고 사람마다 힘을 바치니 모두 정성스런 마음이고, 생각이 모이고 뜻을 함께하니 어찌 일이 이루어질 때가 아니겠는가?"라고 덧붙이고 있다.

**[표 4-1] 첨사공 김용비 사적(事蹟) 조성**

| 연도 | 내용 | 중심 인물 | 관련 자료 |
|---|---|---|---|
| 고려 말 | 사당 건립 | 지역민 | 『聞韶誌』 |
| 1517 | 鎭民祠 편액<br>祭需官給, 춘추향사 | 경상도 관찰사<br>모재 김안국 | 『聞韶誌』 |
| 1577 | 묘비 건립 | 10대손 청계 김진, 11대손 학봉 김성일 | 「五土山立石發文」: 10대손 청계 김진 작성<br>「始祖太子詹事府君墓碑」: 11대손 동강 김우옹 작성 |
| 1656 | 묘소에 재사 건립<br>祭需官給, 會奠 거행<br>진민사 이건(현재 遺址碑 자리) | 의성현령 안응창<br>12대손 김탁 | 「鎭民祠移建記」: 학사 김응조 작성 |
| 1749 | 사당과 재실 중수<br>위토 조성 | 16대손 김우겸 | 「鎭民祠重修記」: 16대손 와계 김성흠 작성 |
| 1770 | 화재 발생<br>오토산 齋舍 증축<br>(25칸 규모) | 18대손 김상옥,<br>16대손 김용익 | 「五土山齋舍重修記」: 대산 이상정 작성 /「五土山齋舍上樑文」: 17대손 범암 김익명 작성 /「五土山齋舍上樑文」: 17대손 사익재 김광유 작성 |
| 1807 | 壬戌譜 간행<br>사당과 神門 중수<br>전사청 신축 | | 「鎭民祠重修記」: 18대손 귀와 김굉 작성 |
| 1850 | 思敬樓 중수 | | 「思敬樓重修記」: 20대손 김명수 작성 |

| | | | |
|---|---|---|---|
| 1868 | 서원철폐령에 따라 진민사를 오토산으로 이건 | | 「五土山別廟上樑文」: 21대손 척암 김도화 작성 |
| 1890 | 진민사 옛터에 遺址碑 건립 | | 「鎭民祠遺址碑陰記」: 22대손 서산 김흥락 작성/「鎭民祠遺址碑陰記後誌」: 의성현령 김윤현 작성/「鎭民祠遺墟碑閣記」: 21대손 척암 김도화 작성 |
| 1904 | 비각 단청 | | 「鎭民祠遺址碑閣重修丹艧記」: 19대손 괴헌 김필화 작성 |
| 1911 | 비각 중수 | | 「鎭民祠遺址碑閣重修記」: 23대손 만성 김한주 작성 |
| 1915 | 화재 발생<br>오토재 중건 | 21대손<br>김상호(齋任) | 「五土齋重建通文」<br>「五土齋舍講堂上樑文」:<br>20대손 동애 김진성 작성 |
| 1924 | 오토산 입구에 신도비 및 비각 건립 | 23대손 김세동 | 「五土山神道碑銘」: 김상덕[28] 작성<br>「神道碑陰記」: 23대손 김세동 작성<br>「神道碑閣上樑文」: 21대손 학남 김천호 작성 |
| 1959 | 世譜 편찬<br>진민사 중건 | | 「鎭民祠重建記」: 23대손 만산 김정모 작성<br>「鎭民祠重建上樑文」: 24대손 중재 김우림 작성 |
| 1988 | 오토산추원사업 완결 | 22대손 김홍식 | |

[표 4-1]은 고려 말(1400년대) 의성 읍민들이 김용비의 공적을 기리고자 사당을 건립했을 당시부터 1988년 오토산추원사업이 마무리될 때까지의 과정을 정리한 것으로, 당초 의성 읍민들에 의해 건립·운영되었으나 시간이 지날수록 주도세력이 후손 중심으로 변모되어 가는 것을 확인할 수 있다. 특히 유교적 가문의식이 형성되기 시작하는 16세기를 기점으로 이러한 변화가 시작되고 있는 점도 주목된다. 그런가 하면, 후손들 사이에서는 지역 공론을 거쳐 건립된 사당이 점차 지역성을 상실해 가는 것을 부정적으로 인식하는 경향이 나타나기도 한다. 다음 내용은 1807년에 진민사를 중수할 당시 귀와

김굉이 작성한 「진민사중수기」이다.[29]

> 진민사는 본래 읍인(邑人)들이 세운 것으로서 자손들의 사묘(私廟)와는 크게 다른데, 중간에 무슨 연유로 자손들이 향사를 주관하게 되었는지 알지 못하겠다. 최근에 천전(川前)에서의 종의(宗議)는 반드시 향중(鄕中)에 되돌려 주고 자손들은 다시 맡지 않도록 하고자 하니 이 의논이 참으로 옳다. 그러나 본향(本鄕, 의성 읍민)이 이를 달가워하지 않고, 자손들 또한 의의가 없다고 해서 맡지 않는다면 몇 백 년 동안 선조의 영령(英靈)을 받들던 곳이 마침내 잡초만 우거진 폐허가 됨을 면하지 못할 것이다. 그렇다면 오늘날 중수한 일은 또한 하지 않아도 될 것을 능히 마지못해 한 것이 된다. …(중략)… 다행히 이제 사당의 모습이 거듭 새롭게 되었으니 만일 이로 인해 더욱더 조치한 뒤에 서서히 본향(本鄕)의 사우(士友)들에게 의논하여 점차적으로 옛날처럼 향중(鄕中)으로 되돌리도록 하더라도 또한 늦지 않을 것이다.

내용을 보듯이 후손들은 혈손이 중심이 되는 사묘(私廟, 문중사우)보다는 향중(鄕中)의 지지를 받는 이른바 공묘(公廟, 향사우鄕祠宇)로서의 위상을 확보하고자 했음을 알 수 있다. 이처럼 후손들이 진민사의 사묘화(私廟化)에 대해 부정적으로 인식하게 된 까닭은, 이로 인해 조상의 정통성에 흠결이 생길 것을 우려했기 때문으로 보인다. 이후 1983년에 추향(秋享)을 거행하면서 오토재 중건에 대한 의견이 모아졌으며, 이듬해 1984년에는 '오토재관리위원회'가 발족되었다. 하지만 조직은 결성되었으나 위원회를 이끌어 갈 중심인물이 부재했던 관계로 약 3년간의 공백 기간을 갖다가 1987년 3월에 22대손 김홍식(金泓植)을 회장으로 추대하였다. 그러다가 1988년 10월 오토재 준공을 거쳐 1989년에 정비사업을 최종 마무리 짓게 된다.

고려 말 의성 읍민들이 건립한 진민사는 시간이 흐르면서 원래 지니고 있던 지역성에서 벗어나 혈통성이 점차 강조되어 갔는데, 이러한 경향은 16세기를 기점으로 점진적으로 진행되다가 1989년에 '오토산 성역화사업'이 추진됨에 따라 완전한 후손 중심의 공간으로 전환된다. 의성김씨 역시 1989년에 오토재 정비사업을 마무리하는 기념식에서 "오토재는 종친들의 끊임없는 순례지(巡禮地)이자 훌륭한 교육의 산실로 각광받게 될 것이라 믿습니다."[30]라고 언급하기도 했다. 이처럼 진민사는 수백 년이 흐르면서 후손들의 성스러운 순례지가 되었으며, 그곳에 모셔져 있는 김용비는 성조(聖祖)로 추앙되고 있다.

## 3. 진민사 제향의 의례적 성격

향교의 석전대제와 같이 가정의 범주를 벗어난 의례는 『국조오례의(國朝五禮儀)』를 규범으로 삼고 있다. 『국조오례의』는 길례(吉禮)·흉례(凶禮)·군례(軍禮)·빈례(賓禮)·가례(嘉禮) 등 다섯 항목을 중심으로 사람의 도리를 구체화하면서 천하 국가를 다스리고자 하는 왕례서(王禮書)로서의 성격을 지니고 있다.[31] 이 중에서 가장 중시된 길례는 천(天)·지(地)·인(人) 등 삼재(三才)의 신으로 표시되는 천신(天神)·지지(地祇)·인귀(人鬼)에 대한 의례로 분류된다. 그런데 인귀를 위한 향례(享禮)

가운데 향교의 석전제(釋奠祭)만이 언급되어 있을 뿐, 서원이나 사우의 향사례에 대한 내용은 실려 있지 않다. 이런 이유로 서원의 향사례는 향교 석전제를 모방하여 제식(祭式)을 마련하는 것이 일반적 경향이다.[32] 따라서 안동향교 석전제, 도산서원 향사례와의 비교·고찰을 통해 사우로서의 진민사 제향의 성격을 살펴보고자 한다.

### 1) 홀기를 통해 본 제향 절차의 특징

『국조오례의』에서는 시일(時日)·신위·축판·폐백·제물 등에서의 차별화를 통해 의례적 권위를 상징적으로 구현하고자 했다.[33] 예를 들어 왕실 제의는 맹월(孟月)[34]에 택일하지만 사대부의 제의는 중월(仲月)에 택일하고, 다시 상하품계에 따라 상순(上旬)·중순(中旬)·하순(下旬)으로 차등화했던 것이다. 참고로 진민사의 제향일은 중월인 음력 2월과 8월의 상정일(上丁日)인데,[35] 안동향교의 석전제 역시 음력 2월과 8월의 상정일에 봉행하고, 도산서원의 향사례는 음력 2월과 8월의 중정일(中丁日)에 거행한다. 이처럼 서원의 향사례는 춘추 중월의 중정일에 거행하는 것이 보편적 경향인데, 그 이유는 국학에서 선성(先聖)·선사(先師)·선현(先賢) 등을 위한 향교의 석전제를 상정일에 봉행하기 때문에[36] 나름의 차등을 두기 위함이다. 하지만 일부 서원에서는 춘추 계월(季月)의 상정일에 향사례를 지내기도 한다. 영주의 소수서원(紹修書院)과 안동의 병산서원(屛山書院) 등이 그러하다. 그런데 이들 역시 중월이 아니라 계월로 정하여 차등을 두고자 했음을 알 수 있다.

앞서 언급했듯이 서원의 향사례는 『국조오례의』의 조목에 포함되어 있지 않으므로 대부분의 서원에서는 『국조오례의』의 '석전의(釋奠儀)'

를 전거로 삼고 있다. 구체적으로는 『국조오례의』 「주현석전문선왕의(州縣釋奠文宣王儀)」와 『국조오례서례(國朝五禮序例)』 「주현석전정배위(州縣釋奠正配位, 從享與國學同)」 등이다. 그런데 조선 초·중기만 하더라도 서원의 향사례가 속례(俗禮) 수준을 벗어나지 못하고 있었는데, 퇴계 이황에 이르러 비로소 향사례의 의식 절차가 정비된다. 즉 퇴계는 1549년 12월 풍기군수로 재직하면서 백운동서원(白雲洞書院)을 사액해 달라고 요청했으며, 이를 계기로 이듬해 우리나라 최초의 사액서원인 소수서원이 탄생하는데, 이때 그가 백운동서원에서 준행되어 온 기존의 향사례 방식에서 문제점을 발견하고 『국조오례의』에 의거하여 제식을 마련한 것이다.[37]

**[표 4-2] 진민사 · 도산서원 · 안동향교의 홀기 비교**

| 진민사 | 도산서원 | 안동향교 |
|---|---|---|
| 贊者及謁者贊引先就階間拜位 - 再拜 - 謁者及贊引各引獻官就外位 - 贊引引祝及諸執事入就拜位 - 再拜 - 贊引引祝及諸執事詣盥洗位 - 各就位 | 諸執事先詣外位 | 執禮及廟司先就階間拜位 - 四拜訖 - 謁者贊引俱就階間拜位 - 四拜訖 - 贊引引大祝及諸執事入就階間拜位 - 四拜 - 大祝及諸執事詣盥洗位 |
|  | 謁者引初獻官點視陳設 |  |
| 開櫝 | 執事開櫝 - 開盖 | 廟司及奉香奉爐升 - 開扉 - 開櫝 - 啓蓋 |
|  | 謁者及贊引各引獻官就外位 - 贊引引祝及諸執事入就拜位 - 再拜 - 謁者及贊引各引獻官入就拜位 - 再拜 |  |
| 謁者進初獻官之左請行事 |  | 謁者請行事 |
|  | 引詣神位前 - 三上香 | 〈行奠幣禮〉<br>引詣大成至聖文宣王神位前 - 三上香 - 大祝受幣奠于神位前<br>(次 復聖公,宗聖公,述聖公,亞聖公) |

| | | |
|---|---|---|
| 〈行初獻禮〉<br>引詣神位前跪 - 上香 | 〈初獻禮〉 | 〈行初獻禮〉 |
| 奠爵 | 引詣神位前 - 奠爵 | 引詣神位前跪 - 以授奠爵 |
| 讀祝 | 讀祝 | 讀祝<br>(次　復聖公,宗聖公,逑聖公,亞聖公) |
| 〈行亞獻禮〉<br>引詣尊所 - 引詣神位前跪 | 〈亞獻禮〉<br>引詣尊所 - 引詣神位前 - 跪 | 〈行亞獻禮〉<br>引詣大成至聖文宣王尊所 - 引詣神位前跪 |
| 奠爵 | 奠爵 | 以授奠爵<br>(次　復聖公,宗聖公,逑聖公,亞聖公) |
| 〈行終獻禮〉<br>引詣尊所 - 引詣神位前跪 | 〈終獻〉<br>贊引各引終獻官分獻官詣盥洗位 - 引詣尊所 - 引詣神位前 - 跪 | 〈行終獻禮〉<br>引詣大成至聖文宣王尊所 - 引詣神位前跪 |
| 奠爵 | 奠爵 | 以授奠爵<br>(次　復聖公,宗聖公,逑聖公, 亞聖公) |
| 獻官皆再拜 - 鞠躬 | | |
| | | 〈行分獻禮〉<br>引詣東西從享位前跪 - 各奉香奉罏升 |
| | | 分獻官三上香 |
| | | 以授奠爵 |
| 〈行飮福禮〉<br>祝詣尊所以爵酌福酒 - 祝持俎及刀進減神位前胙肉 | 〈飮福受胙〉<br>執事詣尊所 - 以爵酌福酒 - 執事進減神位前胙肉 | 〈行飮福禮〉<br>謁者引初獻官詣飮福位西向跪 - 大祝升詣初獻官之左北向跪<br>奠爵升持刀俎肉 - 以爵酌福酒 - 以授大祝 - 大祝授初獻官 |
| 謁者引初獻官詣飮福位 | 謁者引初獻官詣飮福位 | |
| 獻官飮卒酌 - 祝東向以胙授獻官 - 獻官受胙授祝祝受胙 | 獻官飮卒爵 - 獻官授胙 - 授執事 | 初獻官受爵飮訖 - 初獻官受俎 - 以授大祝 |
| 降自東階出門 - 俯 - 伏 - 興 - 獻官皆再拜 - 鞠躬 | 俯伏興 - 引降復位 - 再拜 - 獻官皆再拜 - 鞠躬拜 | 降自東階初獻官 - 俯, 伏, 興 - 引降復位 - 獻官四拜 |
| 撤籩豆 - 在位者及學生皆再拜 - 鞠躬 | 〈撤籩豆〉<br>祝入徹籩豆 - 在位者皆再拜 - 鞠躬拜 | 大祝升徹籩豆 - 獻官以下在位者皆四拜 |
| 閉櫝 | | |
| | 〈望瘞〉 | 〈行望燎禮〉 |

| 謁者詣初獻官詣望瘞位 - 祝取祝降自西階瘞坎 | 謁者引初獻官詣望瘞位 - 祝取板降自西階 - 瘞坎 | 謁者引初獻官詣望燎位 - 大祝以篚取祝板及幣降自西階 - 可燎置土半坎 |
|---|---|---|
| 謁者進初獻官之左告禮畢 - 禮畢 | | 謁者進初獻官之左 - 白禮畢 |
| | | 奉香奉爐升 - 閉櫝閉扉闔蓋 |
| 謁者引初獻官贊引各獻官以次出 - 再拜 - 鞠躬 - 以次出 - 謁者贊者贊引就階間拜位 - 再拜 - 出 | 謁者引初獻官贊引引獻官以次出 - 祝及諸執事皆復拜位 - 再拜 - 鞠躬拜 - 以次出 | 諸執事俱復階間拜位 - 四拜 - 獻官以下以次出 - 執禮四拜出 |

[표 4-2]는 진민사와 도산서원, 안동향교의 홀기를 비교한 자료이다. 참고로 진민사의 홀기는 1577년에 김용비의 11대손인 동강 김우옹이 묘비문을 작성할 때 함께 제작되었다. 이후 화재로 인해 원본이 소실된 적도 있으나, 『오토재사고유록(五土齋舍攷遺錄)』에 별도로 기록해 둔 덕분에 오늘날까지 전해 오고 있다. [표 4-2]에 따르면 의례 절차는 거의 유사하지만, 세부 내용에서 대략 두 가지 차이점이 나타난다. 첫째는 의례 과정에서 배례(拜禮)를 올릴 때 재배(再拜)인가 사배(四拜)인가의 문제이다. 진민사와 도산서원은 재배를 행하는 반면, 안동향교는 사배이다. 이에 대해 퇴계 이황은 소수서원의 전신인 백운동서원의 제식을 규정할 때 다음과 같이 지적한 바 있다.[38]

> 제식(祭式)」에서는 다만 재배(再拜)하는 예를 따르라고 했고, 「구홀기(舊笏記)」 역시 이에 의거하여 모두 재배를 행하도록 하였다. 인정(人情)이란 간소함을 좋아하고 번다함을 싫어하기 때문에 모두들 이를 당연하다고 여겨 왔다. 그러나 재배하는 예는 가제(家祭)에서나 하는 것이며, 모든 외신(外神)에게 제향을 드릴 때는 사배

(四拜)하라고 되어 있다. 재배하라는 글이 있는지 보지 못했으며, 주무릉(周武陵, 주세붕)이 어디에 근거해서 이렇게 말했는지 알 수 없다. 우선은 「석전의(釋奠儀)」에 의거하여 사배하기로 정하고 참고(參考)를 기다린다.

내용을 볼 때 당시 백운동서원의 제식에는 재배로 규정되어 있었던 것 같다. 하지만 퇴계는 재배를 가제(家祭)에서 행하는 것이라고 간주하면서 서원의 위상 정립을 위해 사배로 수정했던 것이다. 그런데 흥미로운 점은 훗날 퇴계는 자신의 주장에 오류가 있음을 깨닫고 수정을 했다는 사실이다.

이 조항에서 "외신(外神)에게는 모두 사배하라. 재배하라는 글이 있는지 보지 못했다."고 한 것은 단지 『오례의(五禮儀)』에 의거한 말이었다. 『한묵전서(翰墨全書)』에 실린 주문공의 석전(釋奠)·석채의(釋菜儀)에 모두 재배를 행하라고 하였고, 사배하는 예가 없음을 살피고서야 주무릉이 「제식」에서 재배하라고 한 것이 여기에 근거하여 정한 것임을 알았다. 내가 모든 의절을 두루 참고하지 못한 채 서둘러 고치려 했던 것은 잘못이다. 따라서 홀기에는 재배를 그대로 두었으며, 이 조항을 없애지 않음으로써 나의 허물을 기록으로 남긴다.

위의 내용을 보듯이 퇴계는 임금을 향해서만 사배하는 것을 가제(家祭)에서 모시는 신을 제외한 이른바 외신(外神) 모두에게 적용하는 원칙이라고 오해했던 것이다. 그러나 전거(典據)를 두루 살피던 중 문묘와 향교는 문선왕(文宣王, 공자)을 모시고 있기 때문에 사배가 합당하고, 그 외 선현을 모셔 둔 서원은 재배가 적합하다는 사실을 알게 되었다. 진민사의 경우 제향일은 향교와 동일하게 중월인 2월과 8월의 상정일로 정해 두었지만, 배례는 서원에 준하여 재배를 따르고 있다.

둘째는 상향례(上香禮)의 절차이다. 안동향교는 일반적 경향과 마찬가지로 상향례와 초헌례를 별도로 분리하여 초헌관이 삼상향(三上香)을 행하고 나서 전폐례(奠幣禮)의 절차에서 폐백(비단)을 올린 뒤 초헌례를 거행한다. 도산서원 역시 상향례와 초헌례를 각각 별도로 행하는데, 다만 전폐례는 행하지 않는다. 참고로 〈그림 4-2〉의 도산서원 진설도를 보면 '폐(幣) 무진(戊辰) 국감(國減)'이라는 내용이 있는데, 이를 통해 도산서원에서는 원래 폐(幣)를 올리는 절차가 있었으나 무진년에 국감(國減), 곧 나라의 명령으로 중단되었음을 알 수 있다. 이에 반해 진민사는 초헌례의 절차에서 삼상향을 함께 거행하고 있다. 그런데 한편, 삼상향은 가제의 강신례에 해당하는 절차로, 이를 통해 신을 모셔 오는 것이다. 이와 관련해 퇴계는 상향례와 초헌례를 서로 분리하여 별도의 절차에서 각각 진행하는 것이 마땅하다고 언급한 바 있다.[39] 참고로 안동민속박물관이 발간한 『안동의 서원 향사』[40]에 실린 총 21개의 서원 중에서 절반가량인 10개 서원[41]에서는 상향례와 초헌례를 분리해 두고 있으며, 나머지 11개 서원에서는 상향례를 초헌례에 포함시켜 두었다.

### 2) 진설도에 나타난 제물의 특징

『예기』에 "예의 본질은 구별에 있다. 구별하기에 서로 존경하도록

해 준다."[42]라는 대목이 등장한다. 이러한 관념에 기반하여 『국조오례의』 역시 의례적 권위를 상징적으로 구현하기 위해 의례의 격(格)에 따른 차등화를 실천해 왔다. 구체적으로는 수량의 다소(多少), 크기의 대소(大小), 높이의 고저(高低) 등에 따라 신분적 차등 질서가 규정되는데, 대체로 많고 크고 높은 것일수록 존귀하게 간주되는 경향이 있다.[43]

제물의 경우에는 차별화의 효과를 가시적·즉각적으로 드러내기 위해 제물의 종류와 수량을 중심으로 차등을 두는 것이 일반적이다. 석전제와 서원 향사례의 제물은 다음과 같이 차별화되어 있다.[44]

종묘: 12변 12두, 4보 4궤, 6대갱 6화갱, 생우양시(牲牛羊豕), 숙우양시(熟牛羊豕), 모혈반(毛血盤)

문묘: 12변 12두, 2보 2궤, 3대갱 3화갱, 생우양시(牲牛羊豕), 숙우양시(熟牛羊豕), 모혈반(毛血盤)

향교: 8변 8두, 2보 2궤, 생우양시(牲牛羊豕)

서원: 4변 4두, 1보 1궤, 생양시(牲羊豕)

위의 내용과 관련하여 〈그림 4-1〉은 진민사의 진설도이고, 〈그림 4-2〉는 도산서원의 주향(主享)인 퇴계 이황의 진설도이고, 〈그림 4-3〉은 안동향교의 공자에게 차려지는 진설도이다. 안동향교는 8변 8두, 1보 1궤, 생우시(牲牛豕)와 폐비(幣篚, 폐백)를 진설하는데, 향교의 원래 규정이었던 2보 2궤가 1보 1궤로 간소화되었음을 알 수 있다. 도산서원의 경우 진설도에는 4변 4두, 2보 2궤, 시생(豕牲)으로 그려져 있지만, 실제로는 양보(粱簠)와 직궤(稷簋)를 생략하여 1보 1궤를 진설하고 있다. 사실 위에서 제시한 제물 규정을 볼 때 2보 2궤는 향교에 적용되는 것으로, 서원 향사례의 제물로는 적합하지 않다고 할 수 있다. 진민사의 경우는 서원 진설도에 명시된 4변 4두, 1보 1궤, 생(牲)의 제물을 그대로 적용하고 있다. 이처럼 진민사의 제물은 서원 향사례에 준하고 있는데, 이와 관련해 서산 김흥락 역시 "축문과 헌작에서 모두 자손들이 사사로이 받드는 의식을 쓰게 되니, 이는 유림이 받드는 것으로부터 나오게 된 서원의 향례(享禮)와 비교하여 명분과 실상이 스스로 같지 아니하였다."[45]고 언급한 바 있다. 이는 곧 진민사의 제향 방식이 서원 향사례를 모델로 삼고 있었음을 말해 준다.

진설에서 가장 큰 변화를 보이고 있는 것은 희생(犧牲) 제물이다. 예를 들어 안동향교는 생우양시(牲牛羊豕), 곧 소·양·돼지 한 마리씩을 올리도록 규정되어 있으나, 실제로는 소머리와 돼지머리를 각각 진설하고 있다. 도산서원은 생양시(牲羊豕), 곧 양과 돼지 한 마리씩을 진설하도록 되어 있지만, 실제 향사례에서는 돼지 반 마리를 올린다. 진민사 역시 서원 향사례에 의거하여 진설도에 생양시로 제시해 두었으나, 제향에서는 돼지머리를 진설하고 있다. 이처럼 희생 제물에서 양(羊)은 완전히 자취를 감추었으며, 소와 돼지 역시 한 마리에서 반 마리 혹은 머리 부분으로 대체되는 등 전반적으로 간소화되어 가는 경향을 보이고 있다. 그런가 하면 진민사의 제물 절목 가운데 "전에는 생우(牲牛) 한 마리를 썼으나 이제는 반 마리를 쓰고"[46]라는 내용이 실려 있기도 하다.

| 右四豆 | | | 神位 | | 左四籩 | |
|---|---|---|---|---|---|---|
| | | 簋(黍) | | 簠(稻) | | |
| 鹿醢 | 魚醢 | | | | 鹿脯 | 魚脯 |
| 芹菹 | 菁菹 | | | | 黃栗 | 乾棗 |
| | | | 牲 | | | |
| 燭 | | | | | | 燭 |
| | 爵 | | 爵 | | 爵 | |

**〈그림 4-1〉 진민사 진설도**

| 右四豆 | | | 神位 | | | | 左四籩 | |
|---|---|---|---|---|---|---|---|---|
| 魚醢 | 鹿醢 | 黍簋 | | 稻簠 | | 魚鱐 | | 鹿脯 |
| 菁菹 | 韭菹 | 稷簋 | | 粱簠 | | 乾棗 | | 栢子 |
| | | 減國 | | 未癸 | | | | |
| | | | 豕牲 | | | | | |
| | | 國減 | 幣 | 戊辰 | | | | |
| | | | 十 | | | | | |
| 燭 | 爐 | | 八 | | 香 | | 燭 | |
| | | | 尺 | | | | | |
| | 爵 | | 爵 | | | 爵 | | |

**〈그림 4-2〉 도산서원 진설도-退陶李先生**

| 右八豆 | | | | 神位 | | | 左八籩 | |
|---|---|---|---|---|---|---|---|---|
| 魚醢 | 鹿醢 | | 簋(黍) | | 簠(稻) | | 鹿脯 | 魚脯 |
| 菲菹 | 芹菹 | 菁菹 | 豕牲 | | 犧牲 | 胡桃 | 黃栗 | 大棗 |
| 桔梗 | 筍菹 | 生薑 | | 幣 | | 形鹽 | 栢子 | 杏子 |
| | | | | 篚 | | | | |
| 燭 | | | | 香 | | | 燭 | |
| | | | | 爐 | | | | |
| | 爵 | | | 爵 | | | 爵 | |

**〈그림 4-3〉 안동향교 석전제 진설도-孔子**

가제(家祭)와 달리 석전의(釋奠儀)와 향사례에서는 제기(祭器)의 종류에 따라 담는 제물이 달라진다. 우선 곡물을 담는 제기로 보(簠)와 궤(簋)가 있다. 보는 도(稻, 쌀)와 양(粱, 메조)을 담는 제기이고, 궤는 서(黍, 기장)와 직(稷, 차조)을 담는 타원형 제기이다. 그리고 대나무로 제작된 변(籩)은 양기(陽器)로, 물기가 없는 마른 제물을 담는다. 나무 재질의 두(豆)는 음기(陰器)로, 음에 속하는 물기 있는 제물을 담는다. 이 중에서 변에 담는 녹포(鹿脯)와 두에 담는 녹해(鹿醢) 외에는 크게 벗어나지 않고 원칙을 준수하고 있는 편이다. 녹포는 사슴육포이지만, 현실적으로 조달하기 힘든 관계로 쇠고기를 사용한 육포로 대체되었다. 녹해 역시 사슴고기절임이지만, 실제로는 쇠고기 날것을 진설하고 있다.

## 4. 지역문화유산으로서의 진민사

진민사는 고려 말 의성 읍민에 의해 건립된 사우(祠宇)로, 이른바 공묘(公廟, 鄕祠宇)로서의 성격을 지니고 있다고 볼 수 있다. 이런 사실은 현재 남아 있는 진민사의 제향 축문을 통해서도 엿볼 수 있다.

鎭民祠祝式

維歲次干支某月朔干支某日干支後孫某

官某敢昭告于

高麗太子詹事府君德尊當世澤在斯民鄉邦

景慕曠百維新謹以淸酌豕牲式陳明薦

尙

饗

축문을 보듯이 "당세(當世)에 공덕이 높았고 백성에게 은택이 있어 향촌이 우러르고 사모하여"라는 내용은 진민사의 건립 배경을 설명하는 것으로, 진민사의 성격을 드러내는 의미 있는 대목이라 할 수 있다. 그러나 시간이 흐르면서 진민사 제향의 주도세력이 지역민에서 후손 중심으로 전환되는 경향을 보인다. 이러한 사실은 [표 4-1]에서 보듯이 유교적 가족이념이 정착하기 시작하는 16~17세기를 거치면서 점차 심화되어 가는데, 여기에는 이율배반적 측면이 자리하고 있다. 즉, 문중의식 강화는 혈통적 근원에 대한 후손들의 관심을 고조시키는 요소로 작용하게 되고 이는 결국 진민사에 대한 주도권을 행사하려는 결과로 이어지는 반면, 의성 읍민들의 경우에는 진민사를 지역의 공적(公的) 유산이 아니라 혈통적 차원에서 인식하여 결국에는 특정 성씨의 사묘(私廟)로 간주하게 된다는 사실이다.

진민사가 문중사우가 아니라 지역에 기반한 향사우(鄕祠宇)로 거듭나야 할 당위성은 김용비라는 인물을 통해서도 뒷받침된다. 김용비는 의성 출신으로, 지역민들을 위해 목숨을 아끼지 않고 난적(亂賊)을 물리치는 공적을 세웠으며, 또 지역에 뼈를 묻었다. 이러한 사실은 혈통을 넘어 모든 후대인들의 귀감(龜鑑)이 될 만한 행적이며 보편적 가치이다. 이와 관련하여 종가를 창시한 불천위(不遷位) 조상 역시 청렴을 바탕으로 청백리에 녹훈되고, 자기희생적 태도로 백성을 사랑하고, 효심이 지극하여 효행자로 칭송받는 등 훌륭한 덕성에 의해 지역사회의 사표(師表)가 되고 있다. 그래서 불천위 인물이 가문의 후손은 물론이고 지역민들의 존숭을 받는 대상으로 거듭나고 있기도 하다.[47] 예를 들어 퇴계 이황의 불천위 제례에는 혈통과 학맥을 뛰어

넘어 지역에서도 참사(參祀)하고 있다. 이처럼 퇴계와는 아무런 연고가 없는 지역민들이 퇴계를 찾는 까닭은 그의 삶과 정신을 본받고자 하기 때문이다.

이와 마찬가지로 1989년 오토재 정비사업을 마무리하는 기념식에서, 추진위원회 측에서는 "오토재는 종친들의 끊임없는 순례지(巡禮地)이자 훌륭한 교육의 산실로 각광받게 될 것이라 믿습니다."[48]라고 언급한 바 있다. 이로 볼 때 후손들 역시 진민사가 자리한 오토재(五土齋)를 단순히 혈통의 뿌리를 간직한 장소로서가 아니라 현대를 살아가는 우리들이 본받을 만한 정신문화를 간직한 공간으로 인식하고 있음을 알 수 있다. 이것이야말로 진민사가 특정 가문과 혈통을 넘어 지역의 공공유산으로 거듭나야 할 이유이다.

1 유홍렬, 「조선에 있어서의 서원의 성립」, 『한국사회사상사논고』, 일조각, 1980, 39쪽.

2 유홍렬, 「조선 사묘(祠廟) 발생에 대한 일고찰」, 『한국사회사상사논고』, 일조각, 1980, 29쪽.

3 『승정원일기』 876, 영조 14년 8월, "兵曹判書朴文秀疏曰, …… 從古院祠之創, 無論京外, 有道德節義者, 則遠近章甫, 起感而發議, 各捐私財, 或建於其生老之鄕, 或創於其杖屨之地, 以時享之 ……".

4 지팡이와 짚신을 끌고 와서 거닐던 곳이라는 뜻으로, 태어난 곳은 아니지만 발자취가 남아 있는 장소.

5 송긍섭, 「이퇴계의 서원교육론 고찰」, 『퇴계학과 유교문화』 제2권, 경북대학교 퇴계연구소, 1974.

6 金宇顒, 「始祖太子詹事府君墓碑」, 『東岡先生文集』 17.

7 『義城金氏 五土山誌』, 오토산지 편찬위원회, 1989, 55쪽.

8 申悅道, 「聞韶誌跋」, 『懶齋集』 6.

9 진민사는 조선 전기까지는 의성읍내 관아 뒤편의 도로변에 자리하고 있었으나, 사당 주변이 어수선하고 소란스럽다는 이유로 1656년 무렵 당시 의성현령이었던 안응창이 주도하여 관아 동쪽의 한적한 곳으로 이건한 것으로 알려져 있다.

10 金坽, 「鎭民祠重修記」, 『龜窩先生續集』 4.

11 이병훈, 『경상도 書院·祠宇의 건립추이와 제향인물의 성격』, 영남대학교 대학원 석사학위논문, 2005, 54쪽.

12 김안국은 의성김씨로, 김용비의 아우인 김용필(金龍弼)의 수사공공파(守司空公派)에 속해 있다.

13 김미영, 『학봉 김성일, 충군애민의 삶을 살다』, 예문서원, 2016, 20~21쪽.

14 『義城金氏 五土山誌』, 오토산지 편찬위원회, 1989, 50쪽.

15 金應祖, 「鎭民祠移建記」, 『五土齋舍攷遺錄』.

16 金聖欽, 「鎭民祠重修記」, 『臥溪文集』 2.

17 李象靖, 「五土山齋舍重修記」, 『大山先生續集』 1.

18 金坽, 「鎭民祠重修記」, 『龜窩先生續集』 4.

19 金明壽, 「思敬樓重修記」, 『五土齋舍攷遺錄』.

20 金道和, 「五土山別廟上樑文」, 『拓菴先生文集』 17.

21 金興洛, 「鎭民祠遺址碑陰記」, 『西山先生文集』 17.

22 金道和, 「鎭民祠遺墟碑閣記」, 『拓菴先生文集』 17.

23 金弼華, 「鎭民祠遺址碑閣重修丹雘記」, 『五土齋舍攷遺錄』.

24 「五土齋重建通文」, 『五土齋舍攷遺錄』.

25 金鎭聲, 「五土齋舍講堂上樑文」, 『五土齋舍攷遺錄』.

26 金正模, 「鎭民祠重建記」, 『晩山文集』 4.

27 金佑林, 「鎭民祠重建上樑文」, 『重齋先生文集』 後集 18.

28 「오토산신도비명(五土山神道碑銘)」은 23대손 金秉宗(1871~1931)이 金商悳(慶州人)의 이름으로 대작(代作)한 것으로 전한다.(『義城金氏 五土山誌』, 오토산지 편찬위원회, 1989, 130쪽)

29 金坽, 「鎭民祠重修記」, 『龜窩先生續集』 4.

30 『義城金氏 五土山誌』, 오토산지 편찬위원회, 1989, 325쪽

31 이범직, 「『국조오례』의 속에서 사대부 제의(時享儀)의 위상」, 『유교사상문화연구』 제16호, 한국유교학회, 2002, 15쪽.

32 윤희면, 「조선시대 서원의 제례와 위차」, 『진단학보』 제90호, 진단학회, 2000, 58쪽.

33 이범직, 앞의 논문, 2002, 18쪽.

34 춘추 맹월(孟月)은 음력 1월과 7월, 중월(仲月)은 2월과 8월, 계월(季月)은 3월과 9월이다.

35 현재 진민사는 향사례 날짜를 양력 4월 5일로 변경하였다.

36 『國朝五禮序例』, 「吉禮·時日」 "仲春·仲秋上丁, 釋奠文宣王."

37 이에 대해서는 한재훈, 「퇴계의 서원향사례정초에 대한 고찰」, 『퇴계학과 유교문화』 제53권, 경북대학교 퇴계연구소, 2013에서 상세히 다루고 있다.

38 『文成公廟祭笏記』(한재훈, 위의 논문, 16쪽에서 재인용).

39 『退溪全書』 續集 8, "旋上香而旋初獻".

40 『安東의 書院 享祀』, 안동민속박물관, 1996.

41 陶山書院, 易東書院, 屛山書院, 花川書院, 汾江書院, 道溪書院, 龍溪書院, 明湖書院, 鳳巖書院, 流巖書院이다.

42 『禮記』, 「樂記」.

43 김미영, 「조선시대 유교의례의 사회적 기능과 상징적 의미」, 『국학연구』 제14집, 한국국학진흥원, 2009, 231쪽.

44 권삼문, 「향사의 역사와 구조」, 『역사민속학』 제12호, 한국역사민속학회, 2001, 56쪽.

45 金興洛, 「鎭民祠遺址碑陰記」, 『西山先生文集』 17.

46 『義城金氏 五土山誌』, 「五土齋舍 更張 節目」, 오토산지 편찬위원회, 1989, 184쪽

47 김미영, 「불천위 제례의 사회문화적 의미와 역할」, 『영남학』 제30권, 경북대학교 영남문화연구원, 2016, 55~56쪽.

48 『義城金氏 五土山誌』, 오토산지 편찬위원회, 1989, 325쪽

### [제1장] 의성김씨의 유래와 오토산(五土山) 진민사(鎭民祠) 사적의 문화적 가치


『五土齋舍攷迮錄』

『鎭民祠事蹟』

『義城金氏 五土山誌』 및 진민사 문서

『義城金氏大同譜』 및 의성김씨 각 派譜

『聯芳世稿』 및 의성김씨 각 文集

『高麗史』

『高麗史節要』

『新增東國輿地勝覽』

『慶尙道地理志』

『燃藜室記述』

『義城郡誌』

『경상북도보』 제6070호, 2016. 10. 6.

金甲周, 「詹事府君 金龍庇」, 『義城金氏 五土山 略誌』, 7~12쪽.

金時晃, 「義城金氏 族譜研究」, 『동방한문학』 7권, 동방한문학회, 1991.

김희곤, 「안동 내앞마을 출신 독립운동가들의 생가터 조사 연구」, 『한국독립운동사연구』 48, 독립기념관 한국독립운동사연구소, 2014.

디지털 의성문화대전, http://uiseong.grandculture.net/?local=uiseong(2017. 3. 3.)

李樹健, 「義城金氏 川前派 문호의 성장과정」, 義城金氏 川上文化保存會, 『내앞 500년』, 2011.

朴燦, 『召文國과 日本天皇家』, 대보사, 2010.

邊東明, 「城隍神 金洪術과 義城」, 『역사학보』 189, 역사학회, 2006.

신창균, 「민족운동에 따른 傳統名家의 사회경제적 변화－安東 義城金氏 내앞[川前] 문중의 경우」, 『한국근현대사연구』 27, 한국근현대사학회, 2003.

尹熙勉, 「新羅 下代의 城主 將軍－眞寶城主 洪述과 載巖城將軍 善弼을 中心으로」, 『한국사연구』 39, 한국사연구회, 1982.

의성조문국박물관 한국고대사탐구학회, 『조문국의 지배세력과 친족집단』, 2014.

의성조문국박물관, 『義城』, 2014.

이몽일, 「이몽일의 영남신풍수기행 40－의성 오토산(상)」, 『영남일보』, 2000. 6. 9.

이수건, 「족보와 양반의식」, 『한국사 시민강좌』 24, 일조각, 1999.

전덕재, 「고대 의성지역의 역사적 변천에 관한 고찰」, 『신라문화』 39, 동국대학교 신라문화연구소, 2012.

정해득, 「조선시대 墓制 연구」, 『조선시대사학보』 69, 조선시대사학회, 2014.

趙東杰, 「川前 金門의 獨立運動」, 義城金氏 川上文化保存會, 『내앞 500년』, 2011.

통계청 국가통계포털 http://kosis.kr/wnsearch/totalSearch.jsp (2016. 12.)

**[제2장] 군현 제의(祭儀) 공간 변화의 상징적 의미 해석**

『삼국사기』

『세종실록지리지』

『신증동국여지승람』

『輿地圖書』

『旅軒先生文集』

『列邑院宇事績』

『택리지』

『鶴峯全集』

〈海東地圖〉

旗田巍, 『朝鮮中世社會史의 硏究』, 法政大學出版局, 1972.

김덕현, 「전통촌락의 동수에 관한 연구」, 『지리학논총』 13, 서울대학교 지리학과, 1986.

김덕현, 「경상도 邑治景觀 연구서설」, 『문화역사지리』 16-1, 한국문화역사지리학회, 2004.

김덕현, 「경상도 군현의 형성과 변화과정」, 『문화역사지리』 17-3, 한국문화역사지리학회, 2005.

김태곤, 『한국민간신앙연구』, 집문당, 1983.

김해영, 『조선초기국가제사제례연구』, 집문당, 2003.

미르치아 엘리아데 지음, 이은봉 옮김, 『신화와 현실』, 한길사, 2011.

변동명, 「성황신 김홍술과 의성」, 『역사학보』 188, 역사학회, 2005.

사)의성향토사연구회, 「의성의 수령비」.

의성군, 『의성군지』, 1998.

의성군·대구대학교중앙박물관, 『문화유적분포지도 – 의성군』, 2005.

의성김씨오토산추원사업회, 『義城金氏 五土山誌』, 1989.

의성문화원, 『의성문화』 24, 2009.

의성조문국박물관, 『상설전시도록 의성』, 2014.

이기태, 『읍치성황제주제집단의 변화와 제의 전통의 창출』, 민속원, 1997.

이수건, 『조선시대 지방행정사』, 민음사, 1989.

이완규, 『안동 풍수기행－돌혈의 땅과 인물』, 예문서원, 2001.
조인철, 『우리시대의 풍수』, 민속원, 2008.
최원석, 「풍수의 입장에서 본 한민족의 산 관념－천산·용산 그리고 인간화」, 『지리학논총』 19, 서울대학교 지리학과, 1992.
최창조, 『한국의 풍수사상』, 민음사, 1984.
한국역사연구회 조선시기 사회사 연구반, 『조선은 지방을 어떻게 지배했는가』, 아카넷, 2000.
한국종교사연구회 편, 『성황당과 성황제』, 민속원, 1998.
한글학회, 『한국지명총람7(경북편Ⅳ)』, 1979.
한형주, 『조선초기국가제례연구』, 일조각, 2002.
홍금수, 「조선후기·일제시대 영남지방 지역체계의 변동」, 『문화역사지리』 17-2, 한국문화역사지리학회, 2005.

한국학중앙연구원, 「디지털 의성문화대전」.
한국학중앙연구원, 「한국향토문화전자대전」

**[제3장]　오토재(五土齋) 전존문서(傳存文書)의 현황과 특징**

五土山誌編纂委員會, 『義城金氏五土山誌』, 1989.
의성김씨오토산관리위원회, 『義城金氏五土山略誌』, 대보사, 1988.
조문국박물관, 의성조문국박물관상설전시도록 『의성』, 2014.
鶴峯先生紀念事業會, 『鶴峯의 學問과 救國活動, 여강출판사, 1993.
한국학중앙연구원, 고문서상세목록, 유인본, 2014.
의성김씨·오토산·오토재 홈페이지(http://otosan.kr).

### [제4장] 의성 진민사의 역사문화적 가치와 의례적 성격


『禮記』

『國朝五禮序例』

『龜窩先生續集』

『懶齋集』

『大山先生續集』

『東岡先生文集』

『晩山文集』

『西山先生文集』

『臥溪文集』

『重齋先生文集』

『拓菴先生文集』

『退溪全書』

『五土齋舍攷遺錄』

『義城金氏 五土山誌』, 오토산지 편찬위원회, 1989.

『安東의 書院 享祀』, 안동민속박물관, 1996.

권삼문, 「향사의 역사와 구조」, 『역사민속학』 제12호, 한국역사민속학회, 2001.

김미영, 「불천위 제례의 사회문화적 의미와 역할」, 『영남학』 제30권, 경북대학교 영남문화연구원, 2016.

김미영, 「서원 향사의 변화와 사회문화적 의미」, 『국학연구』 제22집, 한국국학진흥원, 2013.

김미영, 「조선시대 유교의례의 사회적 기능과 상징적 의미」, 『국학연구』 제14집, 한국국학진흥원, 2009.

김미영, 『학봉 김성일, 충군애민의 삶을 살다』, 예문서원, 2016.

송긍섭, 「이퇴계의 서원교육론 고찰」, 『퇴계학과 유교문화』 제2권, 경북대학교 퇴계연구소, 1974.

유홍렬, 「조선 사묘(祠廟) 발생에 대한 일고찰」, 『한국사회사상사논고』,

일조각, 1980.
유홍렬, 「조선에 있어서의 서원의 성립」, 『한국사회사상사논고』, 일조각, 1980.
윤희면, 「조선시대 서원의 제례와 위차」, 『진단학보』 제90호, 진단학회, 2000.
이범직, 「국조오례의 속에서 사대부 제례(時享禮)의 위상」, 『유교사상문화연구』 제16호, 한국유교학회, 2002.
이병훈, 『경상도 書院·祠宇의 건립추이와 제향인물의 성격』, 영남대학교 대학원 석사학위논문, 2005.
이수환, 「경주 세덕사 연구」, 『민족문화논총』 제45집, 영남대학교 민족문화연구소, 2010.
이은정, 「18세기 후반 무안 병산사의 건립과 무안박씨」, 『지방사와 지방문화』 제11권 제1호, 역사문화학회, 2008.
이해준, 『조선후기 문중서원 연구』, 경인문화사, 2008.
한재훈, 「퇴계의 서원향사례정초에 대한 고찰」, 『퇴계학과 유교문화』 제53권, 경북대학교 퇴계연구소, 2013.

# 진민사 학술대회 종합토론

## 〈진민사의 역사적 가치 재조명〉

### 주제발표

사회자: **이영호**(경북대학교 사학과 교수)

**의성김씨의 유래와 오토산(五土山) 진민사(鎭民祠) 사적의 문화적 가치**
발표자: **김윤규**(한동대학교 글로벌리더십학부 교수)

**군현 제의(祭儀) 공간 변화의 상징적 의미 해석**
발표자: **김덕현**(경상대학교 명예교수)

**오토재(五土齋) 전존문서(傳存文書)의 현황과 특징**
발표자: **황위주**(경북대학교 한문학과 교수)

**의성 진민사의 역사문화적 가치와 의례적 성격**
발표자: **김미영**(한국국학진흥원 수석연구위원)

### 종합토론

좌　장: **정우락**(경북대학교 국어국문학과 교수)

토론자: **전재강**(안동대학교 국어국문학과 교수)
**김명균**(사단법인 교남문화 대표)
**이수환**(영남대학교 역사학과 교수)
**권삼문**(여헌기념관 학예실장)

**정우락**(좌장): 지금부터 종합토론을 시작하도록 하겠습니다. 오늘 발표한 네 편의 주제는 오토산의 오토재와 진민사를 이해하기 위해 매우 잘 설계된 것입니다. 김윤규 선생님께서 발표하신 「의성김씨의 유래와 오토산 진민사 사적의 문화적 가치」는 오토산 진민사의 주체인 의성김씨라는 인적인 측면을 살핀 것이고, 김덕현 선생님의 「군현 제의 공간 변화의 상징적 의미 해석」은 진민사와 오토재를 둘러싸고 있는 역사문화지리적 측면을 탐구한 것입니다. 이 두 가지가 오토재와 진민사의 외적인 부분을 주로 다룬 것이라면, 황위주·김미영 두 선생님의 논문은 내적인 문제를 다룬 것입니다. 그러니까, 「오토재 전존문서의 현황과 특징」은 오토재에 전하는 동산문화재(2017년 1월, 경상북도 문화재자료로 지정)를 다룬 것이고, 「의성 진민사의 역사문화적 가치와 의례적 성격」은 진민사의 핵심적인 기능인 제향을 다룬 것이니 무형문화유산에 해당합니다.

이제 이 논문들이 더욱 알차게 집필될 수 있도록 토론자 선생님들을 모셔서 토론을 진행하도록 하겠습니다. 먼저, 이번 발표에 대한 토론을 맡아 주실 선생님들을 잠시 소개해 드리도록 하겠습니다. 전재강 선생님은 안동대학교에서 오셨습니다. (박수) 전재강 선생님은 김윤규 선생님의 「의성김씨의 유래와 오토산 진민사 사적의 문화적 가치」에 대한 토론을 맡아 주셨습니다. 그리고 김명균 선생님께서는 사단법인 교남문화 대표이십니다. (박수) 김명균 선생님은 김덕현 선생님께서 진민사·오토재의 역사지리적 측면을 고찰한 논문에 대해서 토론을 맡아 주셨습니다. 그다음은 영남대 이수환 선생님이십니다. (박수) 이수환 선생님은 황위주 선생님의「오토재 전존문서의 현황과 특징」에 대해서 토론을 맡아 주셨고, 다음으로는 여헌기념관의 학예실장으로 계시는 권삼문 선생님이십니다. (박수) 권삼문 선생님께서는 김미영 선생님의「의성 진민사의 역사문화적 가치와 의례적 성격」이라는 논문에 대한 토론을 맡아 주셨습니다.

강당을 사용할 수 있는 시간이 5시까지이니 시간을 넉넉히 드릴 수가 없습니다. 한 주제당 10분 내외로 마무리가 되어야 합니다. 좀 죄송스럽지만, 질문과 답변을 요약해서 요점만 말씀해 주시기 바랍니다. 시간이 좀 남으면 청중석의 여러분께도 질문할 수 있는 시간을 드리도록 하겠습니다. 그럼 맨 처음 주제인 김윤규 선생님의「의성김씨의 유래와 오토산 진민사 사적의 문화적 가치」라는 발표에 대해 전재강 선생님께서 토론해 주시겠습니다.

# 의성김씨의 유래와 오토산五土山 진민사鎭民祠 사적의 문화적 가치

발표자: 김윤규(한동대학교 글로벌리더십학부 교수)

**전재강**(토론자): 제가 만든 토론문은 여러분이 가지고 계신 자료의 31쪽에 나옵니다. 그냥 말씀드리면 말이 길어질 수 있으므로 자료를 읽는 것으로 토론을 대신하도록 하겠습니다. 발표자께서는 한국현대소설을 전공하시면서도 가학(家學)이 있어 고전문학, 한문학 등의 분야에까지 일가견을 가진 근래 보기 드문 연구자라고 할 수 있습니다. 그리고 토론자는 이런 자리에 참여하게 된 것을 큰 영광으로 생각합니다. 발표자는 이 논문에서 성씨와 사적의 유래를 밝히고 있습니다. 성씨를 논하면서 전국에 분포한 다양한 성씨의 현황까지 매우 방대하게 정리하여 잘 보여 주고 있습니다. 사적에 대해서는 주로 진민사에 치중하여 논의를 전개하고 오토산 주변의 다양한 사적에 대해서는 간단하게 언급하고 있습니다. 의성김씨 성씨 유래와 진민사 사적에 중심을 두고 있지만 의성의 문화가 전체적으로 어떠한지를 말해 주는 논문으로, 발품과 수고를 참 많이 들인 논문입니다. 이에 본 논문에 대한 몇 가지 생각을 말씀드리겠습니다.

먼저 성씨 형성 과정에 있어서 의성김씨가 형성되는 변별적 특성이 더 드러나게 논의를 전개할 필요가 있다고 봅니다. 성씨 유래 부분에서 전국의 성씨를 모두 일괄하여 설명하고 여기에 의성김씨 경우를 첨부하여 말하고 있는데 논의의 중심이 의성김씨에 더 맞추어질 필요가 있습니다. 따라서 다른 성씨에 대한 자료는 의성김씨를 논하는 데 필요한 만큼만 사용할 필요가 있고, 성씨에 대한 일반적 자료는 축소하거나 각주 또는 미주로 처리해서 논의가 의성김씨 유래에 집중되도록 할 필요가 있어 보입니다.

두 번째, 연구 대상이 종중의 문화에서 지역문화, 더 나아가 민족사의 문화가 되어야 한다고 보셨는데 그럴 수 있는 충분한 근거 제시가 필요해 보입니다. 의성김씨의 유래와 진민사가 민족사적 보편성을 어떻게 확보할 것인지에 대한 진지한 고민이 더 필요해 보입니다. 오토산 진민사의 경우 처음에는 지역민의 자발적 활동에 의해서 사우가 만들어지고 유지되어 오다가 이것이 다소 민간 신앙적이고 바르지 못하다고 봐서 유림과 의성김씨 종중에서 이를 주도하고, 점차 내려오면서 이를 수호하는 데 의성김씨 종중이 핵심적 역할을 하는 것으로 변모되어 왔다고 했습니다. 다시 말하자면 처음에는 이 지역 전체 민간의 관심사로 시작되었지만 의성김씨와 유림이라는 특정 집단에 의해서 주도되었고 지금에 와서는 의성김씨 종중의 일로만 치부되는 듯해서 관심 범위가 점차 축소 일로의 길을 걸어 온 것으로 보입니다. 이것은 민간의 민속적·보편적 대상이 유교 이념으로 무장한 유림, 그 핵심인 의성김씨에 의해서 독점적으로 주도됨으로써 민간 대중과는 유리되어 가는 현상을 보인다고 할 수 있습니다. 그래서 이러한 축소 일로의 관심을 사회화하고, 민족문화로 보편화하려면 이런 현상의 매우 정밀한 검토를 바탕으로 실효성 있고 설득력 있게 방향을 잡아 나가야 된다 이렇게 생각합니다.

세 번째, 효자, 열사의 전설을 모아서 이야기 꾸러미를 만들면 좋겠다고 발표자께서 논문에서 말씀하셨는데, 여기서도 이야기 꾸러미를 어떤 의도를 가지고 어떤 체계로 만들고 어디에 사용할 것인가의 구체적 복안이 필요합니다. 이것은 남은 과제에서 한 언급이라 본 논문의 내용에서는 다소 벗어나 있지만 본고의 주제를 부각하기 위한 방법으로 이야기 꾸러미의 종합과 체계적 정리가 유용할 수 있다고 봅니다.

네 번째, 본 논의는 한국 성씨의 유래, 오토산 문화, 진민사 관련 다양한 사실을 조사한 방대한 작업성과를 보여 주고 있습니다. 그래서 이 논문은 문화유적을 조사하고 작성한 의성김씨 성씨 유래와 진민사 유적의 조사 보고서로서는 매우 우수한 글이라고 하겠습니다. 다시 말씀드리자면 중요하고 다양한 사실을 담고 있어서 조사 보고서로서는 훌륭한 글이라고 말할 수 있습니다. 그러나 논문으로 조건을 갖추기 위해서는 자료 조사와 정리에 그치지 않고 그 자료가 가지는 의미나 가치에 대한 논자의 주장이 타당한 논의를 통하여 전개되어야 한다고 생각합니다.

다섯 번째는 한국 어문규정에서 첫 칸 들여쓰기, 이런 것은 다 아시는 것이니까 생략하고, 요컨대, 사실을 근거로 논자의 논지를 내세우는 논의가 이루어져야 하고, 연구대상의 사회적·국가적 자산으로서의 보편적 의미와 활용도를 보일 수 있는 논리 근거와 방안을 모색해야 한다고 봅니다. 앞서 말씀 드린 대로 다른 성씨에 대한 방대한 자료, 그런 것은 논제에 맞게 축소하고 정리할 필요가 있다고 봅니다.

그러나 지금까지 토론자의 주장은 발표자보다 짧은 시간에 스쳐 살피는 과정에서 발표자의 의도를 오해한 것이 아닌가 하는 걱정을 합니다. 우문에 현답을 내는 과정에서 더 좋은 논문을 만들어 이번 학술행사의 취지에 어울리는 새로운 학문적 성과를 내고, 앞으로 더 좋은 논문이 되기를 바란다는 말씀을 드리면서 제 토론을 마치겠습니다. 감사합니다.

**정우락**(좌장): 네, 고맙습니다. 논문의 완성도라는 측면에서 조금 문제가 있다는 말씀을 하셨습니다. 이번 학술대회의 논문은 경북대 영남문화연구원에서 내는 학술지인 『영남학』에 기획논문으로 실릴 것입니다. 투고 및 심사과정에서 보다 완정한 논문이 되지 않을까 합니다만, 현재로서는 다소 문제가 있는 것 같습니다. 여기에 대하여 김 선생님께서 답변해 주시기 바랍니다.

**김윤규**(발표자): 존경하는 전재강 선생님께서 세밀히 지도해 주셔서 정말 감사합니다. 방금 원장님이 말씀하셨듯이 지금 이 논문은 시민교육용 논문입니다. 나중에 학술지에 실릴 때 학술논문의 형식에 맞게 좀 다듬어지고, 아마 많은 양이 줄 것으로 예측이 됩니다. 말씀하신 것처럼 의성김씨 이외의 자료들은 거의 다 빠지고 의성김씨에 대한 자료도 상당 부분은 빠질 겁니다. 그렇게 해서 정비된 학술논문이 될 예정인데, 거기에 대한 지침을 잘 주셔서 감사합니다.

두 번째 있었던 이야기는 좀 말씀드리고 싶습니다. 지금 우리 진민사가 민간신앙 상태에서 지역문화로, 그다음에 유교적인 제의로 갔다가 지금 다시 문중제의 상태로 와 있습니다. 지금부터 이것을 어떻게 민족문화로 승격시킬 것인가, 어떻게 하면 민족

전체가 참여할 수 있는 좋은 문화로 만들 것인가 하는 것은 오늘 사실 저만이 아니라 제 뒤에 발표하실 여러 선생님들도 거의 비슷한 주제로 다룰 문제입니다. 어떤 점에서 이것은 의성의 지역 문화로 돌려드려야 한다고 생각합니다. 그래서 지금 우리가, 지금도 진민사 제향의 초헌관은 가능하면 의성군수, 아니면 의성군의회 의장이 맡고 있습니다. 앞으로는 이것을 조금 더 확대해서 군수, 의장만이 아니라 의성 지역의 유림, 의성 지역의 교육장 또는 교육계 원로들이라든가, 의성 지역의 지도자들이나, 연로하신 어른들을 우리가 비용이 좀 들더라도 광범위하게 초대해서 하는 방식으로 유지했으면 하는 생각이 있습니다.

그리고 세 번째 말씀하신 효자·열사비 전설을 모아서 이야기 꾸러미를 만든다는 것에 대해서도, 지적하신 대로 이것도 조금 더 구체화할 필요가 있다고 생각합니다. 제가 이번에 이 논문을 쓰기 위해서 『의성군지』와 이 지역에서 나온 이야기책들, 조문국 박물관에서 나온 책들을 다 조사해 봤는데, 오토산을 둘러싸고 여러 개의 자연부락이 있습니다. 자연부락들마다 아주 재미있는 이야기들이 있는데, 아름답고 또 어떤 것은 슬프기도 한 이야기들이 마을마다 있고, 지명마다 있는 것을 보았습니다. 만약 나중에 저에게나 혹은 어떤 연구자에게 시간이 허락된다면 그 이야기들을 다 채록해야 합니다. 지금 그 이야기를 아시는 어르신들이 돌아가시는 중입니다. 그래서 그분들이 다 돌아가시기 전에 그 이야기를 다 채록해서 그 이야기들을 하나의 골목 이름, 예를 들면 열사의 골목 또는 열녀의 골목, 효자의 골목 이런 식으로 이야기의 이어지는 연계를 만들었으면 좋겠다는 생각이 있습니다. 지금 이 자리에 의성군 문화예술과장님과 학예사님이 계신데, 제가 제안을 하고 있는 중입니다. 그런 식으로 이야기를 만들면 의성의 골짜기들이 각각 이야기를 가지고 있는 골짜기로 형성이 되고, 그것을 구성하여 오토산을 둘러싸고 있는 이야기 꾸러미로 만들었으면 하는 생각이 있어서 이런 제안을 드렸던 것입니다. 그 밖의 상세한 지적 사항은 교수님께서 말씀하신 대로 다 수용해서 다음번 논문을 쓸 때 좀 더 정제된 논문을 쓰도록 하겠습니다. 감사합니다.

**정우락**(**좌장**): 네, 하실 말씀도 많고, 앞으로 하실 일도 많으실 것 같습니다. 진민사가 민간 주도로 시작되었다가 종중으로, 종중에서 다시 민간으로 돌려져서, 이를 지역의 문화로 발전시켜야 한다는 취지의 말씀은 매우 중요한 것이라 생각합니다. 이번 학술대회를 갖는 취지도 여기에 있지 않나 합니다. 이 부분은 나중에 기회가 닿는 대로 재론하기로 하겠습니다. 전재강 선생님께서 다시 질의하실 부분이 있을 듯하지만 시간 관계상 첫 번째 질의와 답변은 이 정도로 하고 두 번째 주제로 넘어가겠습니다. 두 번째 주제는 의성 진민사의 역사·지리적 측면을 발표하신 김덕현 선생님의 발표에 대한 질의입니다. 김명균 선생님께서는 요약해서 간단히 질문해 주시기 바랍니다.

# 군현 제의祭儀 공간 변화의 상징적 의미 해석

발표자: 김덕현(경상대학교 명예교수)

**김명균**(토론자): 다 읽으면 시간이 부족하니, 요약해서 말씀드리겠습니다. 이 글의 핵심 내용인 '진민사의 의미가 역사적으로 어떤 변모를 겪어 왔는가'에 대하여 저는 자손으로서 반성적 입장에서 이 점을 짚어 보고 싶습니다. 요약해서 질문을 하자면, 의성 지역 백성들의 진민사에 대한 공경의 정성이 사실 오랜 역사 동안 변모·퇴화되어 온 결과, 연대를 소급하여 가장 가까이로 조선 중기부터는 진민사 향사를 문중에서 전담해 온 것이 사실입니다. 이는 문중의 입장에서 자랑스럽지도 효율적이지도 않은 것입니다. 그렇기 때문에 조선 후기 오토재 중수 문제로 문중 원로들이 모였을 때 귀와 공이 진민사 향사를 원래대로 읍민들의 주관행사로 돌려놓는 게 어떻겠느냐고 관민 측에 의사를 타진했고, 그 당시 읍민들은 말 그대로 하자면 정중히 사양했다고 되어 있습니다. 그러나 그것은 정중히 사양한 것이 아니라 실질적인, 지역 사회적인 문제와 관련이 있습니다.

진민사 문건 가운데 대여섯 건의 전령 문서를 근거로 볼 때, 문서가 작성되었던 조선 후기에 이미 오토산은 그 지역 읍민들에게 출입금지 구역이 되어 있었음을 알 수 있습니다. 송목을 불법 훼손한다는 이유로, 혹은 불법 투장을 한다는 이유에서였습니다. 『맹자(孟子)』 양혜왕(梁惠王) 편에 '문왕지유(文王之囿)'라는 대목이 있습니다. 주나라 문왕의 공원은 70리에 달했는데도 백성들은 오히려 좁다고 생각했던 반면, 제나라 선왕의 공원은 40리밖에 되지 않았는데도 백성들은 너무 넓다고 생각했다는 것인데, 그렇게 되는 요인은 백성들과 함께 즐기느냐의 여부였습니다. 저는 그 당시에 오토산이 읍민들에게 제선왕의 공원처럼 인식되었을 것으로 판단합니다.

즉, 오토산이라는 곳은 의성 지역으로 봤을 때, 매우 중요한 지형자원인데 이 중요지형자원을 의성김씨 문중에서 점거함으로써 읍민들의 큰 반발을 야기한 것이 아닌가 하는 반성적인 입장에 서고 싶습니다. 그런 문제와 관련해서 발표자의 생각을 듣고 싶습니다.

**정우락(좌장)**: 1807년에 김굉이 쓴 「진민사중수기」에 보면 "내앞[川前]의 종인은 반드시 문중으로 되돌려 주고, 자손들은 다시 맡지 않도록 하고자 하니, 이 의논이 참으로 옳다. 그러나 본향이 이를 달가워하지 않고…" 뭐 이런 등등의 내용이 있습니다. 이 해석의 문제, 이것과 관련되어 있는 것에 대해 발표자 선생님께서 생각하신 부분을 말씀해 주시기 바랍니다.

**김덕현(발표자)**: 토론자께서 말씀하신 부분이 오늘 제 발표의 제일 메인스트림(mainstream)이죠. 진민사나 오토산이 원래 향중, 지역의 주도하에서 제향이 이루어지고 수호가 되었는데, 그것이 조선 후기에 와서 향중에서 문중으로 변하는 것에 대해 안타깝게 생각하는 것입니다. 조선 후기에도 그렇고, 지금은 더욱더 그렇죠. 그것은 특정한 개인집단의 잘못이 아니라, 그 시대가 지닌 하나의 추세입니다. 조선 후기에 모든 것이 이제 유교 이데올로기가 민간에 정착함에 따라서 향중이 문중으로 대체되는 과정의 일부였고, 그러나 지금의 현실로 보면 반대의 역사적 추세죠. 상대적으로 문중이 쇠퇴하고, 향중이 더 중시되는 추세가 나타나고 있으니까 이 문제에 대해서 좋은 방향으로 성찰과 계승이 이루어질 수 있다고 생각합니다. 그것을 하는 데 구체적인 실행수단의 하나가 지금 진민사가 무형문화유산으로서의 가치가 있는데, 진민사 혹은 오토산이 유형문화유산으로 지정되는 방식을 추진해 감으로써 이것이 지역공동체의 문화유산으로 만들어 갈 수 있는 하나의 수단이 될 수 있다는 겁니다. 물론 그런 일은 매우 어렵습니다. 진민사 자체만 가지고는, 전국에 그와 유사한 유산이 너무나 많이 있기 때문에 상당히 어렵고, 진민사와 오토산을 엮어서 소위 말하는 연속유산개념으로 해서 고려 이후의 군현제사, 군현신앙의 역사적 변화를 잘 나타내는 연속유산으로 일을 추진해 본다면, 물론 아직 그런 사례가 제가 알기로는 없습니다만, 그래서 이것을 하나의 새로운 양식, 지역군현제사의 성격이 달라지는 것을 가장 잘 반영하는 사례로서 문화유산으로 지정하는 사업을 추진하는 과정에서, 방금 우리가 안타깝게 생각했던 것을 해결하는 방도가 나오지 않을까 하는 생각을 해 봅니다.

**정우락**(**좌장**): 중요한 말씀을 해 주셨습니다. 조선 전기에는 지역사회, 즉 향중이 중심이 되었는데, 조선 후기에는 향중에서 문중으로 옮겨 왔고, 오늘날 역시 그 연장선상에 있다는 말씀을 해 주셨습니다. 그러나 지금의 현실은 문중 관리가 다시 문제가 생기고 있으니, 이러한 사정을 고려하면서 지역사회가 다시 이 부분에 대하여 공동의 관심을 가져야 할 것 같습니다.

다음 주제로 넘어가겠습니다. 다음 주제는 황위주 선생님께서 발표하신「오토재 전존문서의 현황과 특징」입니다. 이 발표에 대한 토론은 이수환 선생님께서 해 주시겠습니다.

## 오토재五土齋 전존문서傳存文書의 현황과 특징

발표자: 황위주(경북대학교 한문학과 교수)

**이수환(토론자)**: 네, 이수환입니다. 오늘 황 선생님 발표를 통해서 많이 배웠습니다. 오늘 황 선생님 발표는 그동안 학계에서 크게 주목하지 않은 재사(齋舍) 소장 전존문서를 실증적으로 소개해 주셔서 조선시대 재사의 실체적 모습을 이해하는 데 큰 도움을 준 것 같습니다.

그런데 사실 저는 오늘 발표된 자료를 열람하지 못해서 정확한 내용을 알 수 없습니다. 그래서 오늘 발표된 내용에 대해서는 특별히 언급할 것이 없고, 그 대신 제가 궁금한 사항 몇 가지를 질의하고자 합니다.

첫 번째는 발표상에서 계속 이야기가 되어 왔습니다만, 진민사를 향현사(鄕賢祠)로 볼 것이냐, 문중사우로 이해할 것이냐 하는 것입니다. 사실은 큰 틀에서는 향현사로 두어도 별 무리는 없습니다. 향현사라는 것이 사우의 범주 아래 들어가는데, 다만 진민사가 건립되고 난 이후에는 의성김씨 종중에서 주도적으로 운영해 나갔다는 의미에서 문중사우로 보는 것이 더 타당하지 않겠나 하고 생각해 보았습니다.

두 번째는 진민사 건립 연대와 관련한 것입니다. 좀 전에 김덕현 선생님도 계속 그런 말씀을 하셨습니다만, 사실 김용비는 의성의 수호신으로, 향민들이 그를 모시기 위한 사당은 오래전 고려시대부터 있어 왔던 것은 틀림없고, 또 그것은 주로 지방호장들이 주도적으로 관리·운영을 해 왔습니다. 이것이 고려시대까지 전통이고, 조선 초기까지도 이어져 왔습니다. 다만 이것이 16세기가 되면 향촌사회의 사족들이 주도권을 장악하면서 그러한 사우, 사당제의를 음사로 규정하고, 대부분 사족이 주도하고 유교적인 제의로 전환해 갑니다. 그러한 과정에서 아마 김용비를 모시는 수호사당을 진민사라는 이름으로 다시 해서, 유교적인 제의로 전환해 나갔다고 보여지는데, 그랬을 때 진민사의 건립 연대를 그 앞까지 소급할 것이냐, 아니면 진민사를 건립한 그 시점으로 볼 것이냐, 두 가지 입장에서 제 개인적으로는 진민사를 건립한 시점으로 봐야 하지 않느냐 하는 생각을 합니다. 고려시대에 수호신을 모시는 사당은 다른 지역에도 많이 있고, 그것이 뒤에 오면 서원으로 바뀌는 그런 사례도 가끔 나타납니다.

그리고 그 뒤의 세 번째, 네 번째, 다섯 번째 질문은 사실 황 선생님께 질문하기는 죄송한 이야기인데도, 황 선생님께서 보셨으니, 제가 잘 몰라서 이렇게 적어 놓은 것이니 한번 읽어 보겠습니다.

향사에 참석한 「시도기」 등의 자료를 통해 시기별로 방문자의 수가 어떻게 변화하였는지, 아까 발표자 선생님께서도 계속 그런 말씀을 하셨습니다만, 방문자들이 후손이 대부분이겠지만 그 외에 특이할 만한 인물이나, 타관 인사들은 어찌 되는지 궁금합니다. 혹시 짧게라도 말씀하실 부분이 있으시면 말씀해 주시면 고맙겠습니다.

네 번째는 오토재 운영을 책임졌던 재임과 관련하여 의성김씨 재사이기 때문에 후손들의 참여가 중심이었을 것으로 보입니다. 그래서 타관 인사가 있다면, 의성김씨들과 어떤 관계에 있는 인사인지도 알려 주시기 바랍니다. 아마 제가 생각하기에는 친인척, 혼인관계로 연결된 그런 성씨들이 아니겠는가 이렇게 생각을 했고, 아까도 선생님께서 말씀을 하셨습니다만 1848년 「오토산재사사례」에 '시장 볼 때 유의사항'이나, 1891년 「오토산별묘향례시사례」의 '도유사의 예우', 1910년 「절목」의 '오토재 별묘(전 진민사)의 도유사와 장의(掌議) 선임 방법', '장의의 나이 제한', '향사 불참자 처벌 규정'에 대하여 혹시 확인 가능한 범위에서 소개해 주시면 고맙겠습니다.

아까 마지막으로 황 선생님께서도 발표에서 말씀하셨습니다만, 사실 이 자료는 정말 중요한 자료입니다. 다양한 방면에서 연구를 해 볼 수 있는 그런 주제들이 있을 수 있지 않겠나 하는 생각에서 세 가지를 적어 본 것입니다. 첫째, 소지류 등의 고문서와 성책류에 수록된 「절목」 등에서 확인되는 후손들의 조상추숭의식과 다른 가문과의 차이점에 흥미가 생깁니다. 둘째, 각종 명부를 통해 확인할 수 있는 19~20세기 오토재 추숭 세력의 확대도 관심이 생깁니다. 셋째, 오토재의 재정 운영과 관련된 기록을 보니, 19~20세기 물가 변동과 재정 규모도 경제사적인 측면에서 살펴볼 수 있을 것 같습니다.

그리고 아까 황 선생님 발표를 들어보다가 느낀 점인데, 재임안에 보니까 장의가 있는데, 사실 경상도에서 장의라는 것은 향교에서 주로 쓰고, 노론계에서 장의란 말을 쓰는 경우가 있습니다. 경상도에서는 장의라는 말을 잘 안 쓰는데, 좀 관(官)과 연결되었을 때 장의란 말을 쓴다고 생각이 됩니다. 그리고 또 하나는 김미영 선생님 발표에서 제례에도 상정(上丁)이지 않을까 이런 말씀을 하셨는데, 이게 언제 규정인지는 모르겠습니다만, 사실 사우는 하정(下丁)이거든요, 하정인데 상정에 한다, 이것도 관과 관련되어서 그런 것이 아니냐, 그래서 이 진민사가 관하고 밀접한 관련성이 있지 않겠나 하는 느낌상으로 그런 생각이 들었습니다. 이상입니다.

**정우락**(**좌장**): 이수환 선생님께서는 역사학자로 고문서를 중심으로 연구하고 계시니 여러 가지로 생각이 많으신 듯합니다. 아마도 다음 발표는 이수환 선생님께서 한번 맡아 주셔야 하지 않을까 합니다. 황 선생님 답변 부탁드립니다. 앞의 네 가지를 중심으로 답변해 주시기 바랍니다.

**황위주**(**발표자**): 진민사가 향중사우냐 문중사우냐, 이것은 선생님들 여러 발표에 나왔던 것 같습니다. 제 생각에는 당초 건립 주체는 의성 군민이었던 것으로 판단됩니다. 그 뒤 김안국 선생이 와서 진민사라는 호를 내려 개판(改版)을 하고, 이런 과정에 복호(復戶)도 시키고, 제수 일체를 내리기도 하였는데, 이때도 문중과 상관없이 관에서 제수를 제공하였습니다. 그리고 이후 진민사 이창(移創) 시 부조 문건을 보니 부조한 사람이 약 70명인데, 30여 명이 타성(他姓)이었고, 의성 지역뿐 아니라 합천, 초계, 청송 등 여러 고을 현감이 포함되어 있었으며, 그 밖에도 의성의 빙계서원 재임, 향교 재임, 향리 등 많은 사람이 참여한 것으로 나타났습니다. 이로 보아 진민사의 당초 성격은 향중 사우가 분명하였던 것으로 생각되는데, 이것이 아마 후대로 오면서 후손들이 많이 참여하고, 나중에는 오토재에 별묘 형식으로 편입되면서 향중사우의 기능을 상실하고 문중사우의 형태로 변모되어 갔다고 보는 것이 정확할 것 같습니다. 아까 선생님께서 말씀하신 가운데 향중사우로 돌리면 좋겠다는 것도 그런 차원에서 하신 말씀 같습니다.

두 번째는 진민사의 건립을 고려시대로 특정하기에는 좀 무리가 있다는 말씀이신데, 이것은 아까 이야기가 나왔습니다만, 첨사공의 활동 연대에 대하여 아직 확정된 견해가 없다는 점을 고려할 필요가 있겠습니다. 첨사공은 고려 공민왕 때 홍건적의 난을 평정하는 공을 세웠고, 그래서 돌아가시고 난 뒤에 그 덕을 추모해서 의성에 진민사를 세웠다고 보는 것이 일반적입니다. 그러나 앞 발표에서도 나왔듯이, 첨사공의 활동 시대를 고려 명종 혹은 원종 때라고 한 기록도 있는데, 이는 동강 김우옹 선생이 지은 「진민사중건기」에 보입니다. 또 신라 경순왕의 4자(子) 김석이란 분의 4대손이 김용비라고 하는 견해도 보입니다. 이렇듯 김용비라는 분의 활동 연대에 대해서 확정된 견해가 없는데, 늦잡아도 고려 공민왕 때 홍건적의 난 즈음은 되지 않을까 추정됩니다. 그렇다면 돌아가시고 난 뒤에 사우를 세운 것이 고려시대 말기로 볼 수 있지 않을까요? 다만 진민사라는 이름을 붙이고 개판을 한 것은 김안국이 1517년에 경상감사로 왔을 때가 분명합니다. 지적하신 『서원가고(書院可攷)』에 나오는 선조 10년(1577)이란 연도는 아마 청계 선생이 오토산 산소에 비석을 세우고, 그 아들 학봉이 그 일을 주도한 그 연도와 관련되는 것이 아닌가 생각됩니다. 선생님도 말씀하신 것처럼 기본적으로는 고려시대 때 사우가 세워졌는데, 여기에 진민사라는 이름을 붙이고 한 것이 조선 중종 연간이라고 보면 좋을 듯합니다.

세 번째, 네 번째로 질의하신, 시도기 등에 방문자 수가 어떻게 변화하는가 하는 문제는 제가 답하기보다 이쪽 분야 전문가이신 선생님께서 앞으로 연구하시는 것이 더 좋을 듯합니다. 제 논문은 문서 전체의 전반적 현황과 특징을 검토한 것이어서 문서 내용 자체에 대한 심층적 연구는 이번 제 발표에 포함되지 않았습니다. 그런 점에서 양해를 부탁드리고, 간단하게 제가 문서를 본 소감을 말씀드리자면, 1772년 수묘(修墓) 시의 경우 약 70~80명이 참여하였고, 보통 춘·추향에는 20~30명 정도가 참여하였으며, 참여하신 분들의 거주 지역은 상주, 청송, 안동 등지가 비교적 많았던 것으로 판단되었습니다.

네 번째, 후손 외에 다른 어떤 분들이 있는가 질문하셨는데, 이것은 나중에 구체적으로 내용을 정리해 봐야 알겠지만, 예컨대 1700년대 같은 경우에는 도유사에 장계박, 그다음에 나오는 분들 중에 박정록 같은 분들이 아마 지역분들이 아닌가 합니다. 이런 분들이 실제 도유사를 맡았던 기록이 있어서 적어도 선조, 현종까지는 지역 유림들과 연계하여 도유사를 맡고 했던 것 같습니다. 세밀한 사항은 전체적인 사항을 연도별로 통계 정리를 해 봐야 알 수 있을 것으로 생각합니다.

여섯 번째와 일곱 번째는 선생님께서 그냥 지나가셨습니다만, 「절목」이라든지 「사례」 등에 참 재미있는 내용이 많습니다. 1848년 시장 볼 때 유의사항을 보면, 시장 볼 때 하집사나 실무자 혹은 종 등이 장난을 많이 쳤던 것 같습니다. 그래서 집사가 직접 감독하에 시장을 보라고 한 항목이 보입니다. 그다음 도유사나 장의 선임 방법 같은 경우, 도유사는 대체로 명망이 있는 분을 우선하였는데, 아무리 명망이 높아도 나이가 40세, 즉 불혹(不惑)이 되기 전에는 임명하지 말라는 조항이 있었습니다. 향사 불참자의 처벌은 온다고 하고서 오지 않은 경우에는 반드시 처벌한다는 규정이 있었는데, 향사에 참여할 때 비용을 각 동네마다 후손마다 자부담을 시켜서 이런저런 핑개를 대고 불참한 사람이 많았던 것이 아닌가 생각합니다. 그 외에도 다른 곳에서는 보기 어려운 흥미로운 세부 조항들이 많이 있는데, 세세한 사항은 앞으로 문서를 정리하는 대로 이수환 선생님께서 직접 연구하셔서 널리 소개해 주시기를 기대합니다. 이상으로 마치겠습니다.

**정우락(좌장)**: 네, 고맙습니다. 오토재 문서는 영남 지역의 재사나 향현사의 실상을 밝히는 데 매우 중요하다는 생각이 듭니다. 앞으로 경제사나 생활사를 연구하시는 분들이 시간을 충분히 갖고 이 부분을 깊이 들여다봐야 하지 않을까 합니다.

이제, 마지막 주제입니다. 김미영 선생님의「의성 진민사의 역사문화적 가치와 의례적 성격」에 대한 발표는 권삼문 선생님이 질의해 주시겠습니다. 부탁드립니다.

## 의성 진민사의 역사문화적 가치와 의례적 성격

발표자: 김미영(한국국학진흥원 수석연구위원)

**권삼문(토론자)**: 네, 권삼문입니다. 마지막에 토론을 하다 보니 제가 질문드릴 것이 앞에서 거의 다 나왔습니다. 그래서 저는 특별히 드릴 말씀은 없습니다만, 우선 제가 질문드리고 싶었던 충렬사 관련은 김덕현 선생님께서 기존에 알려진 사실들을 많이 정리해 주셔서 질문을 생략하려고 합니다. 그리고 방금 또 고문서 관련해서 말씀을 많이 해 주셨기 때문에, 실제로 저희들이 진민사 소장 문서 중 향사에 관련된 문서 내용들을 알고 제례 현장을 보아야 이것이 제대로 설명될 수 있습니다. 하지만 현재까지는 그렇게 진행된 상황이 아니기 때문에, 다만 지금까지 논의 중에서 거론되지 않은 아까 관아에서 지원해 주는 그런 문제를 말씀하셨습니다. 타성들의 출액 경우에 외손들이 늘 부조(扶助)하고 그래 왔습니다. (* 제례에 참여하는 타성 가운데는 외손도 있다는 요지의 발언임.)

또, 다른 서원에도 그런 경우가 있습니다만, 특별히 진민사에서는 관복을 헌관들이 입죠. 향교 석전의 조복과는 다릅니다만, 더러 나타납니다. 의성 쪽에서는 관복 입는 사례가 얼마나 되는지 궁금합니다. 다만 이것은 김미영 선생님께서 직접 대답하실 수 있는 문제는 아닌 것 같습니다. 그렇지만 저는 지정토론의 임무를 맡았기 때문에 그와 관련해서 말씀드리고 싶은 것은, 저희들이 진민사를 잘 알려고 해도 일단 제가 보기에는 의성군 지역 내의 사우, 서원의 현황과 내역 등 대조할 수 있는 자료가 축적되어 있지 않습니다. 그러니까 1800년대 진민사가 이건할 당시 의성에서 향교는 어떻게 제의를 치렀고, 다른 서원에서는 어떻게 향사를 치렀고, 서원 출입을 어떻게 했으며, 예를 들어 다른 사우의 경우에, 충렬사의 경우엔 어떻게 했는가, 이러한 지방 향중 사림들의 동향을, 내용을 좀 알아야 진민사가 대체로 서원화한다고 할까요, 유교식 제례가 정착되는 계기가 두드러지지 않을까 그런 생각을 해 보면서 우리 김미영 선생님께 질문을 드려 봅니다.

**정우락(좌장)**: 토론이 진행되면서 자연스럽게 해결된 부분이 많습니다. 이 때문에 관복 착용 문제와 추가 질문해 주신 부분을 중심으로 답변해 주시기 바랍니다.

**김미영(발표자)**: 관복 착용에 대해서만 대답하면 될 것 같습니다. 오늘 이게 상당히 중요한 코멘트이기도 한데요, 아까 선생님 중에 장의(掌議)라는 용어가 서원에는 없고 향교에만 존재한다고 하셨는데 그걸 봤을 때, 또 진민사의 제향일이 상정일(上丁日)이라는 점, 그다음에 종4품 이상이 제향에 참여할 경우에는 관복을 입습니다. 안동에는 도산서원이 관복을 입고요, 그 외에 영주의 소수서원은 사액서원인데도 검은 제복을 입습니다. 그다음에 다 아시다시피 정2품 이상이 참여하는 제사에는 홍복을 입습니다. 그러니까 홍복이 우리 관복 중에서 당상관들이 입는 것이고, 청복은 종3품 이하 당하관이 입는 것입니다. 따라서 이러한 지금 제복에 있어서나, 제향일에 있어서나, 그다음에 역할, 재임들의 장의라는 명칭으로 봤을 때나 모재 김안국이 1517년 경상감사가 되어서 제수를 내려 줬다는 것으로 보아 진민사의 위상이 상당히 높았던 것으로 보입니다.

제가 이 글에는 싣지 못했습니다만 역대 초헌관을 조금 검토해 보았습니다. 원래는 분명 의성군수께서 초헌을 맡으셨는데, 역대, 1900년대를 보니까 그렇지는 않은 것 같습니다. 일반 유림, 유학자들이 맡은 것을 볼 수 있었습니다. 이 부분에 대해서는 좀 더 파헤쳐 들어가야 되겠지만 이것과 관련해서 그 자료보다도 이 지역유산으로 한 가지 제안을 드리고 싶습니다.

저희 한국국학진흥원에서, 어제 또 만인소가 아시아태평양기록유산으로 국내목록에 이름을 올렸습니다. 지난번 목판을 세계기록유산에 올리기도 했습니다. 김윤규 선생님께서 제안해 주신 바와 같이, 지금 팔공산이 그렇게 하고 있는데, 이 오토산을 역사유적지로 만들려면, 진민사의 경우 보편성을 찾는 작업이 미리 되어야 하지 않은가 하는 생각이 듭니다. 우리 권삼문 선생님께서 말씀하신 지금 역사적·학술적인 부분을 심층적으로 가는 것을 한 바퀴로 두고, 하나는 보편적 역사, 보편적 신앙형태, 그다음에 보편적 정신문화 이렇게 했을 때 지역문화유산으로 거듭날 수 있을 것입니다. 우리가 사실 고대나 고려시대의 것을 문화재, 문화유산으로 등재할 때 파헤쳐도, 지금 가야사도 문제지 않습니까? 돈을 내려 줘도 할 게 없다고 하곤 합니다. 자료가 없기 때문인데, 앞으로 진민사도 앞으로 더 파헤쳐도 크게 문중이 지금 가지고 있는 이런 자료 외에는 없지 않을까 합니다. 따라서 그 축은 학술적이고 심층적 연구도 해 나가야 하지만, 그와 함께 우리가 문화재 활용 측면에서는 큰 범위에서 스토리텔링이 들어갑니다. 여기서 보편적 역사, 보편적 신앙, 고대사부터의 형태, 보편적 가치, 정신문화 이런 것들을 찾는 하나는 역사에 뿌리를 두되, 가공의 측면에서 스토리텔링화하는 작업을 축적하는 것도 동시에 필요해 보입니다. 이상입니다.

**정우락**(좌장): 네, 고맙습니다. 의성의 진민사라는 특수성 속에서 어떻게 보편성을 찾을 수 있을까 하는 것은 또 다른 고민과 논리가 필요할 것 같습니다. 약속한 시간이 거의 다 되었는데, 청중석에 계시는 분들의 질문을 한 분만 받도록 하겠습니다. 질문하실 분이 안 계시면, 오토재를 오랫동안 관리해 오고 있는 위원회의 회장으로 계시는 김갑주 선생님께 오늘 학술대회에 대한 소감한 말씀을 듣도록 하겠습니다.

**김갑주:** 오늘 대단히 수고 많으셨습니다. 사실 제가 기대했던 것보다 오늘 발표한 내용이 훨씬 다양하고 깊이와 넓이가 있는 것을 보았습니다. 지금까지 제가 아쉬웠던 것은, 늘 느끼는 것이 할아버지 산소에 비석, 장군석과 그 밑에 신도비가 다 특이하게 생겼는데, 미술사 쪽에서 누구 한 분이 계셨으면 하는 생각을 해 보았습니다. 앞으로 그런 문제를 좀 보완해 주시고 이제 방금 말씀드린 것처럼 기대 이상으로 오늘 많은 성과가 있었던 것 같습니다. 계속해서 좋은 논문이 나와서 좋은 결과가 있기를 바라면서 대단히 감사하다는 말씀을 다시 한번 드리고, 특히 토론에 참석하신 분들 대단히 고맙습니다. 이상입니다.

**정우락(좌장):** 이제 마무리를 해야 할 듯합니다. 이번 학술대회를 통해 공부거리를 많이 가지고 가는 듯한 느낌입니다. 오늘 학술대회의 목적은 의성 진민사의 역사적 가치를 재조명하는 것입니다. 이를 위하여 네 분의 선생님들이 깊이 있는 논문을 발표해서 일정한 성과를 거두었다고 생각합니다. 특히 오토산 진민사의 사적으로는 어떤 것이 있으며 그 문화적 가치는 무엇인가, 진민사와 오토산이 거느리고 있는 역사지리적 기반은 무엇인가, 영남 지역 사족의 삶과 밀접한 관련이 있는 오토재와 진민사 운영의 실상은 어떠한가, 진민사의 제향의례가 지역문화유산으로 어떤 가치가 있는가 하는 것을 구체적으로 알게 되었습니다.

이 논의과정에서 우리는 향중의 진민사와 문중의 오토재가 당초 별도로 존재하였는데, 이것이 후대로 내려오면서 통합되었고, 다시 향중으로 되돌리고자 하는 노력이 있었으나 통합된 채로 운영되어 온 과정과 함께, 여기에 따른 다양한 문화적 요소를 파악할 수 있었습니다. 공묘(公廟)가 사묘(私廟)로 단일화되었던 사정은 시대의 흐름에 따른 의성김씨 문중이 지닌 지역 내적 위상과 함께 조선 후기 영남 지역에서 많이 나타났던 문중 중심주의와 일정하게 맞물리는 지점이 있다고 하겠습니다. 향촌 중심의 영웅 숭배, 나아가 무속적 신격이 유가의 조상 숭배적 제의 기능 강화라는 사상사적 변이도 함께 관찰할 수 있었습니다. 여기서 우리는 오토재와 진민사를 중심으로 좁게는 영남의 문화사, 넓게는 한국의 문화사를 이해할 수 있는 매우 중요한 시각을 확보하게 되었습니다.

오토재 진민사가 한국문화사 이해에 있어 특별한 점이 있다면, 앞으로 두 가지 점에서 의미 있는 일을 추진해야 할 것으로 봅니다. 하나는 진민사를 공묘로 돌려놓는 일입니다. 1807년 귀와 김굉이 발의한 바 있듯이 진민사를 향중으로 되돌려, 지역 사회에서 첨사 김용비 공이 의성 지역 백성들에게 존경받던 역사를 새롭게 복원할 수 있어야 한다는 것입니다. 바로 여기서 오토재와 진민사에 대한 관심은 의성군을 중심으로 한 지역사회가 '김용비'라는 문화 영웅을 새롭게 발굴하고, 발표 중에 제기된 바 있듯이 진민사 일원을 '역사문화구역'으로 지정해, 제향기능뿐만 아니라 교육 기능도 함께 담당할 수 있도록 해야 할 것입니다.

다른 하나는 오토재에 소장되어 있는 자료에 대한 심층연구입니다. 학계에서 시간을 갖고, 조선 중기 이래 지금까지 다양한 문서를 생산하며 그 기능을 지속하고 있는 오토재와 진민사에 대한 문화의 구체상을 밝힐 수 있어야 할 것입니다. 깊은 샘의 물이 흘러 그 유파도 큰 법입니다. 오늘날 유행하는 스토리텔링 등 이야기의 재구성, 이로 인한 대중화도 이러한 학문적 성과 위에서 가능한 것입니다. 이를 위해서 문중과 지자체가 꾸준히 관심을 갖고 체계적으로 이 일을 수행해 나가기를 바랍니다.

오늘 학술대회는 오토재 진민사의 문화에 대한 근본적인 문제제기와 향후의 연구 및 사업의 방향을 설정하는 데 있어 중요한 성과를 거두었다고 평가할 수 있을 것입니다. 이러한 성과에 도달할 수 있도록 합력해 주신 발표자와 토론자 선생님들, 그리고 열심히 듣고 중요한 질의와 평가를 해 주신 청중 여러분들께도 감사드립니다. 이것으로 오늘 발표를 모두 마치도록 하겠습니다.

감사합니다.

# 오토재
# 전존문서

金柱洛等所志(1878)

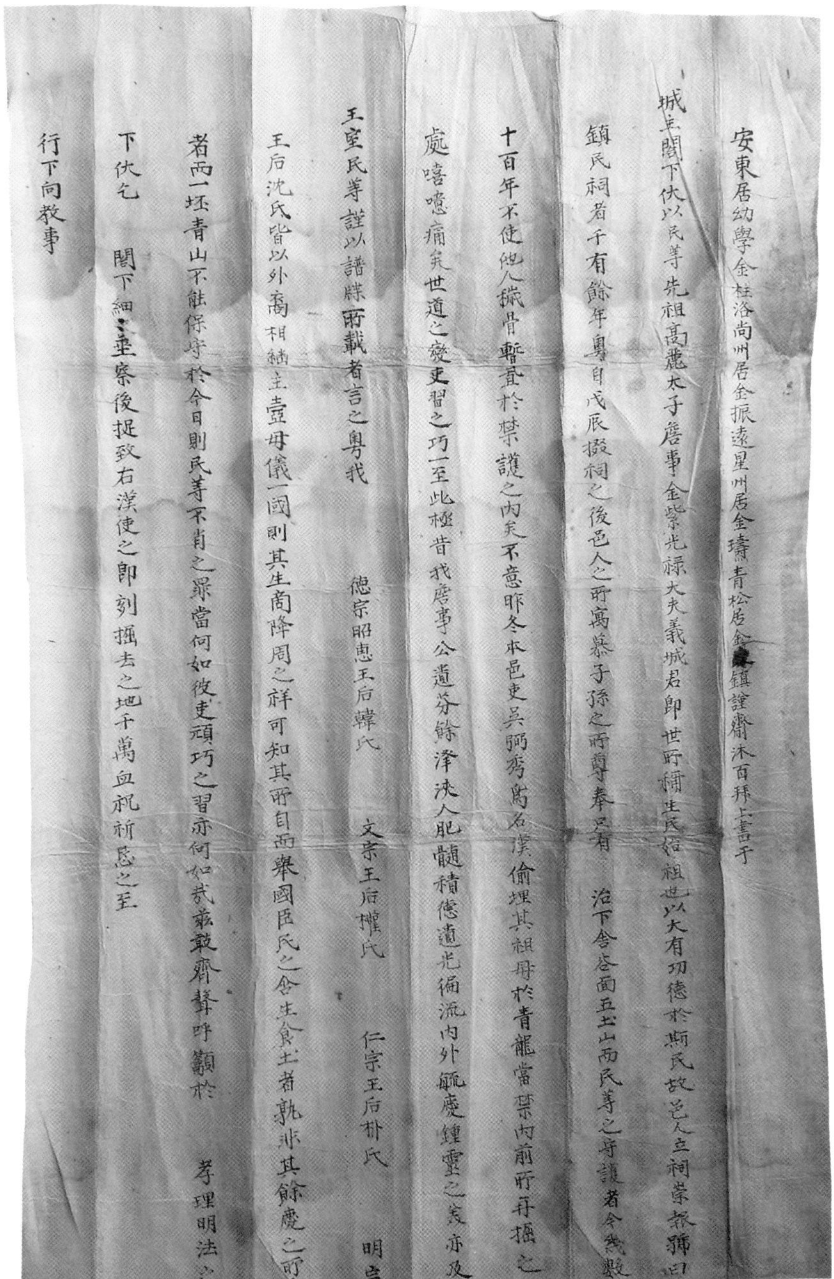
安東居幼學金柱洛尙州居金振遠星州居金璹青松居金鎭謹齋沐百拜上書于
城主閤下伏以民等先祖高麗太子詹事金紫光祿大夫義城君節世所稱土民始祖也以大有功德於斯民故邑人立祠崇報稱曰
鎭民祠者千有餘年粤自戊辰撤祠之後邑人之所寓慕子孫之所尊奉只有 治下舍峇面五土山而民等之守護者今幾數
十百年不使他人識骨暫置於禁護之內矣不意昨冬本邑吏吳弼秀爲名漢偸埋其祖母於青龍當禁內前所再掘之
處噫噫痛矣世道之變吏習之巧一至此極昔我詹事公遺芬餘澤浹人肌髓積德遺光徧流內外毓慶鍾靈之後亦及
王室民等謹以譜牒所載者言之粤我 德宗昭惠王后韓氏 文宗王后權氏 仁宗王后朴氏 明宗
王后沈氏皆以外裔相繼主壼母儀一國則其生商降周之祥可知其所自而擧國臣民之含生食土者孰非其餘慶之所及
者而一坯青山不能保守於今日則民等不肖之罪當何如彼吏頑巧之習亦何如哉茲敢齊聲呼籲於 孝理明法之
下伏乞 閤下細〻垂察後捉致右漢使之即刻掘去之地千萬血祝祈懇之至
行下向教事

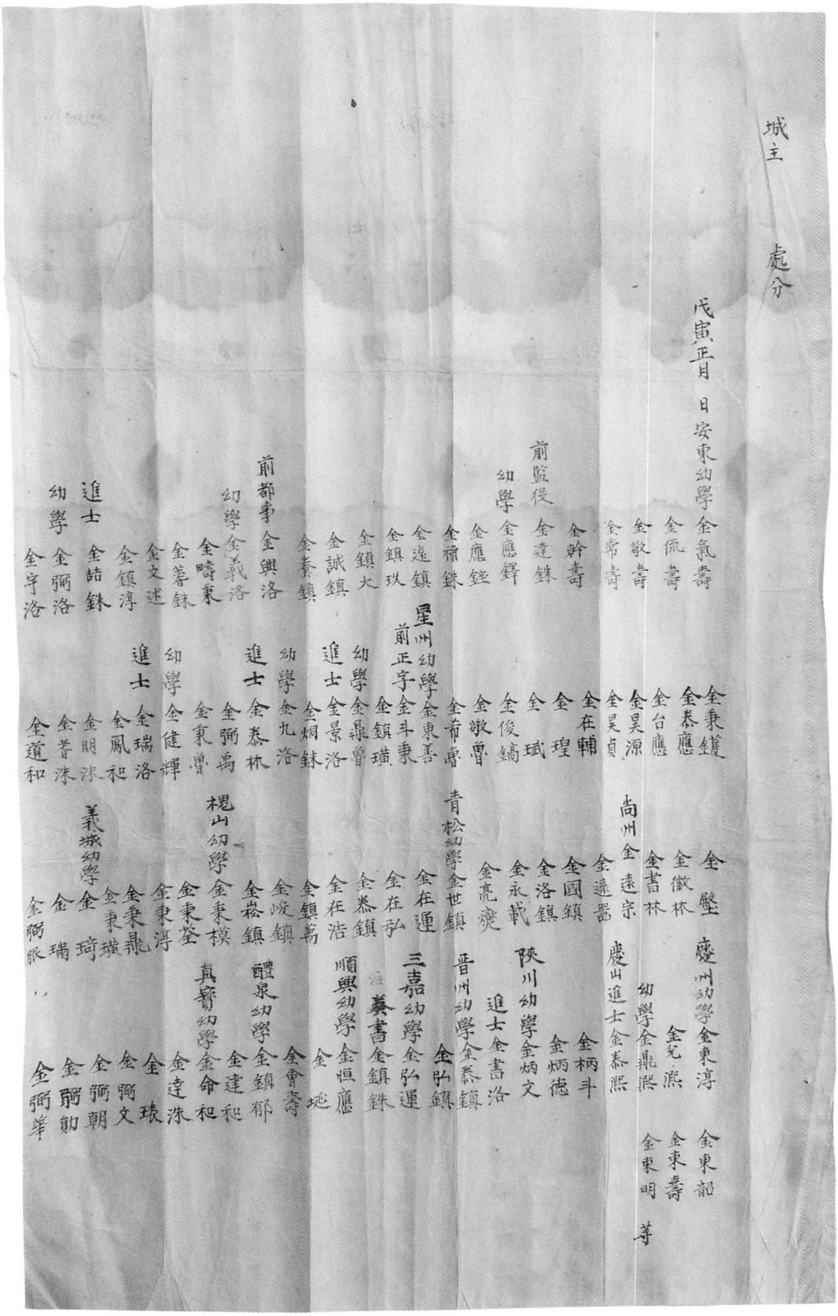
城主 處分
戊寅正月 日安東幼學金氣壽
金佩壽
金敬壽
金常壽
金幹壽
前監役 金達鉥
幼學 金應鐸
金應鉎
金禎鉥
金遠鎮
金鎮玖
金鎮大
金誠鎮
金養鎮
前都事 金興洛
幼學 金義洛
金晴秉
金蓍鉥
金文述
金鎮淳
進士 金喆鉥
幼學 金彌洛
金宇洛
金秉鑊
金泰應
金昊源
金昊貞
金在輔
金理
金斌
金俊鎬
金敬曾
金希曾
星州幼學 金東善
前正字 金斗秉
金鎮璜
幼學 金鼎曾
進士 金景洛
金烱鉥
幼學 金九洛
進士 金泰林
金彌禹
金東曾
幼學 金健輝
進士 金瑞洛
金鳳和
金明洙
金耆洙
金道和
金璧
金徽林
金書林
尙州 金遠宗
金遠器
金國鎮
金洛鎮
金永載
金亮燮
靑松幼學 金世鎮
金在運
金在弘
金秦鎮
金在浩
金鎮禹
金峻鎮
金崧鎮
槐山幼學 金秉模
金東奎
金東淳
金秉鼎
金東璜
義城幼學 金琦
金瑞
金彌脈
慶州幼學 金東淳
金允熙
幼學 金鼎熙
慶山進士 金泰熙
金柄斗
金炳德
陜川幼學 金炳文
進士 金書洛
晋州幼學 金泰鎮
金阩鎮
三嘉幼學 金弘運
奏書 金鎮鉥
順興幼學 金恒應
金□
金會壽
醴泉幼學 金鎮郁
金建和
眞寶幼學 金命和
金達洙
金琭
金彌文
金彌朝
金彌勛
金彌華
金東韶
金東壽
金東明 等

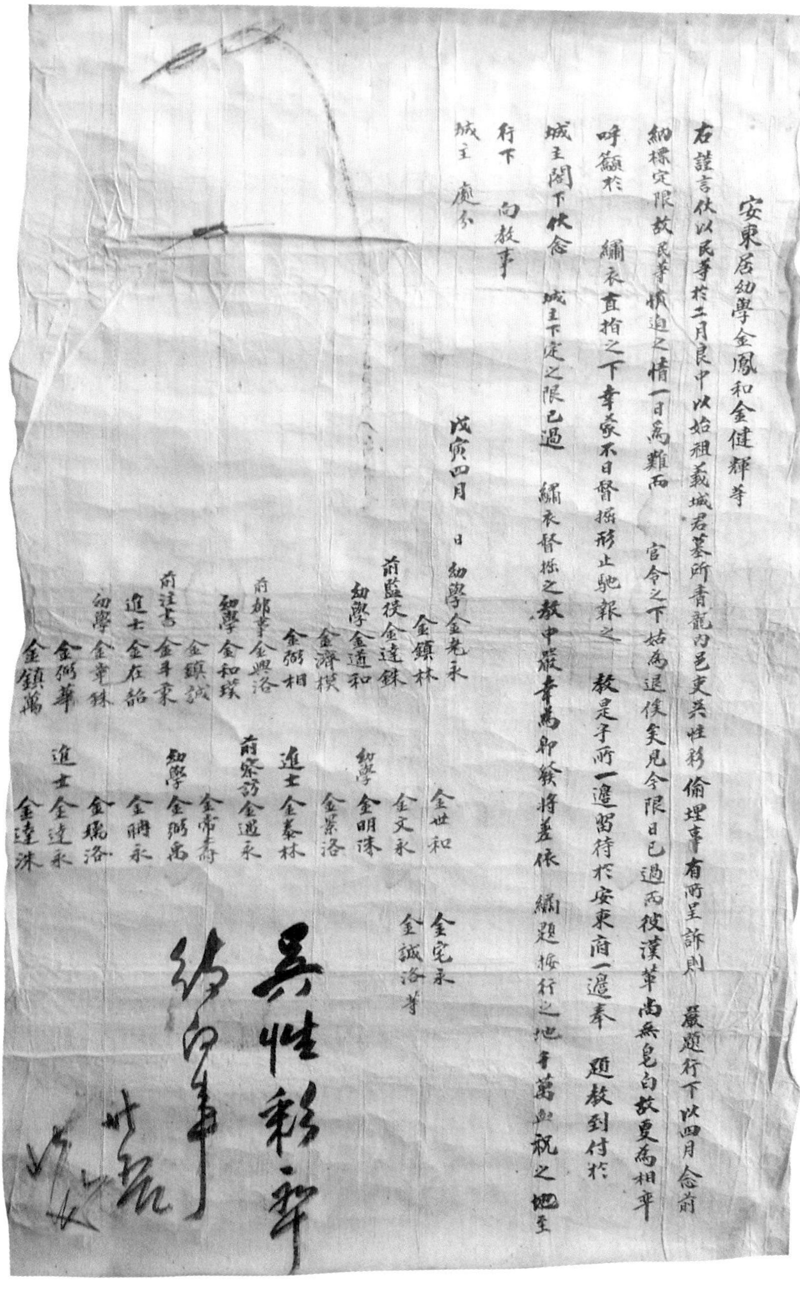
安東居幼學金鳳和金健輝等

右謹言伏以民等於二月良中以始祖義城君墓所青龍内邑吏吳姓移偷埋事有所呈訴則 嚴題行下以四月念前

納標定限故民等抑迫之情一日爲難而 官令之下姑爲退俟矣見今限日已過而彼漢輩尚無皂白故更爲相率

呼籲於 繡衣直指之下幸蒙不日督掘移止馳報之 敎是乎所一邊留待於安東府一邊奉 題敎到付於

城主閤下伏念 城主下定之限已過 繡衣督掘之敎中嚴[illegible]爲[illegible]將差依 繡題掘行之地千萬血祝之地至

行下 向敎事

城主 處分

戊寅四月 日 幼學金光永 金世和 金宅永

金鎭林 金文永 金誠洛 等

前監役金達銖 幼學金明洙

幼學金道和 金景洛

金濟模 進士金泰林

金衡相 前察訪金道永

前郎事金興洛 金希壽

幼學金和璞 幼學金衡禹

金鎭誠 金胴永

前注書金承秉 金瑞洛

進士金在韶 進士金達永

幼學金常銖 金達洙

金衡華

金鎭萬

安東幼學金常壽星州居金東善醴泉金垣謹齋沐上書于

城主閤下伏以民等始祖義城君墳墓在於治下舍谷面五土山丙卯千年保守之地也蓋其深仁厚澤浹人骨髓寓慕興情亘古莫替一區松楸尙無剪伐之

患矣粤在丙丁大歉化外愚頑之徒閭生剝皮之計故頻爲呈 官辛蒙嚴飭不至侵斫之境而不意日前本面梧桐居李班憑恃荒年濟衆族黨偶率奴丁無

數亂斫皆是拱抱之材也三四作頭莫非賭饒之家也吝惜其財未有賙恤之志而誘引愚昧者作謀生之術則人心之叵測寧有若是耶莫重邱木雖以常

賤之輩猶不敢下手況於士類之稱乎目今浮荒之民尙不足於所料伊豪富之類乎丙丁之掩置自爲甘心而今年之偈魅又出其門則作心設計固非私力之可禁而松楸

一致齎是 國家之大典也茲敢拈違前侍令仰訴 法庭爲去乎伏乞後錄諸人一一捉致依律徵贖後特下 傳令于附近各洞一以爲懲勵之道一以治怙終之罪

使千年邱木無至重罹之地千萬血祝之至

行下向教事

城主 處分

甲申二月 日 安東幼學金鎭大

金和璞 金平壽 金鍾模 前持平金興洛 幼學金進和 金養鎭 金明洙 金瑀高 金春洙 金宇洛 金鳳和 進士金景洛 幼學金煕和

金春洙 金哲洛 幼學金絢輝 金鎭懿 前正言金斗東 金瑞洛 進士金壽林 金應鍾 金中洛 金鶴和 金允模 金濟模 幼學金健輝 金達和

金瑚壽 星州金敬魯 金斌 金理 義城金瑀華 金璊 金琜 金瑀朝 金瑀臣 金瑀說 槐山金秉模 金秉璜 金東享 金啓洙

前注書金鎭鑑 順興幼學金德輝 金東洙 金瑀三 醴泉幼學金瑀敬 金壽洛 眞寶幼學金棋洛 金洛鎭 金國鎭 尙州幼學金永載 金鎭萬 青松幼學金世鎭 金瑀奇

善山幼學金翼洙 金崑輝 寧海幼學金逅和 金進和 慶州幼學金東明 金東韶 景山幼學金暻淵 進士金壽淵 幼學金性和 金龍洙

後錄
李範由宅奴
李城坪宅奴
安東朴某宅奴
李某宅奴

[illegible]

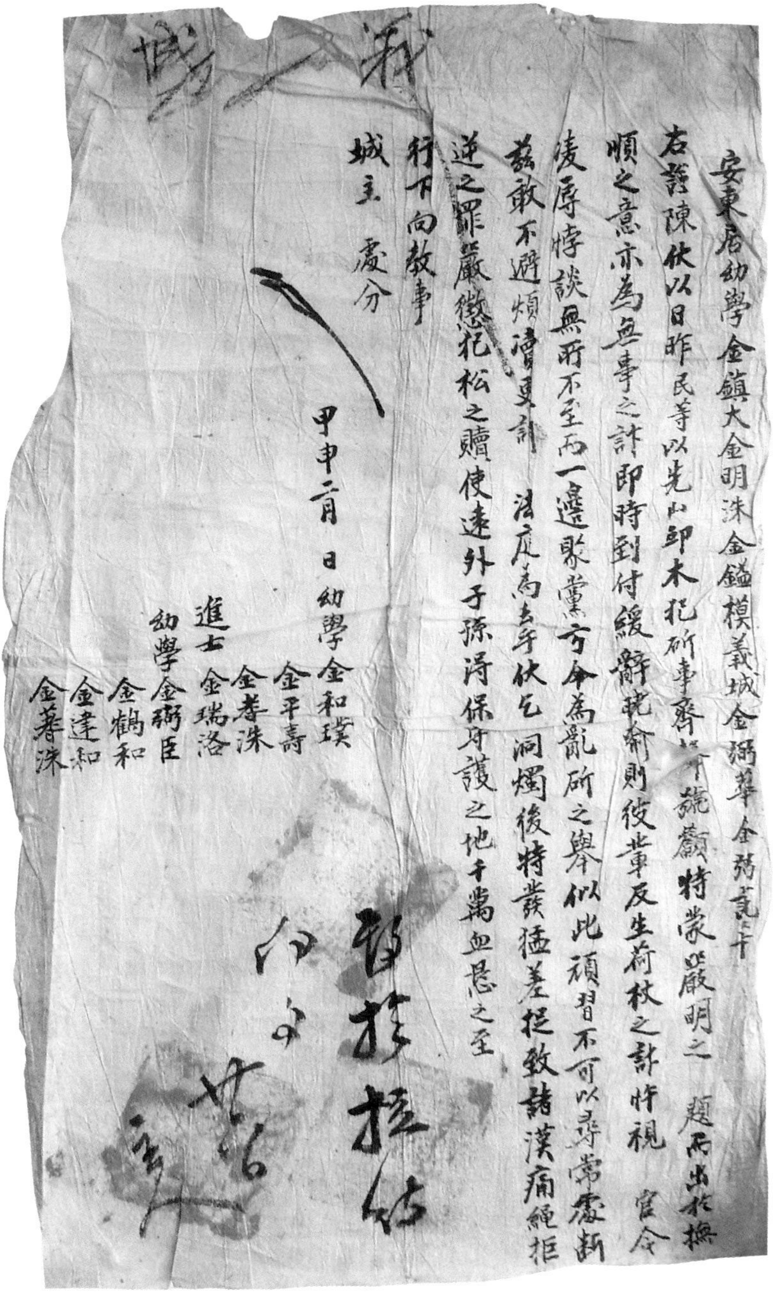
安東居幼學金鎭大金明洙金鎰模義城金㻂華金弼亮等

右謹陳伏以日昨民等以先山卯木犯斫事齊詣號籲特蒙嚴明之題辭出於撫順之意亦爲無事之計卽時到付緩辭挽諭則彼輩反生荷杖之計忤視官令凌辱悖談無所不至而一邊聚黨方今爲亂斫之擧似此頑習不可以尋常處斷玆敢不避煩瀆更訴法庭爲去乎伏乞洞燭後特發猛差捉致諸漢痛繩拒逆之罪嚴懲犯松之贖使遠外子孫得保守護之地千萬血懇之至

行下向敎事

城主 處分

甲申二月 日 幼學金和璞

金平壽

金春洙

進士金瑞洛

幼學金弼臣

金鶴和

金達和

金蓍洙

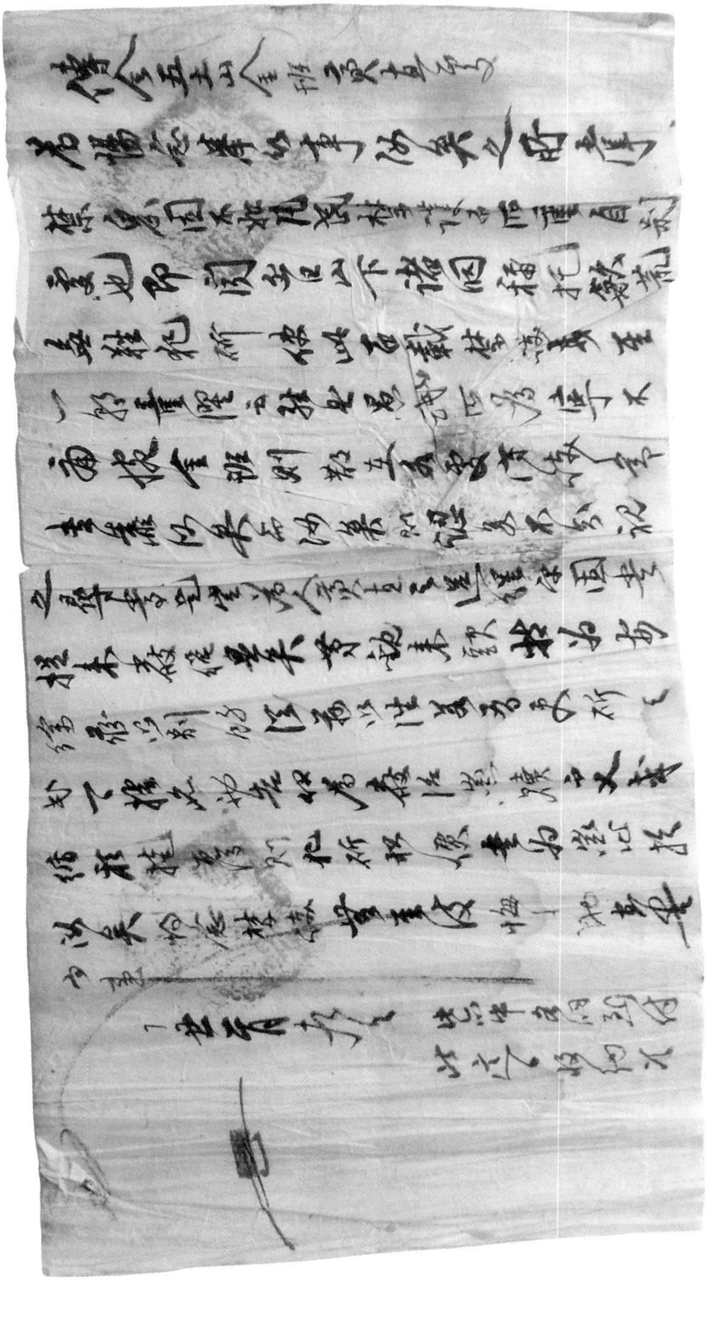

## 舍谷面傳令(1877)

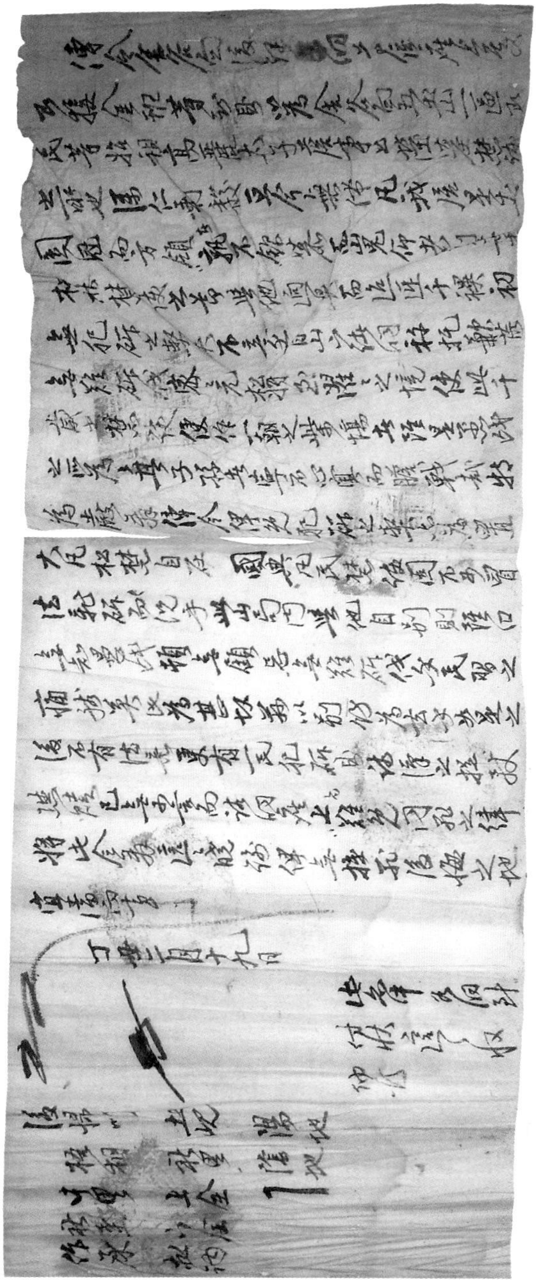

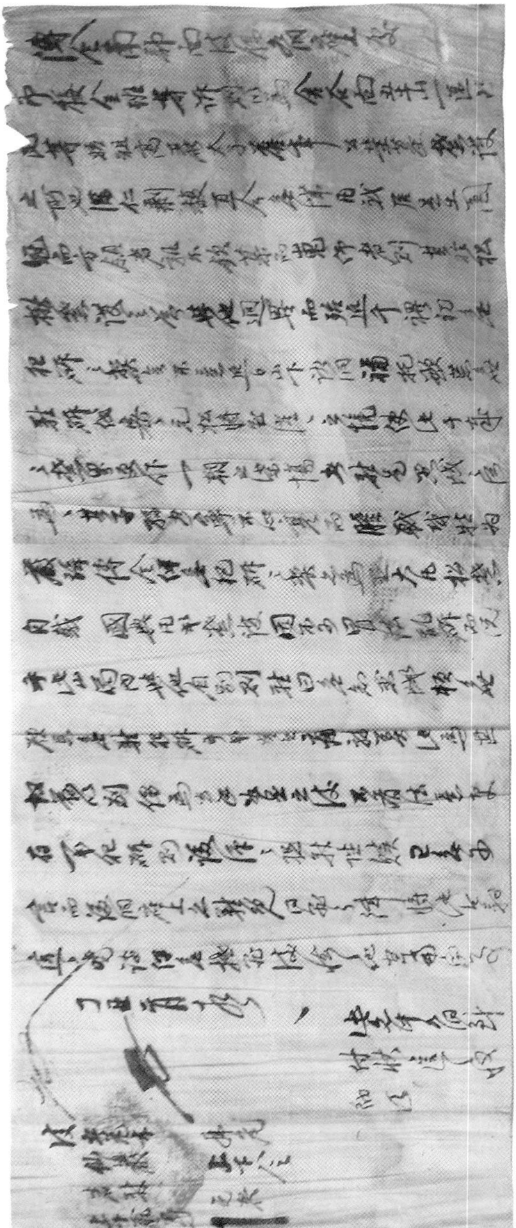

上川面傳令(1877)

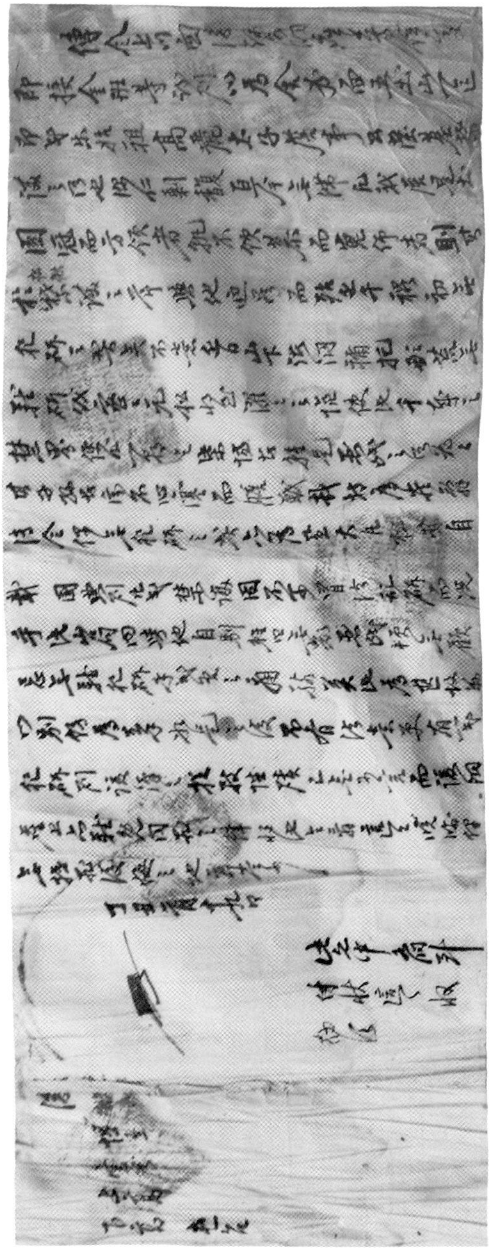

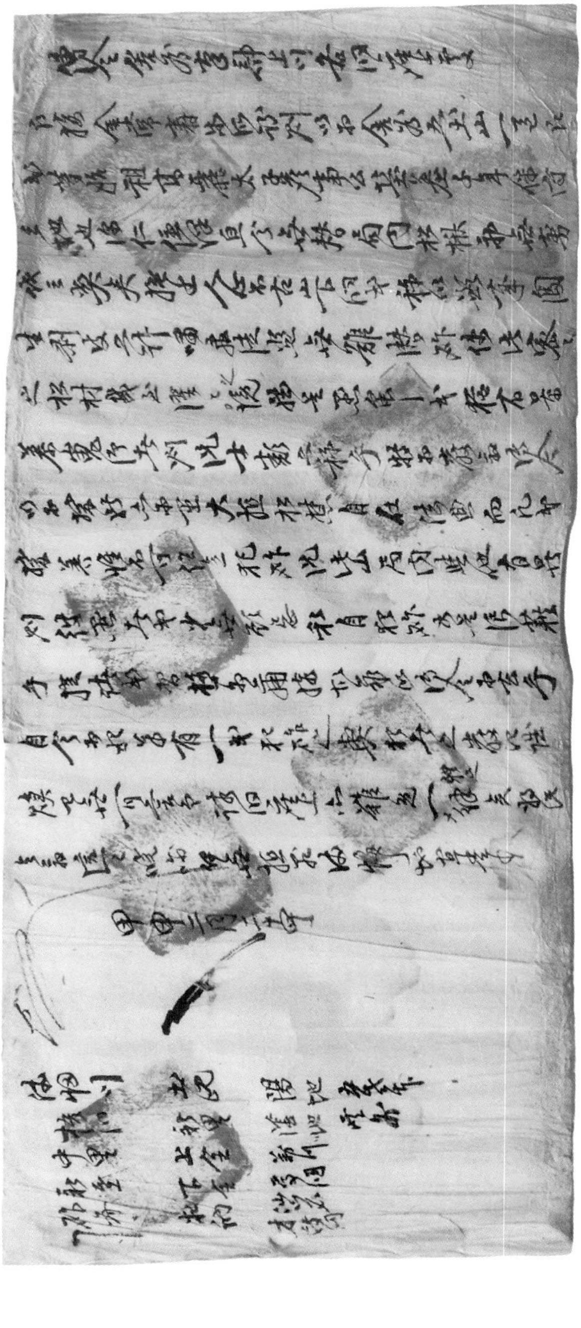

祠宇移創時列邑扶助記(1656)

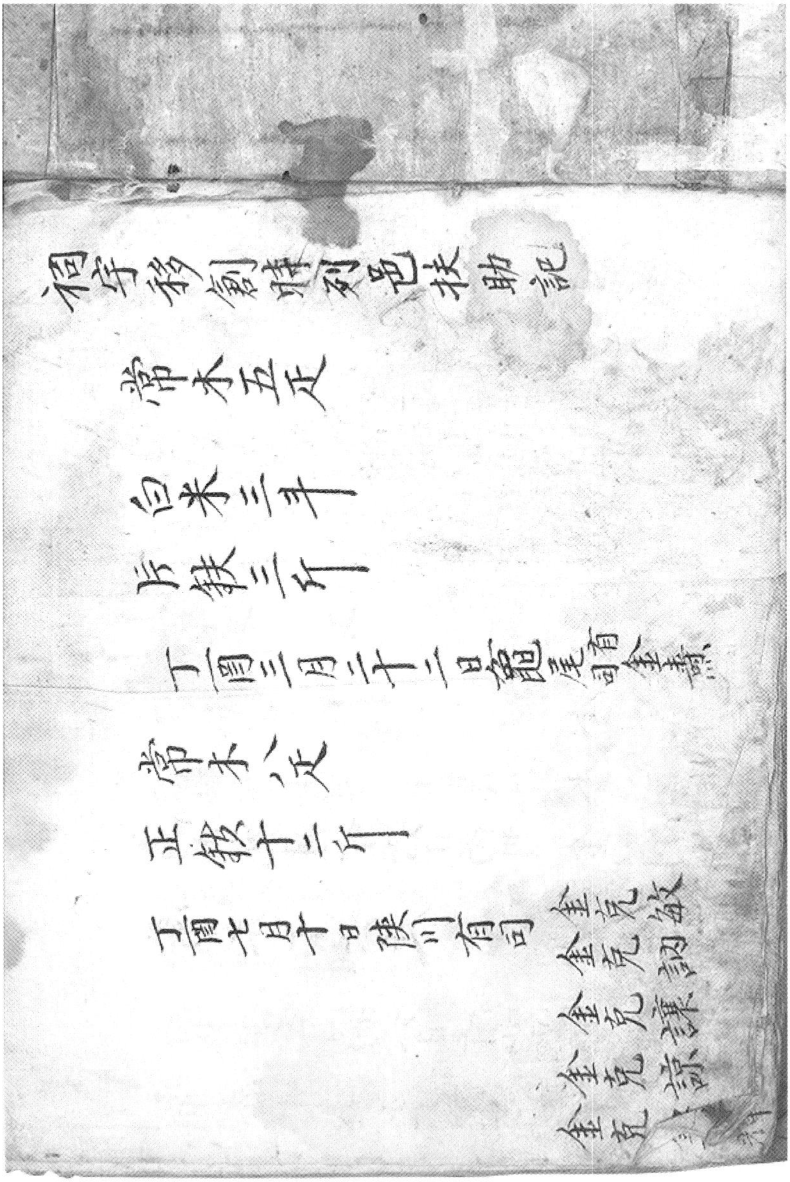

祠宇移創時列邑扶助記

常木五疋

白米三斗

片鐵三斤

丁酉三月二十二日寧海有司金壽

常木八疋

正鐵十二斤

丁酉七月十日陜川有司 金克儉 金克訒 金克謙 金克諒 金克

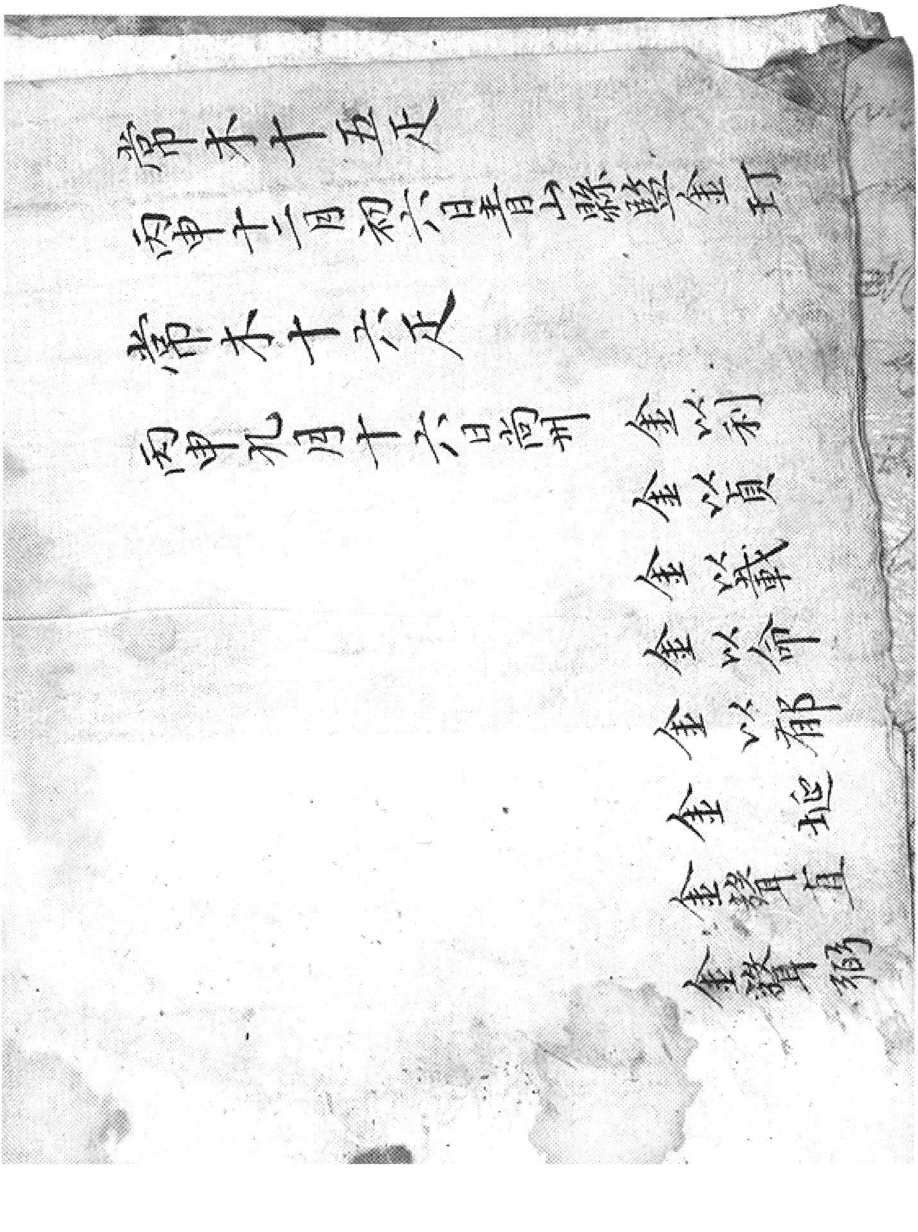

常木十五疋
丙申十二月初六日善山縣監金玎
常木十六疋
丙申九月十六日尙州 金以利
金以貞
金以載
金以命
金以郁
金泌
金瓚臣
金寶獮

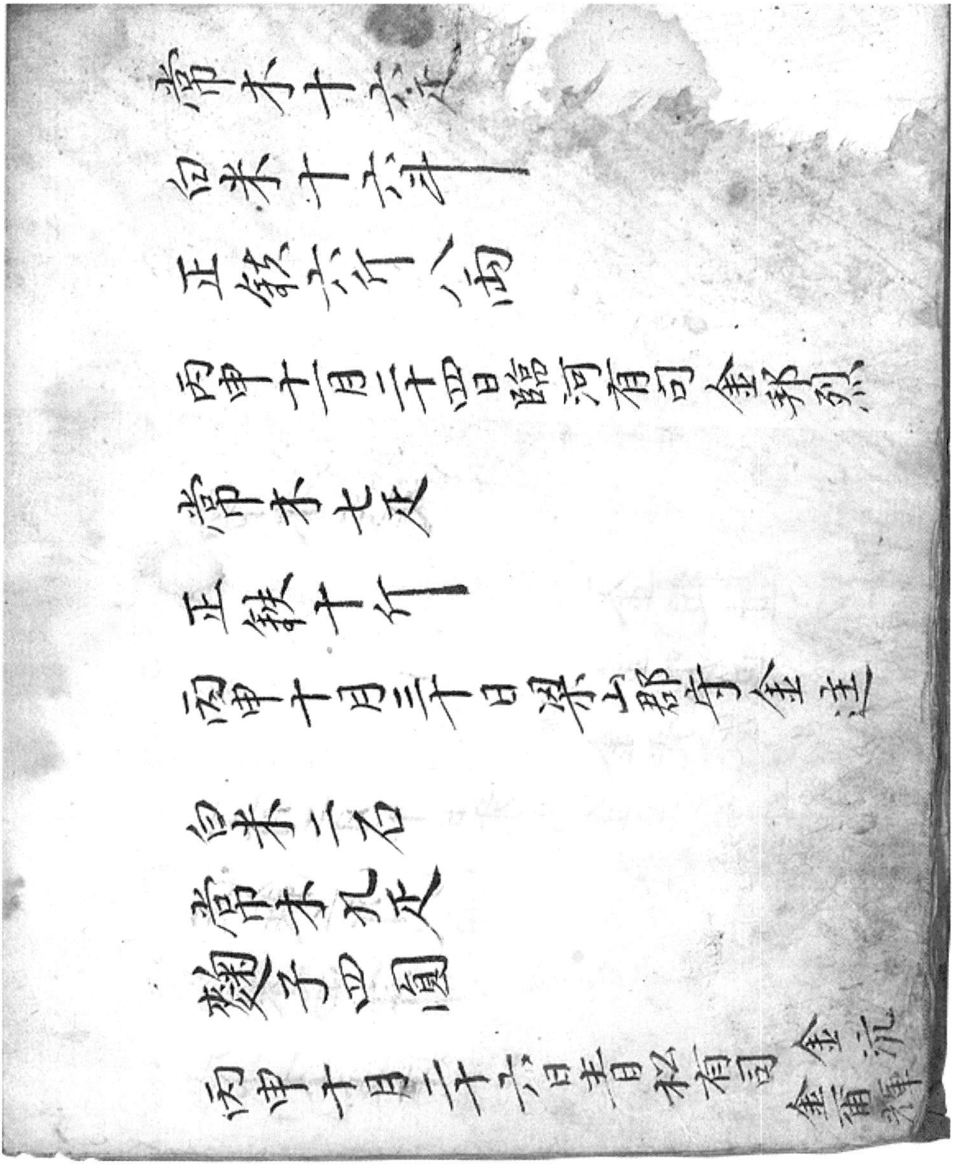
常木十六疋
白米十六斗
正鐵六斤八兩
丙申十月二十四日臨河有司金鋕烈

常木七疋
正鐵十斤
丙申十月三十日咸山郡守金達

白米二石
常木九疋
鷄子四同
丙申十月二十六日青松有司金沆 金甯澤

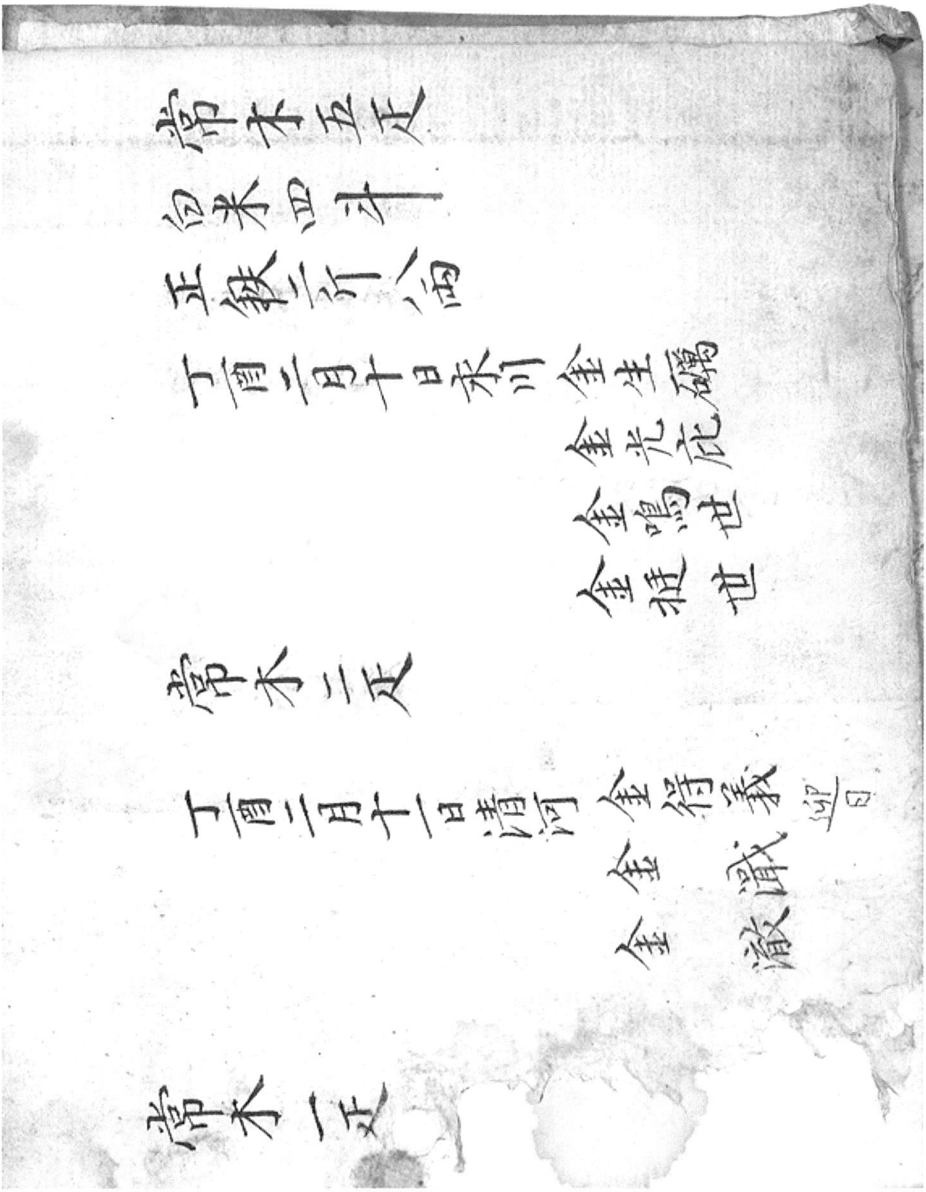
常木五疋
白米四斗
正鐵三斤八兩
丁酉二月十日永川金生礪
金光元
金鳴世
金挺世
常木三疋
丁酉二月十一日淸河金得秉 署
金□
金徽
常木一疋

丁酉二月十七日善山

常木二疋

丁酉二月二十六日知禮金鈛

金鋤

金鑊

金鎬

正鉄九斤

常木二疋

丁酉八月十一日梁山郡守金逵

常木一疋　金昌業

常木一疋鋤鉄一　金昌祐

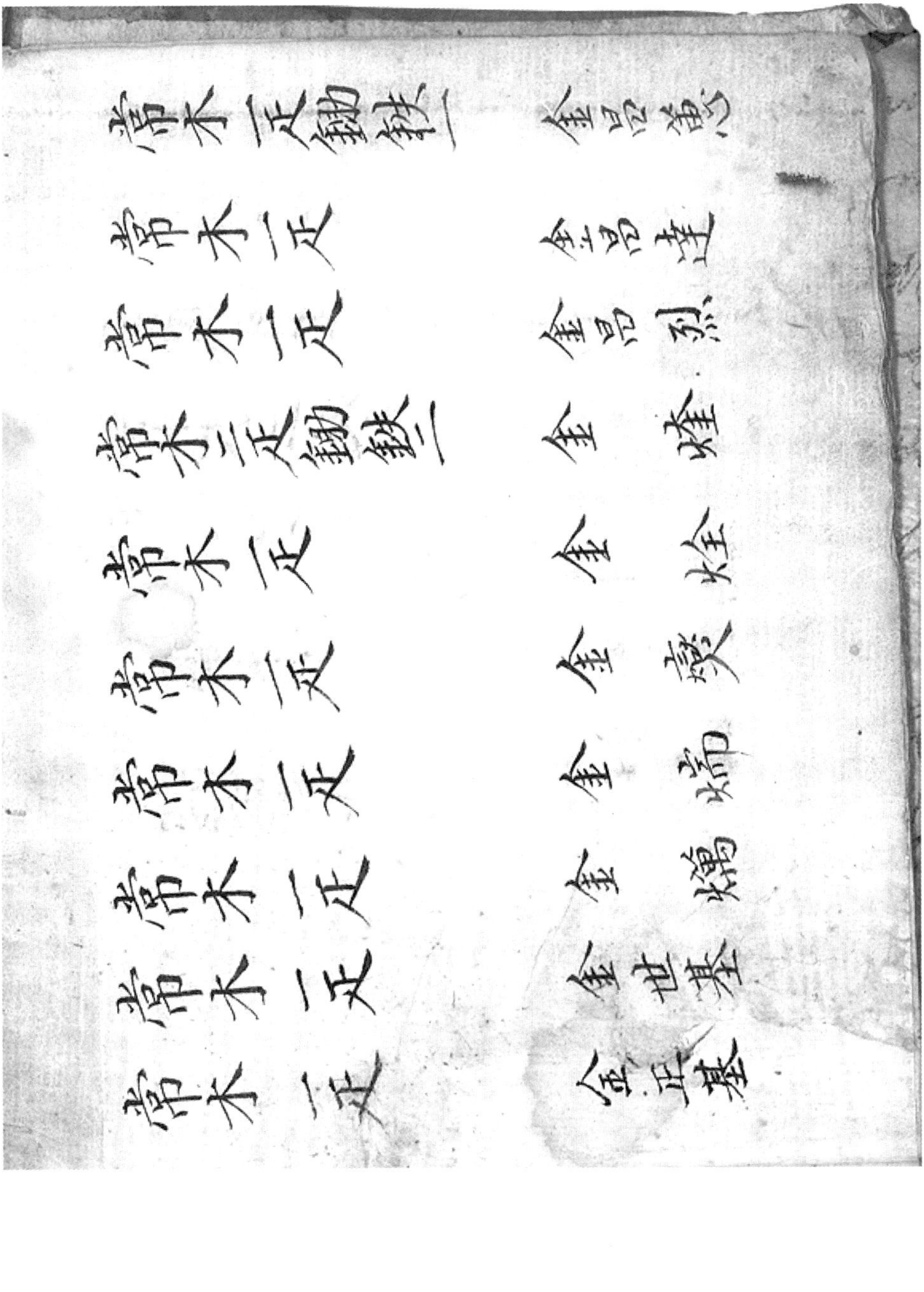
常布木一疋鍬鐵一
常布木一疋
常布木一疋 金昌烈
常布木二疋鍬鐵二
常布木一疋 金 烇
常布木一疋
常布木一疋
常布木一疋
常布木一疋 金世基
常布木一疋 金正基

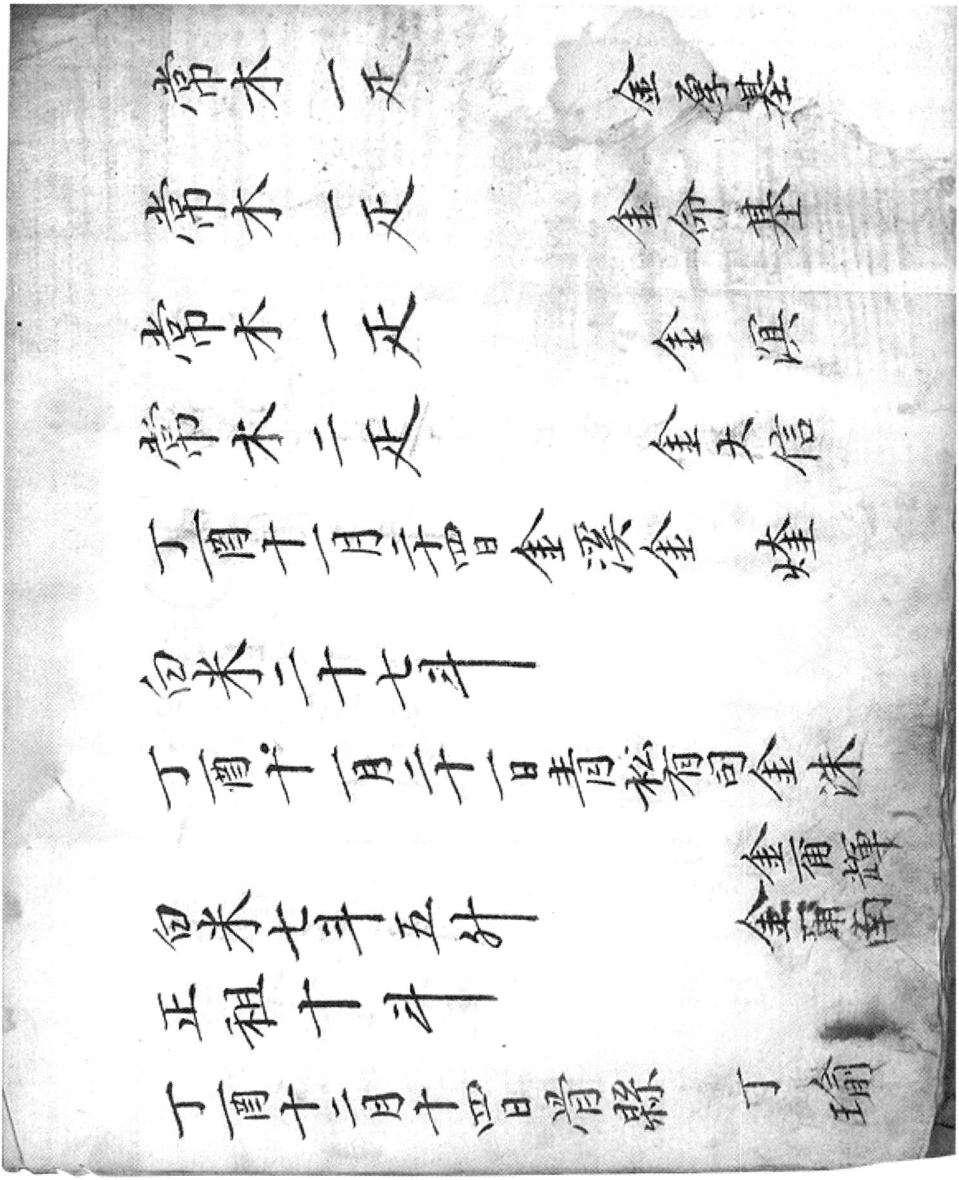
常木一疋 金厚基
常木一疋 金命基
常木一疋 金滇
常木二疋 金大信
丁酉十一月二十四日金溪金 烇
白米二十七斗
丁酉十一月二十一日靑松有司金洙
金爾輝
金爾南
白米七斗五升
正租十斗
丁酉十二月十四日骨縣 丁瑜

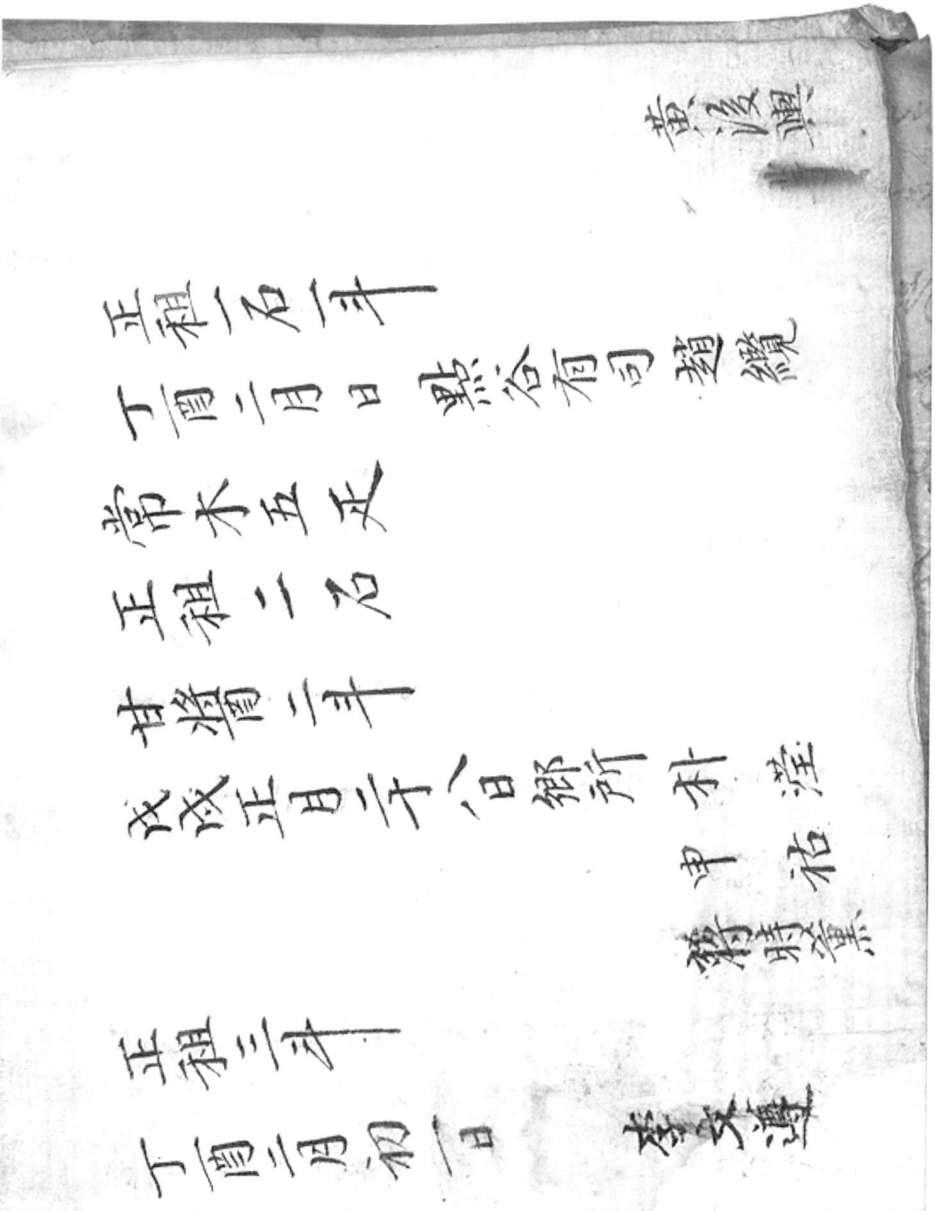

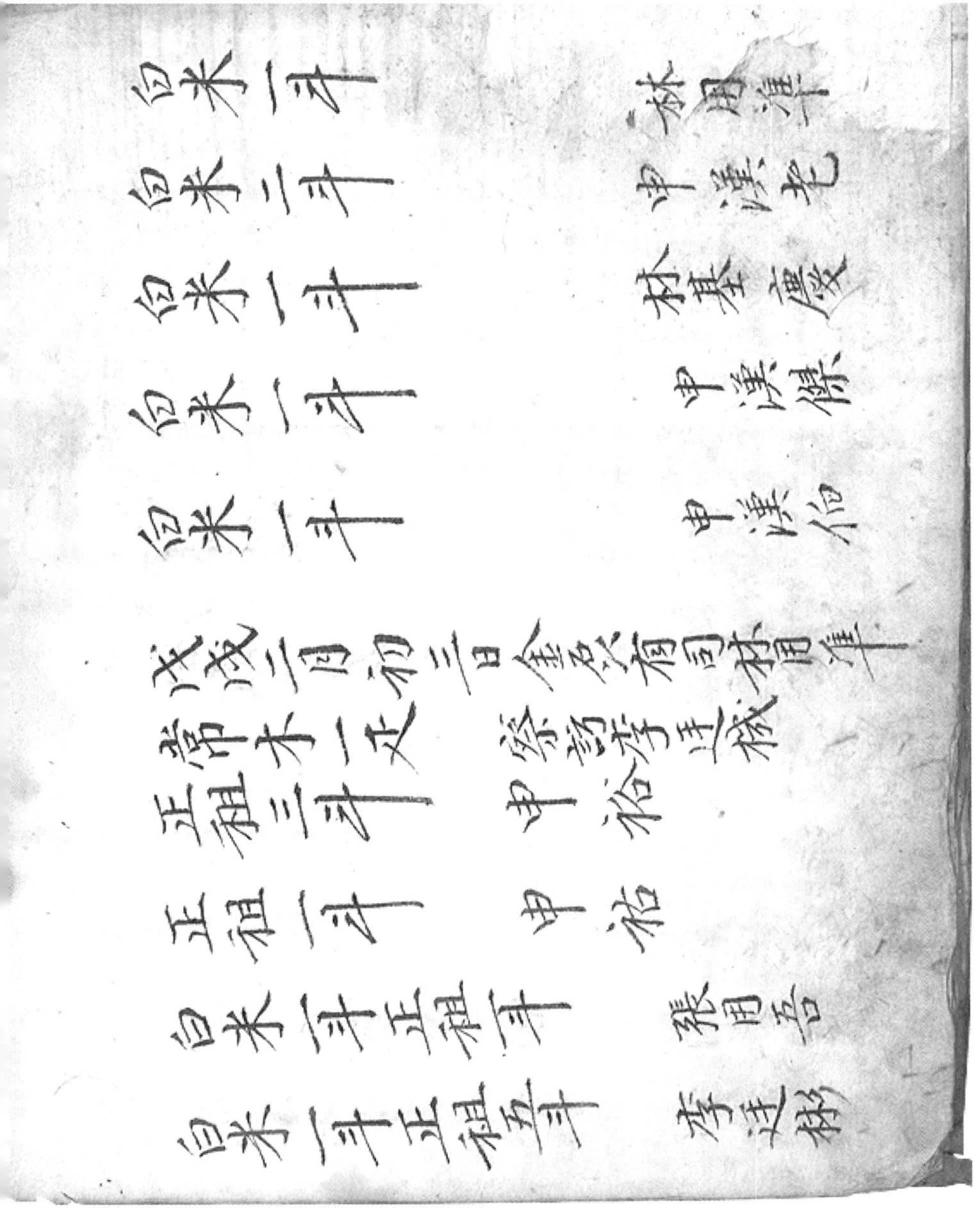
白米一斗 林用準
白米二斗 申漢老
白米一斗 林基慶
白米一斗 申漢傑
白米一斗 申漢伯
戊戌二月初三日金石只有司林用準
常木一疋 蔡訥李廷棫
正租三斗 申裕
正租一斗 申祐
白米一斗正租一斗 張用吾
白米一斗正租五斗 李廷彬

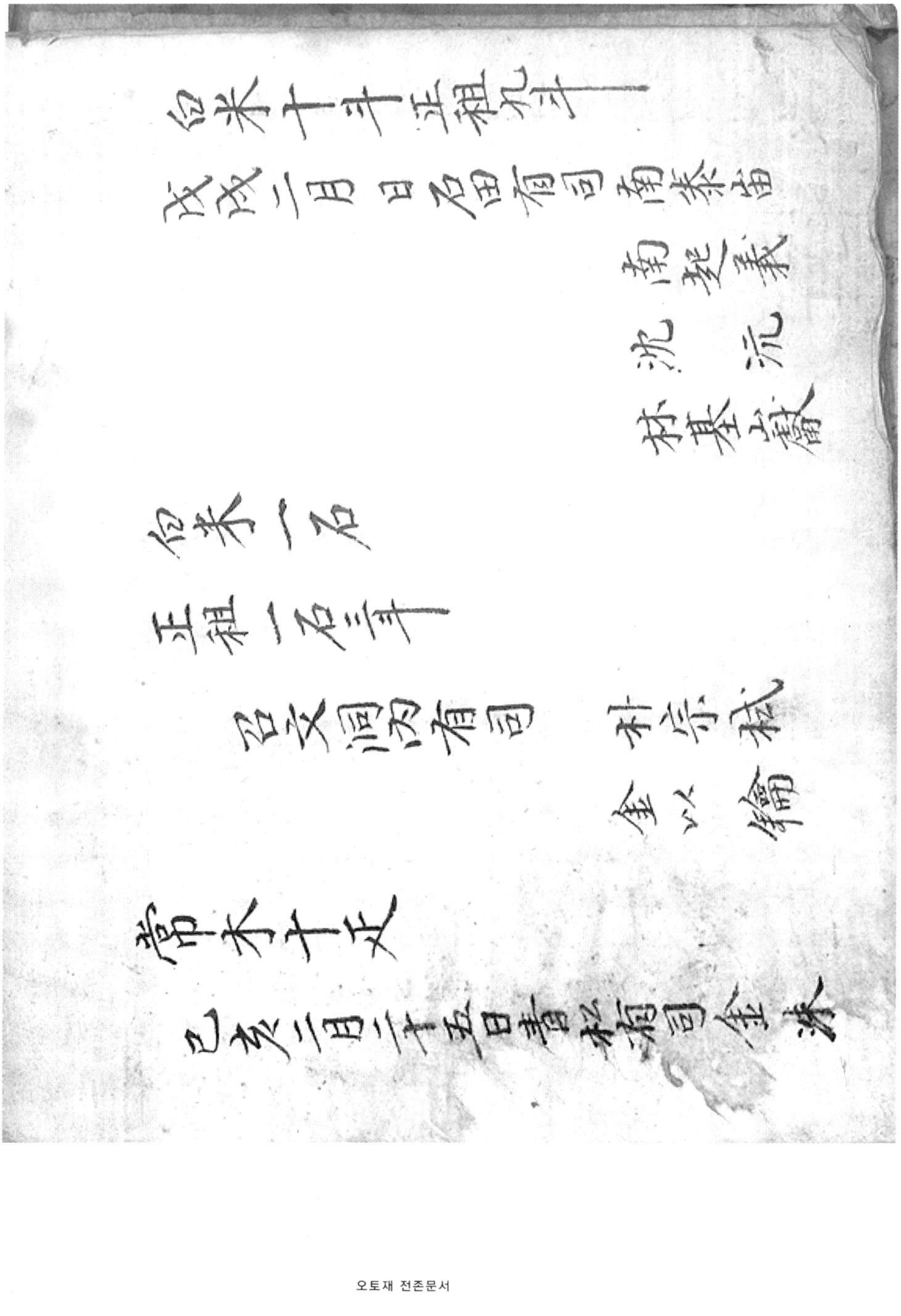
白米十斗正租九斗
戊戌二月 日石田有司南泰宙
南起義
沈 沆
林基巚
白米一石
正租一石三斗
召文洞內有司 朴宗栻
金以鑰
常木十疋
己亥二月二十五日青松有司金洙

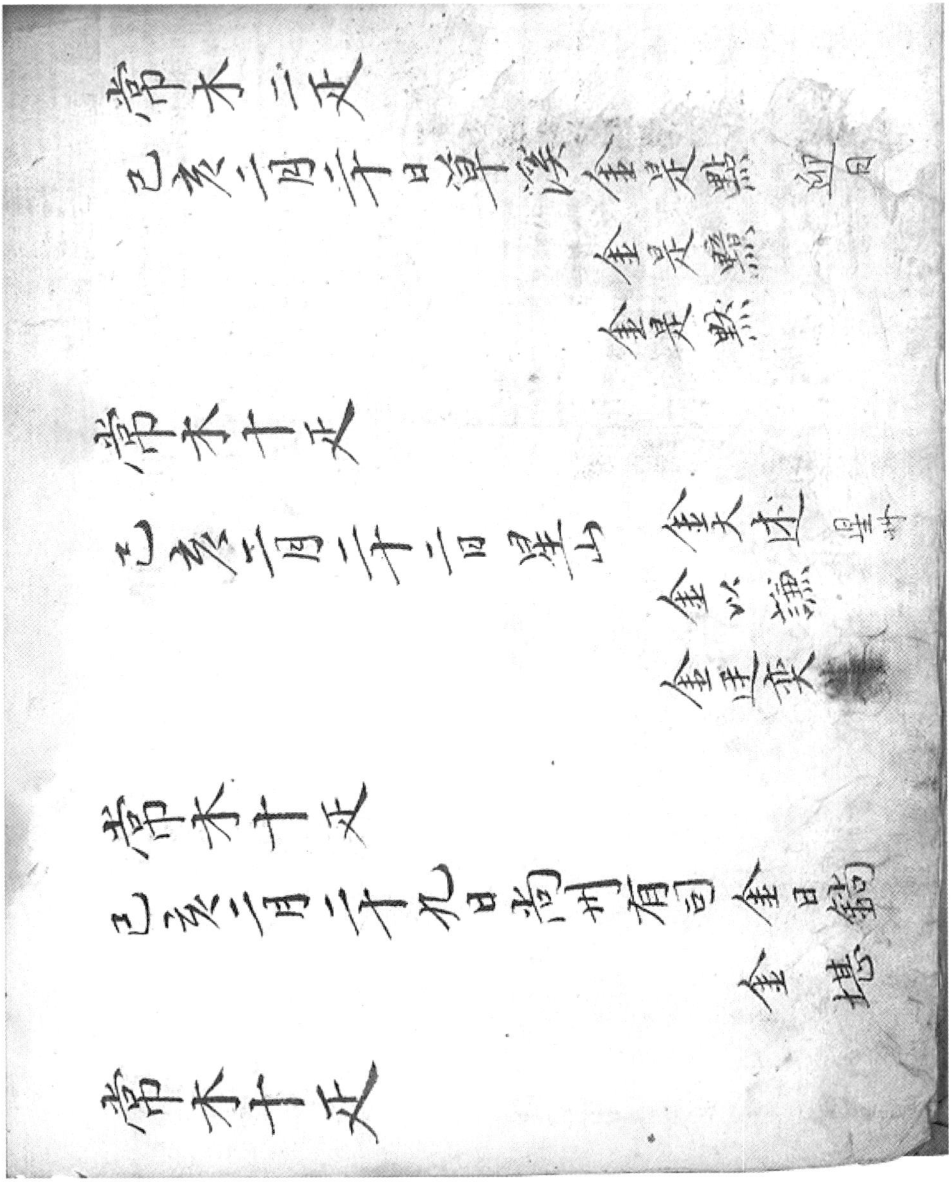

常布三疋

乙亥二月二十日草溪 金是默 金是黯 金是默 迎日

常布十疋

乙亥二月二十二日星山 金大成 星州 金以燕 金廷豪

常布十疋

乙亥二月二十九日尙州有司 金日鎔 金堪

常布十疋

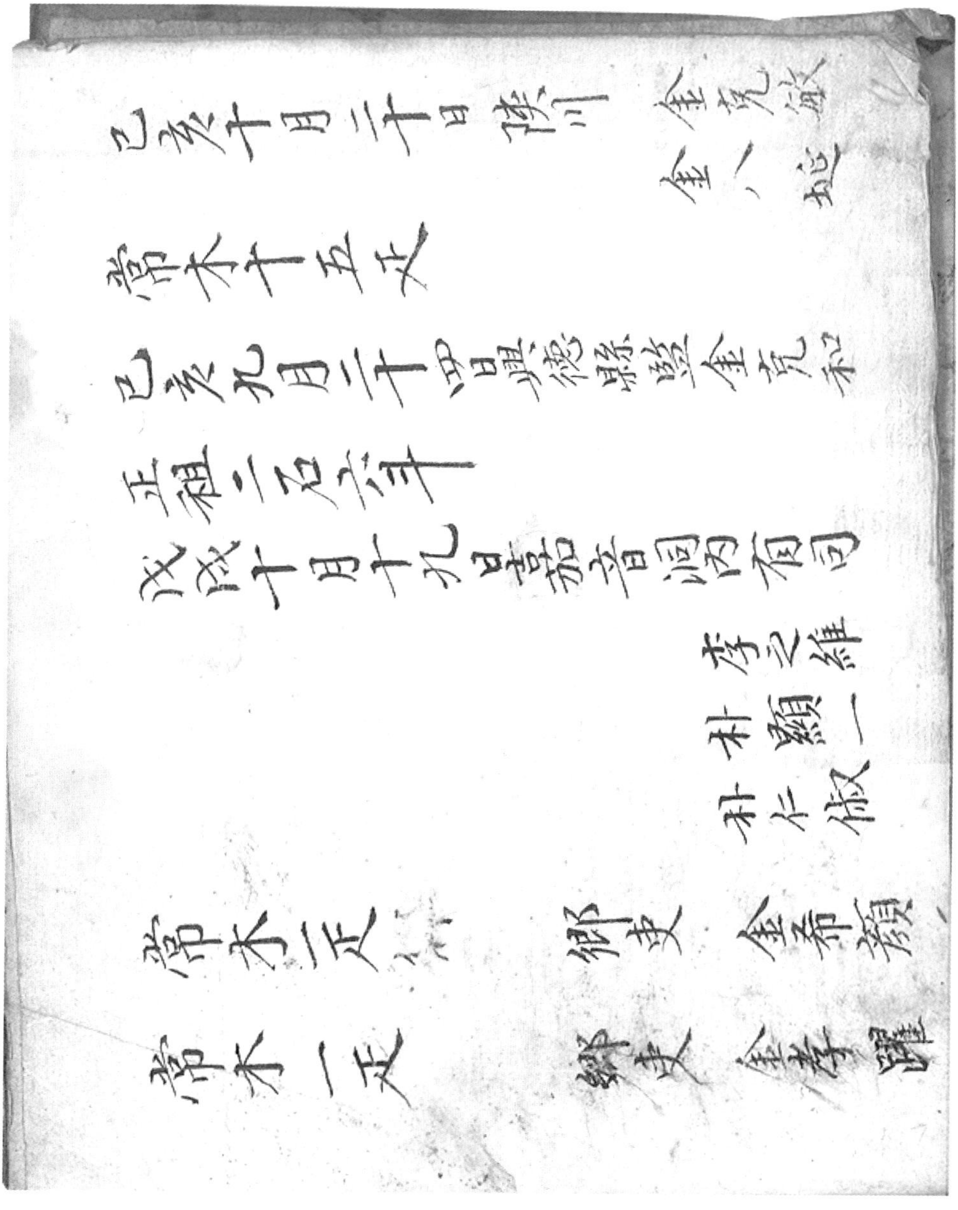
己亥十月二十日 陳川
常木十五丈
己亥九月二十四日 興德縣監 金克和
正租三石六斗
戊戌十月十九日
常木二丈
常木一丈
鄉吏
鄉吏

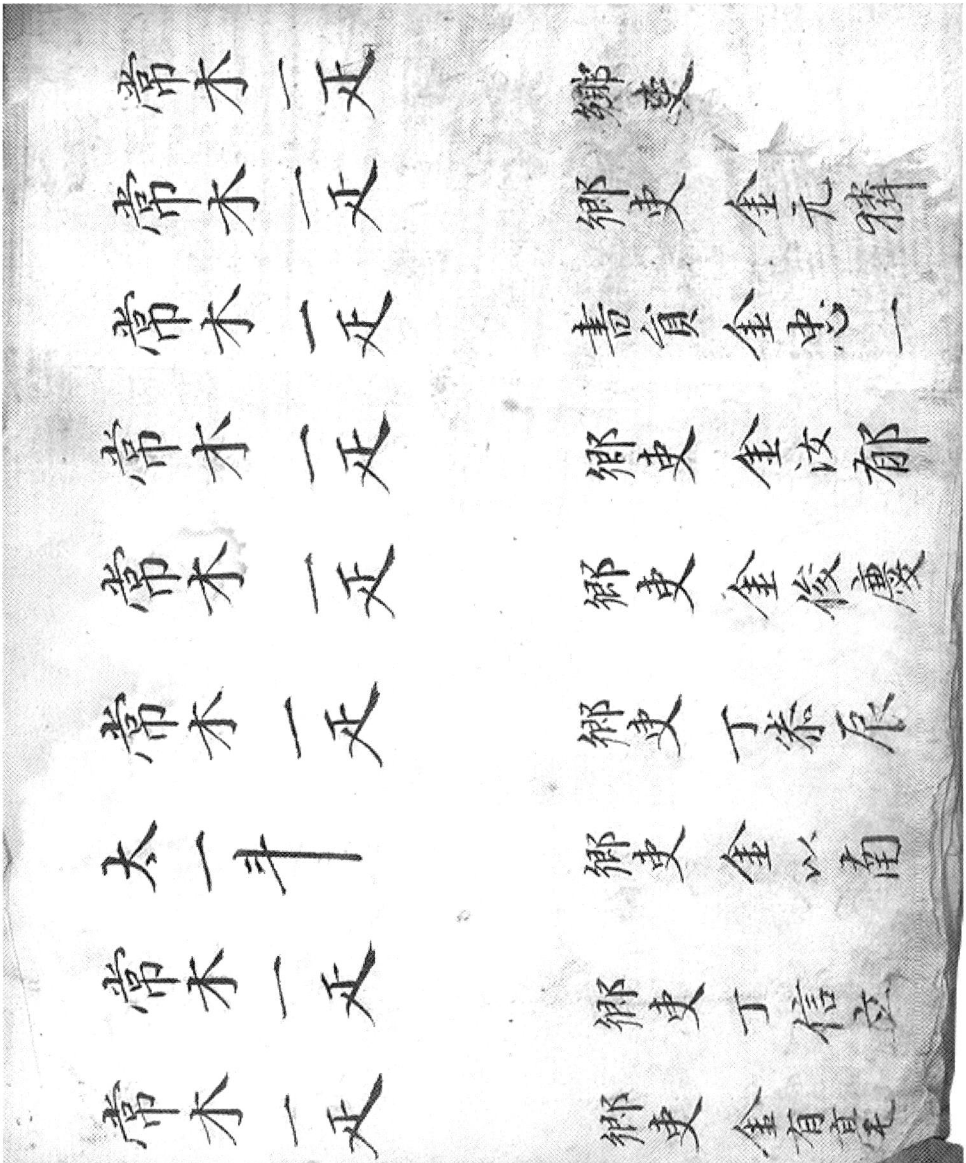
常木一疋 鄕吏

常木一疋 鄕吏 金元祿

常木一疋 書員 金忠一

常木一疋 鄕吏 金汝郁

常木一疋 鄕吏 金俊慶

常木一疋 鄕吏 丁泰民

太一斗 鄕吏 金以周

常木一疋 鄕吏 丁信立

常木一疋 鄕吏 金有宣宅

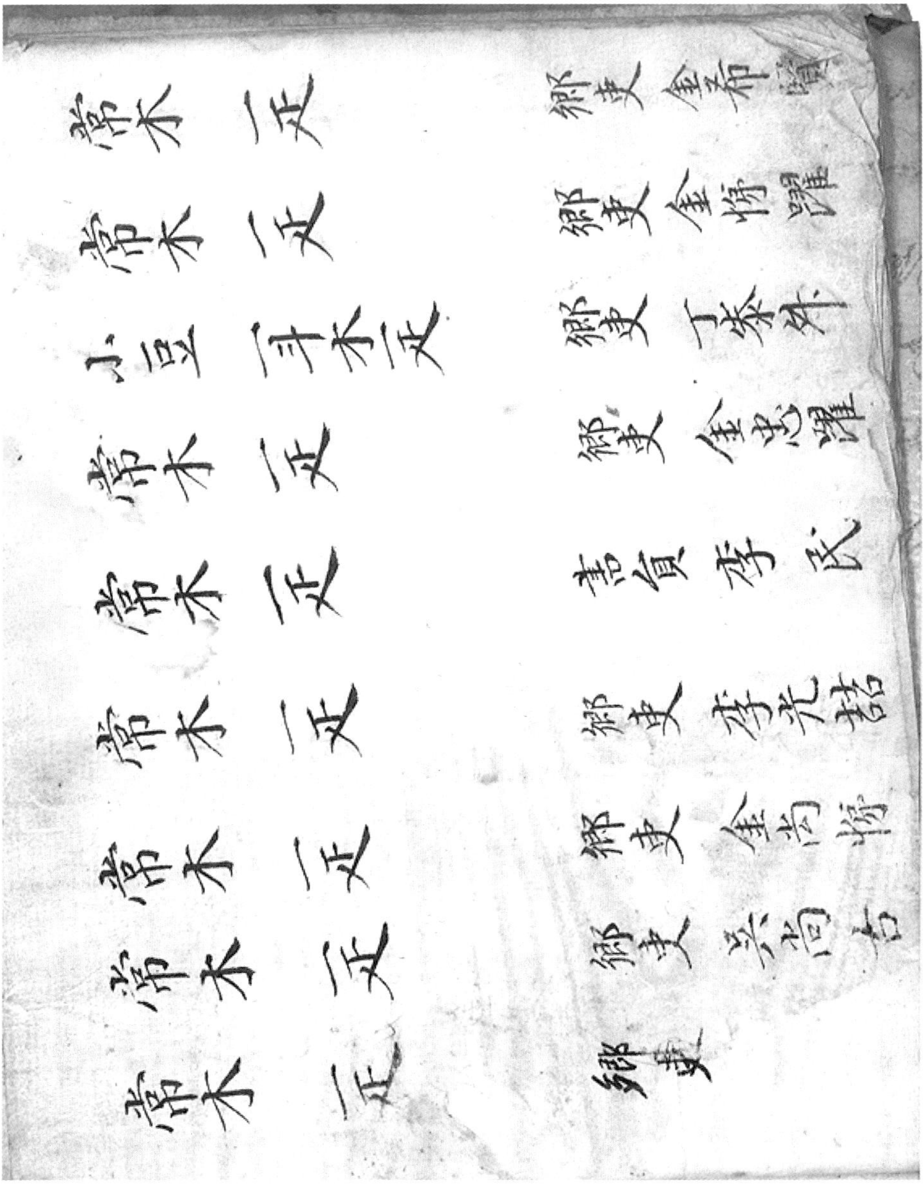

常木一疋 鄕吏金孝甫
常木一疋 鄕吏金惕躍
小豆一斗木一疋 鄕吏丁象外
常木一疋 鄕吏金忠躍
常木一疋 書員李民
常木一疋 鄕吏李光諧
常木一疋 鄕吏金尙惕
常木一疋 鄕吏吳尙吉
常木一疋 鄕吏

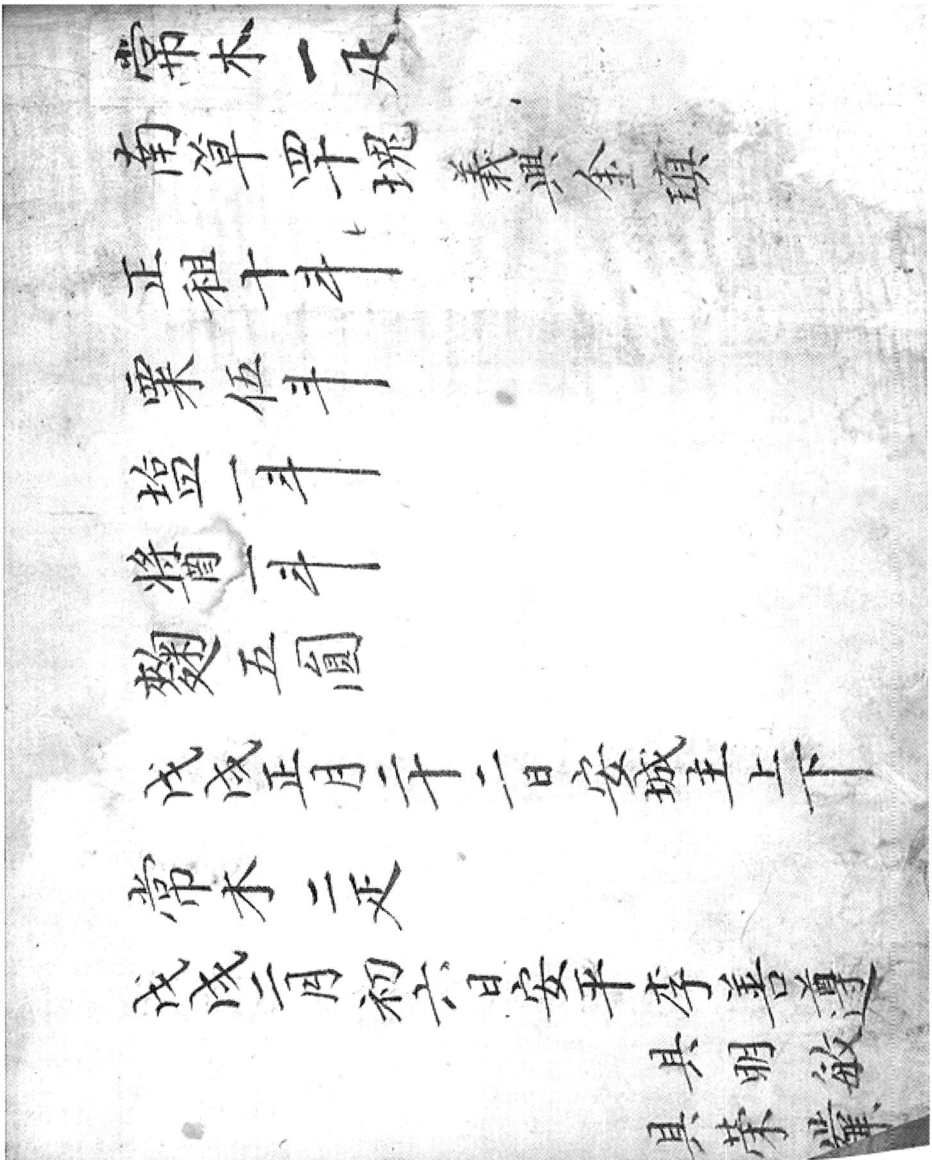
常木一丈
南草四十把
義興金璡
正租十斗
粟伍斗
鹽一斗
醬一斗
麴五圓
戊戌正月二十二日益城主上下
常木二疋
戊戌二月初六日安平李善溥
具明敬
具掌議

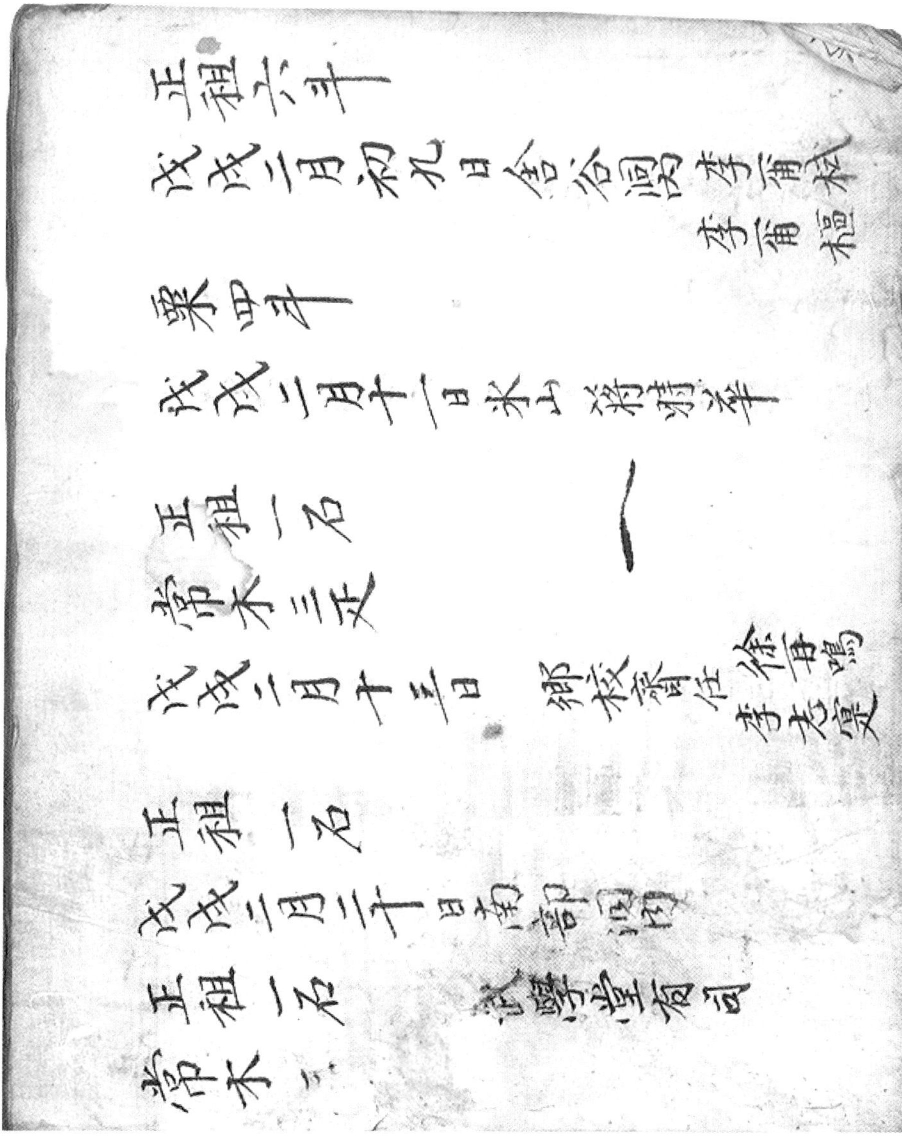

正租六斗
戊戌二月初九日 [illegible]

粟四斗
戊戌二月十一日 [illegible]

正租一石
常木三疋
戊戌二月十三日 鄉校齋任 [illegible]

正租一石
戊戌二月二十日 [illegible]

正租一石 [illegible]
常木二[illegible]

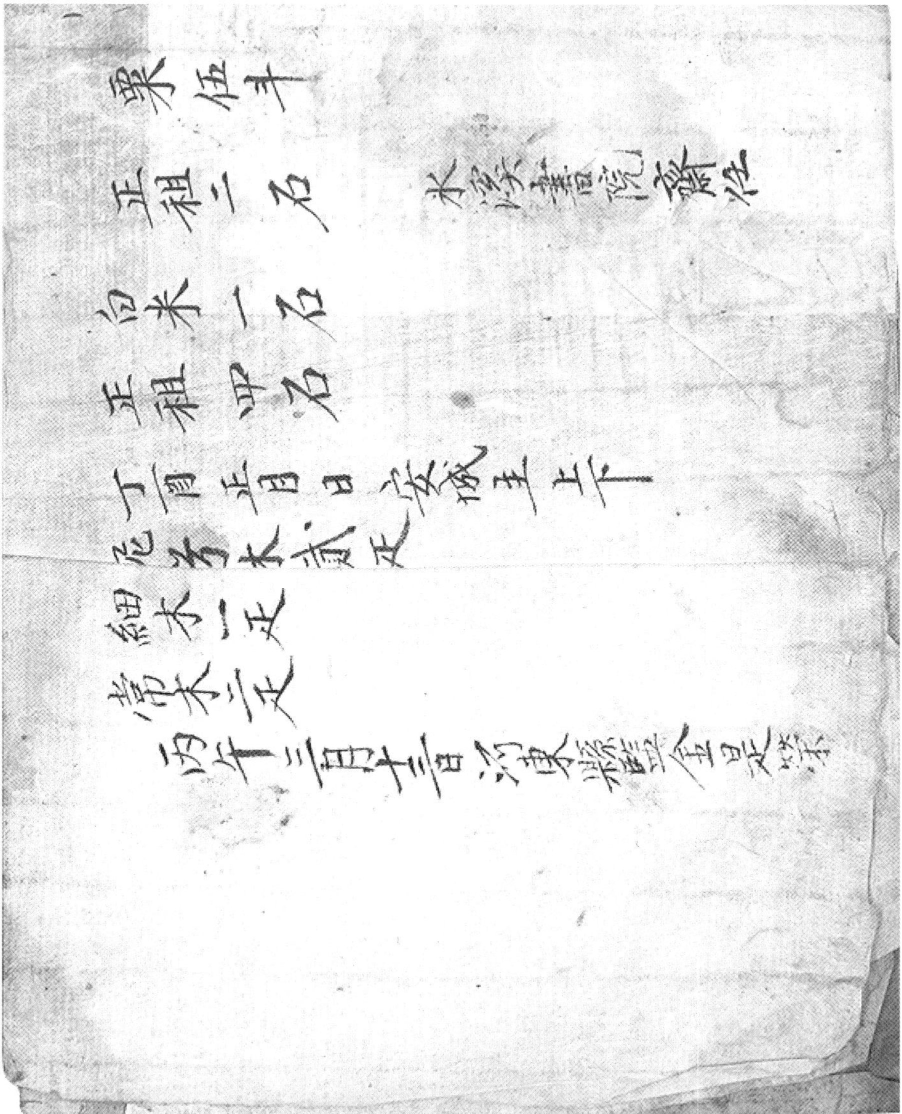

粟伍斗
正租二石　氷溪書院齋任
白米一石
正租四石
丁酉正月日　安城王上下
花[illegible]木貳疋
細木一疋
常木三疋
丙午十二月十三日　河東縣監金是榮

## 11-1 五土山齋舍事例(1848)

五土山齋舍事例

吉山一局柱峯有此等人物事乃龍而傳前而[illegible]焉
龜川居廬會頻次知其有多年禁護之事此必是
中間守護之節未免懈弛而猶也出力一齊禁推而等之
言而謂乃吾曹乎龜川洞中云不是無根之說且而傳前
而推廣一邊其於他是他人所占則如是矣者此禁推直之
而論矣者書龍前而乃自是會而不可一例等棄於廬墓
頃交按理推而廣之古訪而禁護乃依山直作使禁取
用投義而元松乃不可犯乎之意成標以俟後來任負以
知悉意俾無地吾處誅之弊事也

庚戌五月十五日 齋舍會中

[illegible]序事而 壬戌春後各之道推於吉廬之事[illegible] 齋舍之[illegible]

五土山卽我
始祖府君墓所也先父兄追報
之誠靡不用極松楸禁護位土措置自
有厥可年完文之規而不年年守之
經大難事屢屢受罪一從恒規不惰
宗中公議而發不得已作書楸木深以
如干賣地而爲當年補用之資乃爲日
后經紀之地而首念于終之數立各定
位事有司善於考據前事旬祀會中
收議整頓畧言之事例如左

戊申十月日 會集 金相壽家

一 新舊當番數已爲詳定是遣福堂還不以加減事

一 享祀時所入祭需不設爲定之而老少不過二十名事

一 派宗齋任論宗齋任本任擇定事

一 契穀錢數自有各年不加不減事

一 果色自前以齋基所收不以難備事一色

不足之齋直自備

一 齋直及下典糧米以每年二十兩爲定事

一 山直二名今每一名自入齋所納料錢

祠下以下各員日夕懸料事

一 鍮米穀收時斛斗斂費以一斗定式
之事

一 壹起任員每望講舉來以未參焉費
從尼里墨之移施事

一 下納山直移給各處使喚及任員鋪陳
以一斗當於給事

一 京直移回於一斗當納給任員出入時
各任於下記事

一 享祀時觀示學生任員親身照檢
各使下任及京直任意作奸事

一寺僧處事段乎勤不違齋中任所
務收採以爲所瞻繼紀事
一寺寬子秋結界其齋中當爲存約
爲座先後論報事
一寺儀都有司一而掌議一而副之
有司五年中擇定之事寺直限三年中例下
一此是條約後此等事違令者僧與首論罰
則僧徒辨寺直杖治事

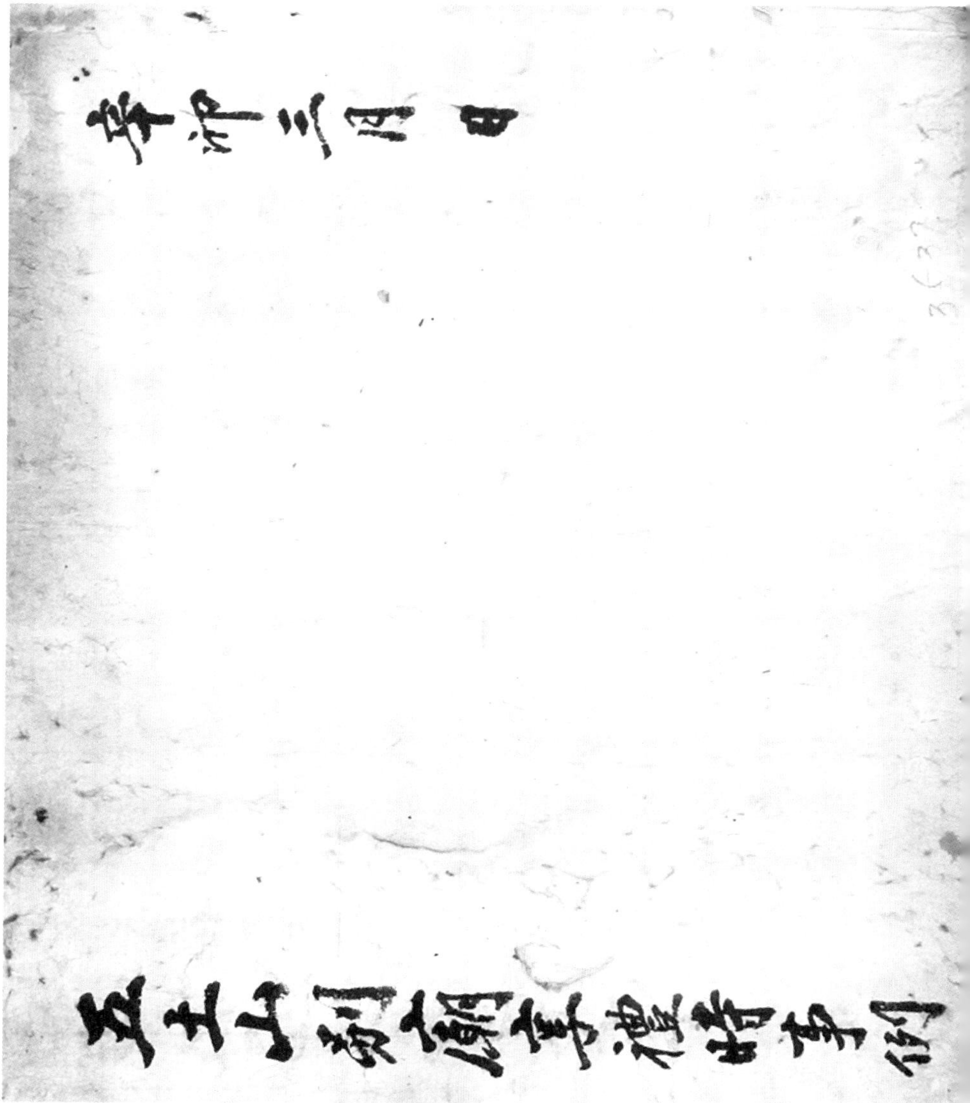

辛卯三月 日

五土山別廟享禮時事例

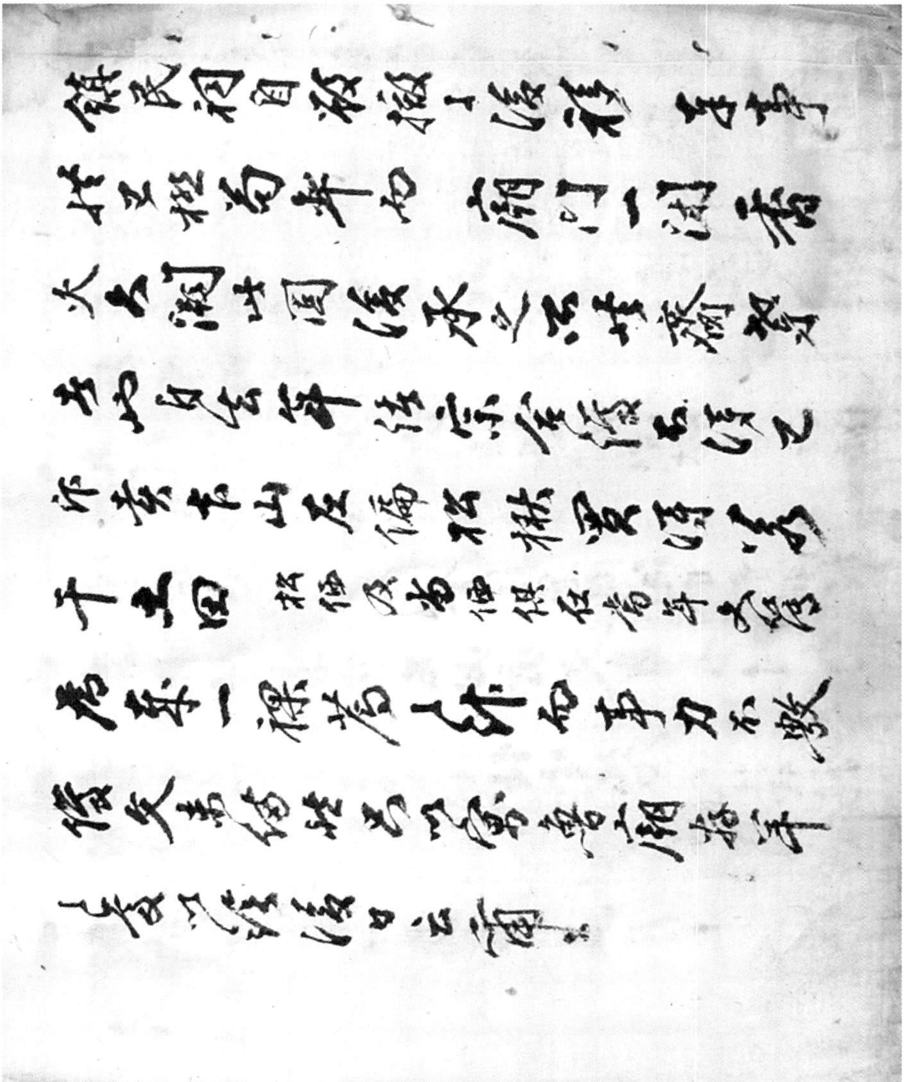

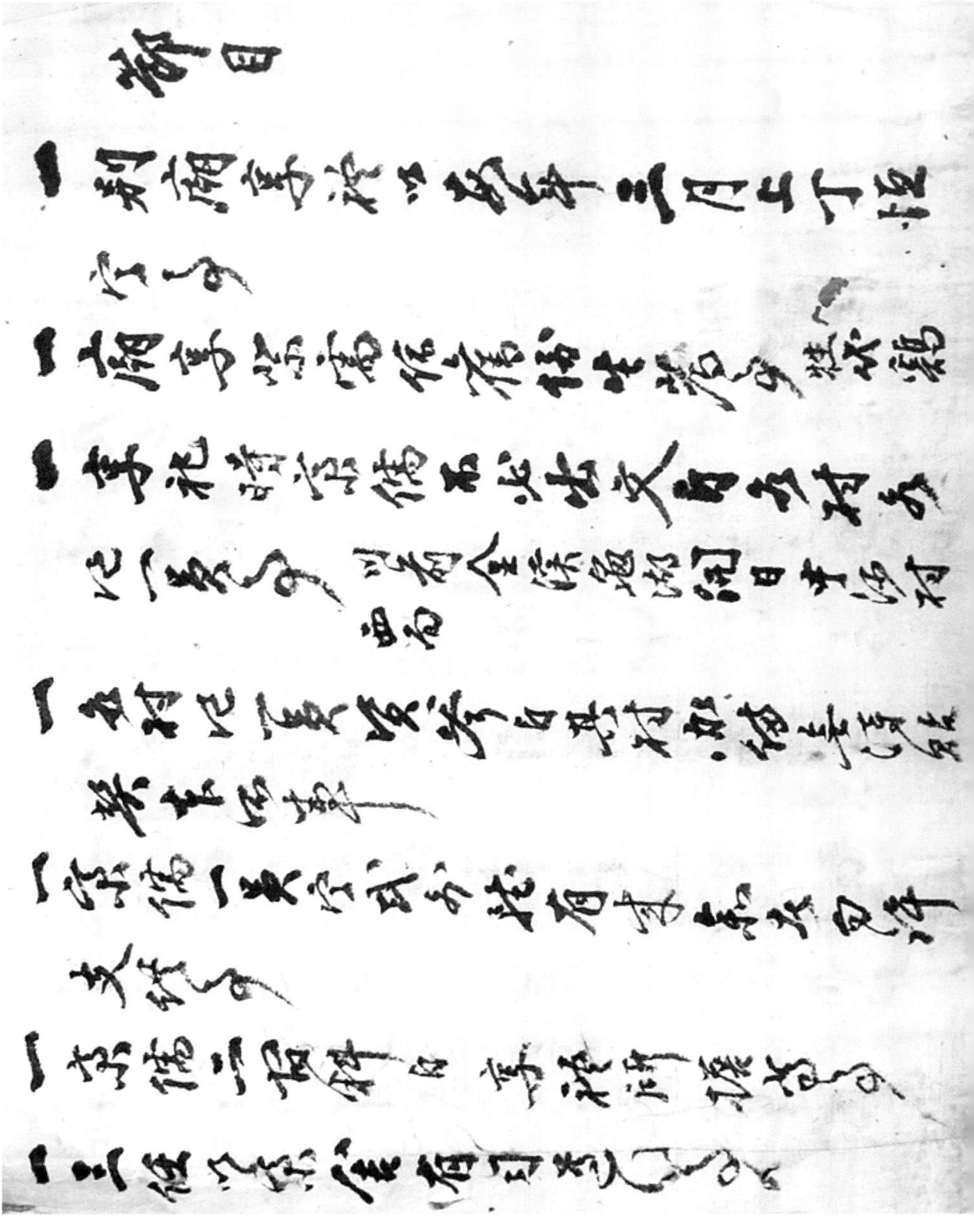

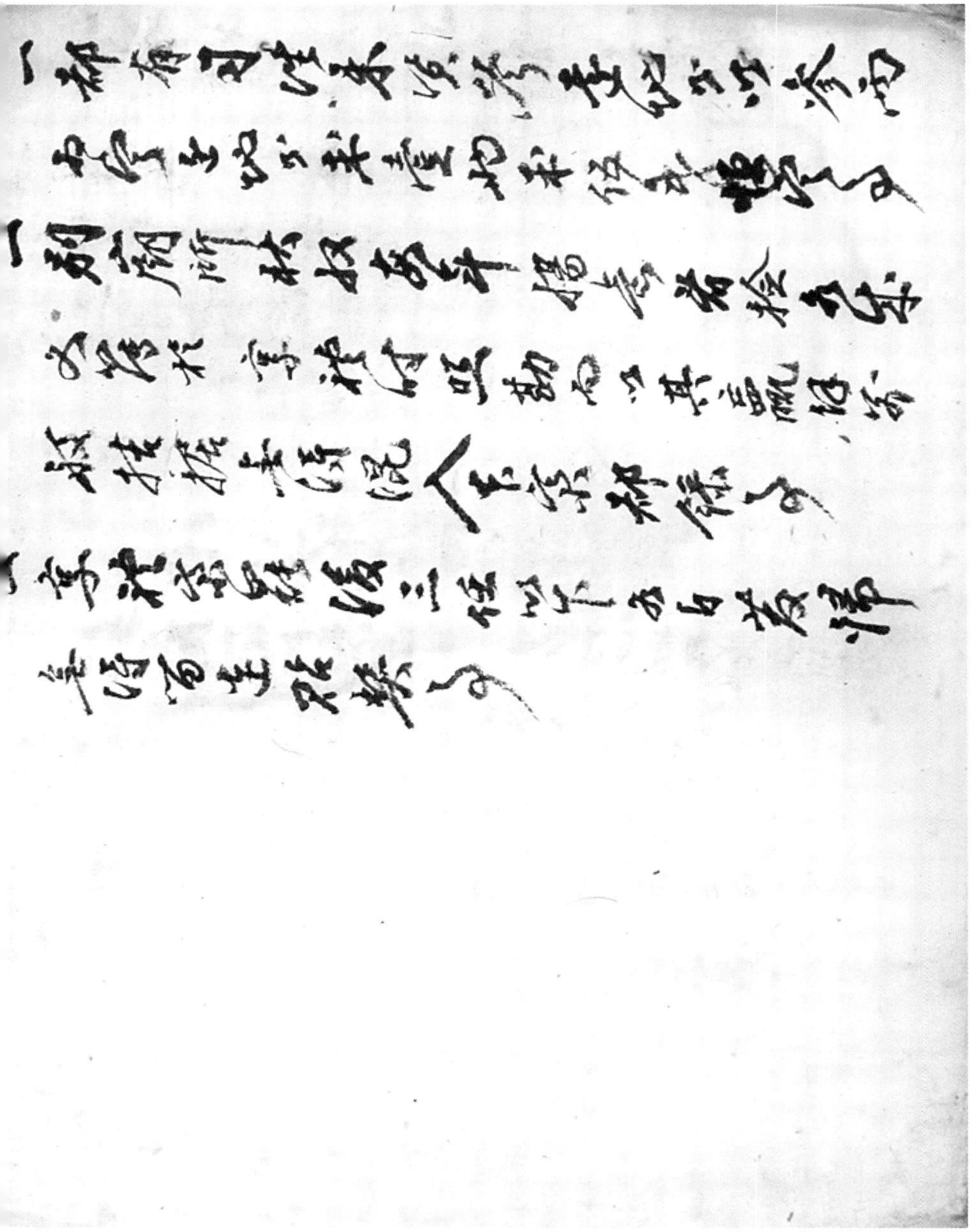

恭惟尊靈陟降在茲修繕工役補漏塡齾不日告訖古栢增彩
有侐畏壘卜日還安羹墻寓慕畧伸情私敢以酒果用伸虔告
後孫鎭聲 撰 十四

## 五土齋重建通文

伏以我 始祖詹事公衣屨之藏在開寧之五土山而粵自鎭民祠毁撤之後
位牌移奉又在墓下矣其齋庵施設實經後孫諸先輩之所嘗歷世經紀寔
敞該備庶幾無嫌於崇奉典護矣今乃運祚不幸回祿告災廿六間千年齋
宿之所一朝而蕩然無復存焉驚惶震惕凡子孫之所共憂矣而重營設立
不容一日而或緩則可不周爰謀度圖所以夾贊成就之哉弟念此事、則大
矣而只在我億萬子孫用心之如何耳於乎木無根焉其何以支水無源矣又何
以川今我義城之金縣歷三國布濩八域者孰非祖先深根濬源中坵樸出來
而若或有不能致誠追遠報本使香火重地任在烟沉燼沒之中則先祖陟降
之靈豈肯曰予有後乎吾祖之孫寧有是、、近居諸族先此齊會爬定任司
謀圖重創而無以奉告于國內宗中凡我同祖之人各自惕勵一其心力以爲共
敦大事之地千萬幸甚

節目

一冠下錢各一兩式

一吾宗散在各處無大同會合之時且戊戌譜又未大同則是大欠事玆因齋舍重建之階將修子孫錄一冊爲印頒訃章各送名帖詳其字甲明其居住以申百世敦睦之誼事

一吾宗世敦孝義之風雖此財盡之時豈有鄙吝不牢之人哉然萬或有一則當自此永絶於本齋不齒於宗中事

一本齋有司生弊前鑑不遠故不別定收錢有司者自其郡自其派各收名錢以今四月廿日從郵便付送于義城邑內本齋都所首道洞東五院五丘金成吉家或擇送一員于本所事

一相距隔遠不可無別般信標故以都監金輪洛金胄植兩氏名刻章爲信而名錢領收證亦當捺送矣者發付郵便時以右氏題面事

一尊祖之誠貧富無間而苟或有援例出義者則特爲別錄事

一各面各洞煩不可各通者於通到之日自其郡自其派一一輪示俾無疎漏向隅之歎事

五土齋舍講堂上樑文 乙丙火災後重建時

天降不虞之災全宗魯殿沉沒於煨燼地受回祿之運新近郢斤輪奐

平野無今量入用之節臨祭當無患苟且伏願上樑之後爲人孫式來派百代之嶷哀惠我光明維新一世之耳目講孝講禮家家尙事生之心竭力殫誠人人懷無忝之訓仰瞻千秋德敎睠望一片雲根

后孫天浩 撰

土齋重建時事役未就强庸憂煩而謾吟一律要和

千年冠冕古山丘肯構齋堂計莫優規謨張擴工還拙役務多端事更幽苦心期待重成日枉費延稽再閱秋不億吾宗齋宿地紀郎告訖得何由

后孫鎭聲

丁巳重陽月既望夜獨寢土齋 講堂重建時

老楸收立古今秋驗得人間歲月流萬世赫縣吾本地四山蒼匝是各逼廟外孤松巢瘦鶴枕邊淸潤夢鬧鷗灰中冷突終宵轉不億全宗愧獨留

后孫鎭球

五土齋舍更張節目

乙卯十二月日火變後丙辰秋象浩猥忝末所齋任於煨燼之餘祭器等物

十九

沒數無餘享具極窘且齋直之差入不過數個頭則齋中凡百尤爲艱澀 二十

別立宗議掃除前時痼瘼嚴定規模節目詳細如左

一、祭餠米大五斗式恒定事

一、祭酒米大二斗式

一、酒税齋直負担事

一、牲牛前用全牛今用半部而廢前十五串定數更定臺上高一尺八寸

以上而魚魚炙事鷄腥加不在此限隨外

一、牛支則掌議私用爲前例矣自今以後收入本所事

一、油果與海藿俱爲廢止事

一、脯脩封呈于齋長已有前例然自今廢止事

一、上下任春秋享禮時往復車費不計遠近上任三円掌議各二円爲定事

一、本所用費春秋享餕禮席通告事

一、山監有雜委任於遠地則擇近居可堪員輪任巡視事

土齋營建以後叅攷事項

丙辰二月宗會悉先塋草家四門發議而齋任金益模金在嵩遞任金

衡七金象浩薦任齋長則叅奉金柄洛也

十月秋享會發講堂營建之議排錢于各派而以金鎭球定十三道收納
有司
戊午春始設講堂之役而翊年告成八間都監金鎭洪金翰洛金鎭聲
金岦鏞
己未秋享後會計前後用費不足二百餘金而安東派青松派分半担當
矣安東所担未入故以家役餘材賣用充當
辛酉春營建廚舍十餘间有司金爽周
壬戌夏大宗會于義城邑金世東發議修譜及廚舍訖功之計
癸亥夏大宗會于大邱金基弼家決議譜事與神道碑而排錢各道
各派是年秋伐石于新村更以京城石買得而新村伐石價壹百四拾餘
圓也賣石于青松派而右金支拂
甲子春家役費不足困難莫甚瓦工鉄工各以其物還覓毒促甚甚世東區劃無路
故象浩以貳百円磨勘而工条是年夏神道碑石運債貳百餘円萬無許策
而世東使其弟佑東送往青松派以排錢条區劃而竟窘是年秋立石碑銘始
受於參判李義卨而宗議不滿故更乞於直閣金商悳而用之書寫則參奉
李忠鎬監刻金天浩金鎭道金聖模金象浩金儒東(佑東)又治墓庭牲石而改奠

二十一

二十二

因築內階石治墳十月神道碑告由日道會員千有餘也

乙丑春水淨員畓二斗落爲人盜賣故金日淳告官推覓且以個人名義所在

土地收合爲七人連名

戊辰二月世東以諸債自家產物全部執行有難堪事勢故象浩以五十円解除

且譜所金部執行任年子孫道理極爲未安象浩回公於安義諸宗則皆爲反

對不得已出五百五拾餘圓佑東亦出五十圓以蔓洛名義解除保管於振浩家

是時世東在京不還又以家後出債保証關係聖模相議 渊三人土地執行

競賣

丙子秋以青松派司直公墓道立碑事大宗會于本齋

丁丑春享會以本所諸般事委任於金鎭極金雨林金道植金在鉉金致敦

五人而成來後每年會錄

戊寅春享時發議山林移轉而可決且各人名義土地移轉于五十五人宗中而管理金雨林

己卯大凶本所每一經收入故九月咸城宗會以參祭員一人當五錢式排定發文

輪通而十月觀市時只義城幾派及青松派收合則猶爲不足故青松道洞派出五

十圓成樣祭畜設禮席金泰浩發議來春享費當席收合爲可而先出二十円

其餘或一二五円甚至五十錢辦出後期者終不納入亦或有全派不顧之

奬焉青松派祖司直公墓所修墓前春享時決議修墓而以立碣事僉
象浩動意則修墓全員贊同已爲定行立碣後期可決
是歲春青松派司直公墓修治時因以熟石補大墓外階且山林及土地移
轉費合六百餘元也而四百元以賣松充當百元以青松派出義充用不足百餘
元以本所錢支拂
庚辰春享時宗會青松派司直公墓立碣事會中獻議無異議即席
寬許

## 鎭民祠重修記

嗚呼水有源而分派木有根而生枝人有祖先而有子孫則雖百代之遠豈無
追報之誠哉顧此鎭民祠即我高麗太子詹事公安靈之所也去今數百年之
久而齋宇傾頹物力凋弊春秋祭享及墓所一年之祭無以擧行諸孫散處主
管無人遠近瞻聆莫不慨歎于心矣本縣居宗人金字謙竭心殫誠積年經紀
廟宇之滲漏者易之以材瓦齋室之傾圮者改之以修葺神門之顚覆者悉皆新
建旣又以其餘財逐年取息買得畓五作其所出穀至五六石則前後用意之勤實
可謂至矣第念此田若混入於本所則任事之員或不能撙節用盡於春秋兩享
至於墓祀更無設行之勢則字謙之竭誠措置反歸於虛套而諸孫之不幸

祭物品數記

## 16-2 祭物品數記2(연대 미상)

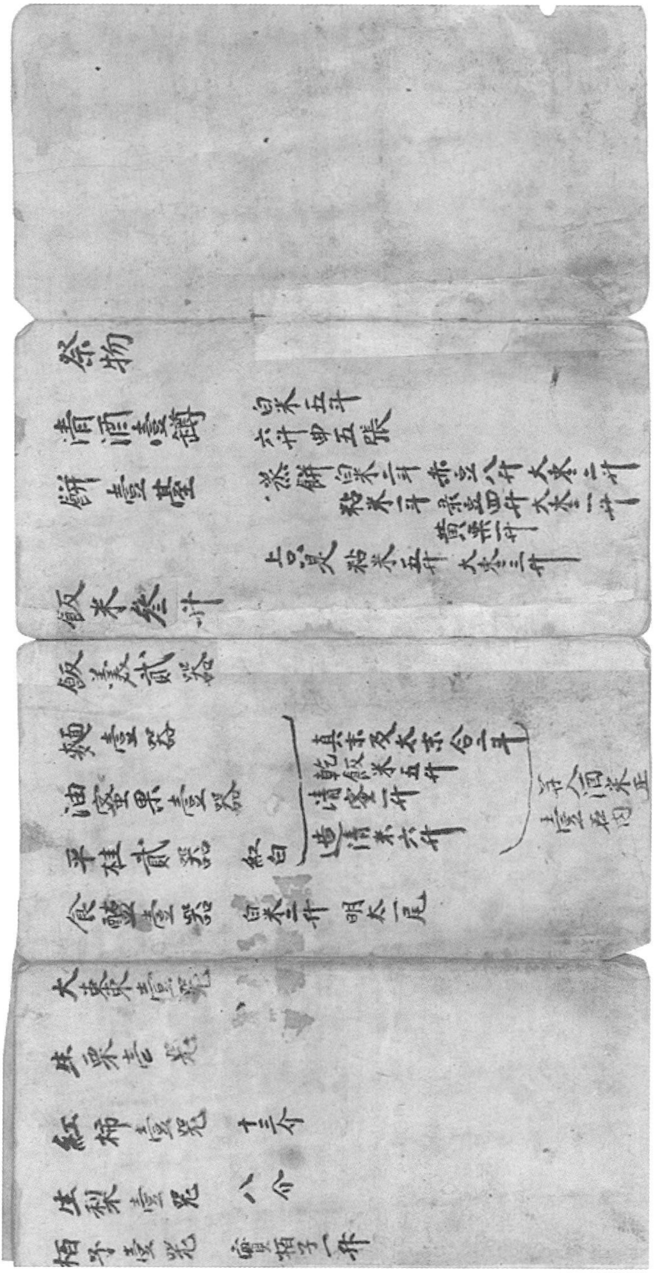

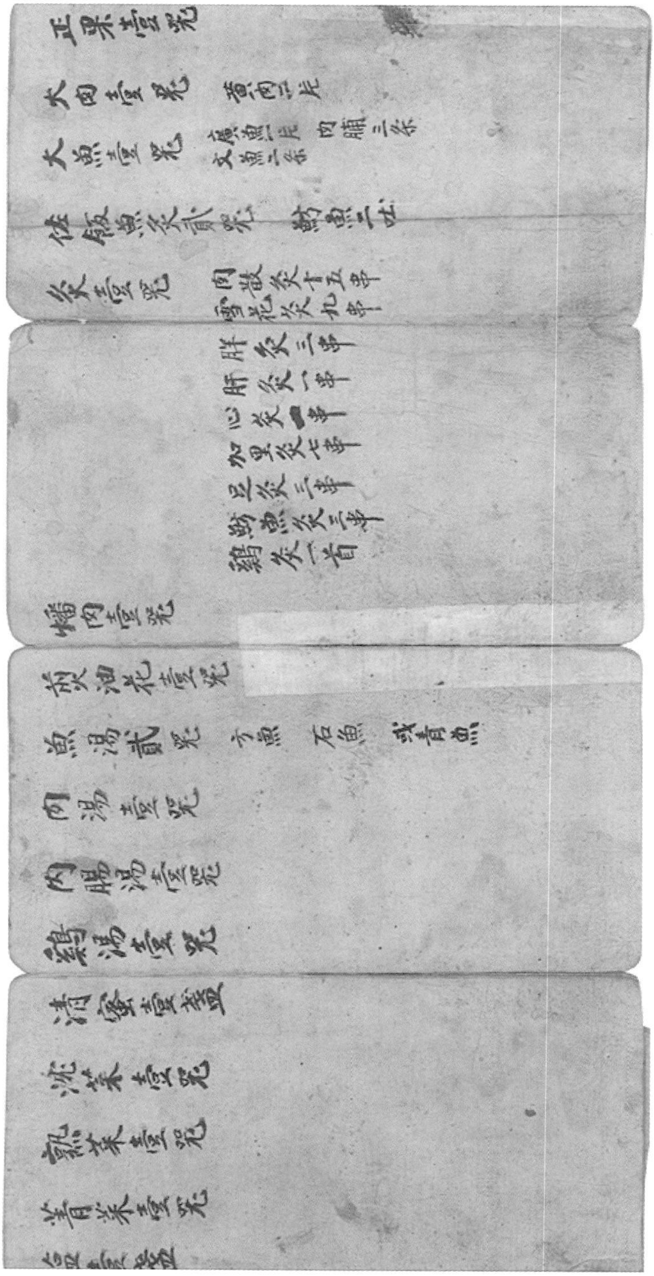

正果壹器
大肉壹器 黃肉二片
大魚壹器 廣魚一片 肉脯三条 文魚二条
佐飯魚炙貳器 鮎魚二吐
炙壹器 肉散炙十五串 雪花炙九串 胖炙三串 肝炙一串 心炙一串 加里炙七串 足炙三串 鮎魚炙三串 鷄炙一首
幡肉壹器
煎油花壹器
魚湯貳器 方魚 石魚 或青魚
肉湯壹器
肉腸湯壹器
鷄湯壹器
清蜜壹盞
沈菜壹器
熟菜壹器
菁菜壹器
塩壹盞

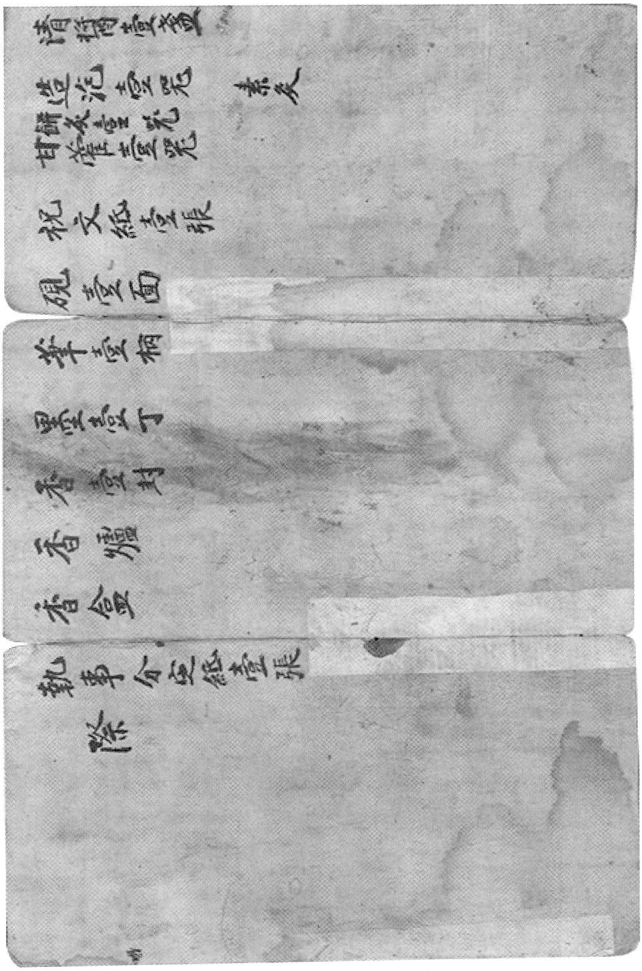

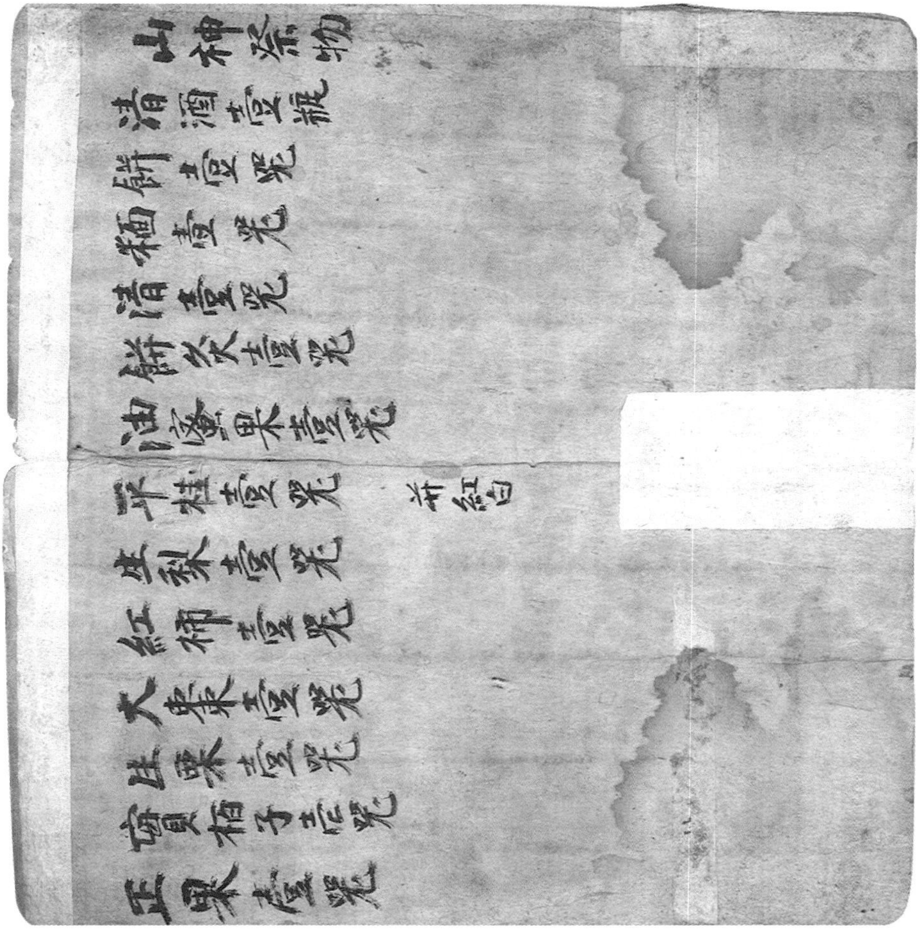
山神祭物
淸酒壹甁
餠壹器
麵壹器
淸壹器
餠炙壹器
油蜜果壹器
乾柿壹器 并紙
生梨壹器
紅柿壹器
大棗壹器
生栗壹器
實栢子壹器
正果壹器

## 16-6 祭物品數記6(연대 미상)

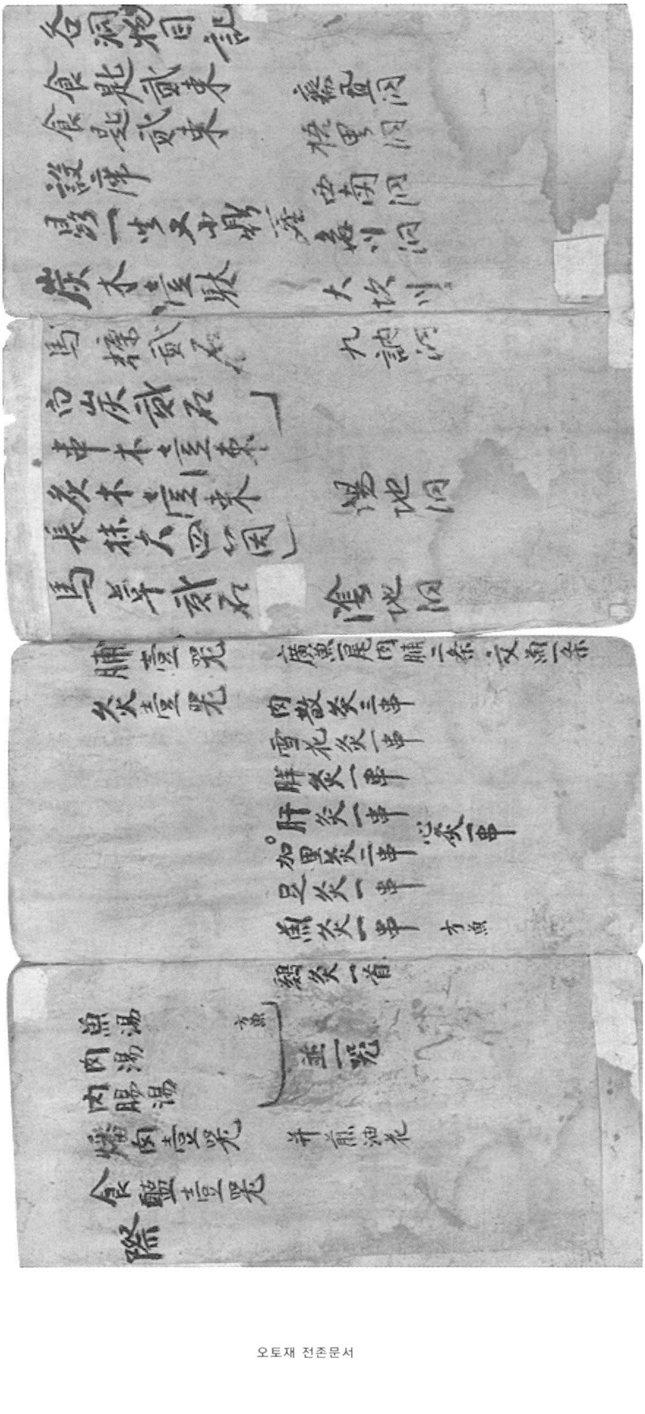

笏記

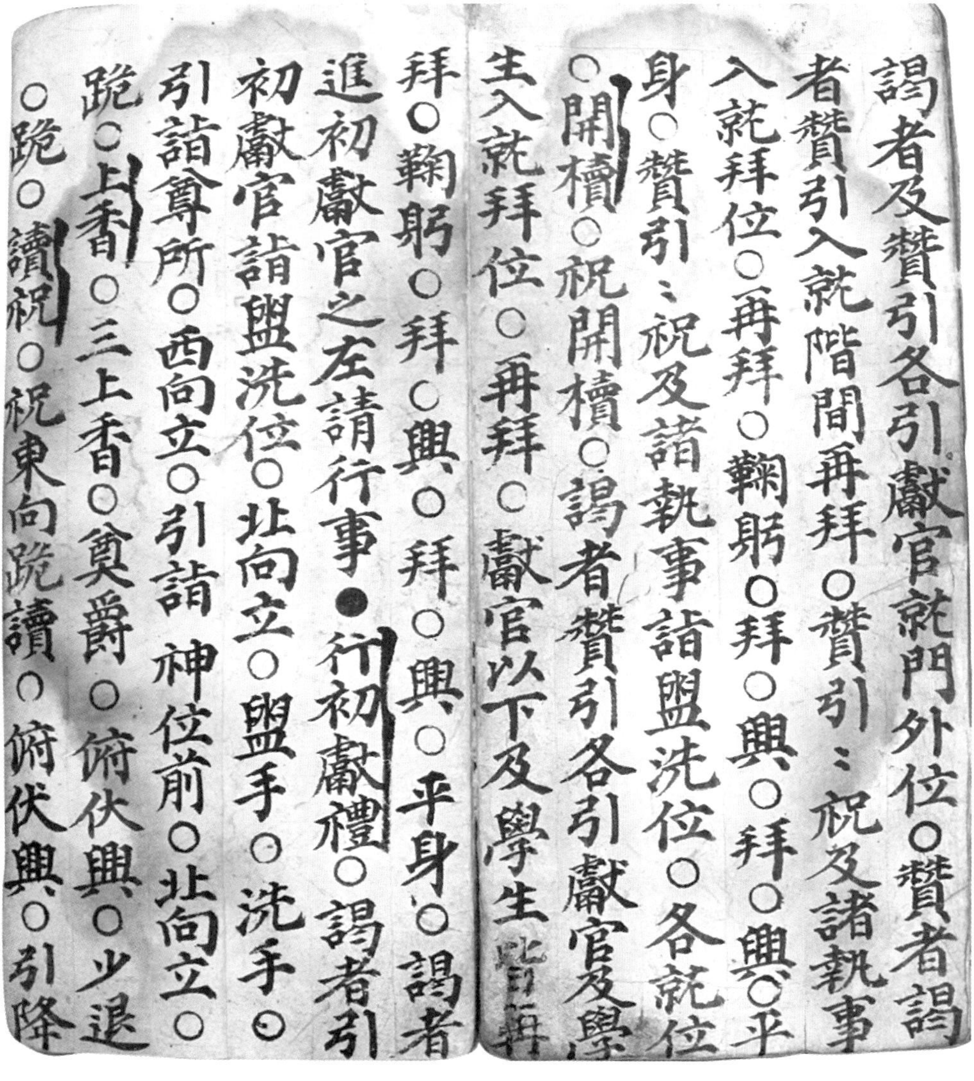

謁者及贊引各引獻官就門外位○贊者謁
者贊引入就階間再拜○贊引〻祝及諸執事
入就拜位○再拜○鞠躬○拜○興○拜○興○平
身○贊引〻祝及諸執事詣盥洗位○各就位
○開櫝○祝開櫝○謁者贊引各引獻官及學
生入就拜位○再拜○獻官以下及學生[illegible]
拜○鞠躬○拜○興○拜○興○平身○謁者
進初獻官之左請行事●行初獻禮○謁者引
初獻官詣盥洗位○北向立○盥手○洗手○
引詣尊所○西向立○引詣 神位前○北向立○
跪○上香○三上香○奠爵○俯伏興○少退
○跪○讀祝○祝東向跪讀○俯伏興○引降

復位●行亞獻禮○贊引々亞獻官詣盥洗位
○北向立○盥手○洗手○引詣尊所○西向立○
引詣神位前○跪○奠爵○俯伏興○引降復
位●行終獻禮○贊引々終獻官詣盥洗位○
北向立○盥手○洗手○引詣尊所○西向立○
引詣神位前○跪○奠爵○俯伏興○引降
復位●行飮福禮○祝詣尊所以爵々福酒○祝持俎
及刀進減神位前胙肉○謁者引初獻官詣飮
福位○西向跪○祝進獻官之左北向以爵授獻
官○獻官飮卒爵○反爵于尊所○祝北向以胙
授獻官○獻官受胙授祝○祝受胙降自東階
出門○俯伏興○引降復位○獻官以下皆再

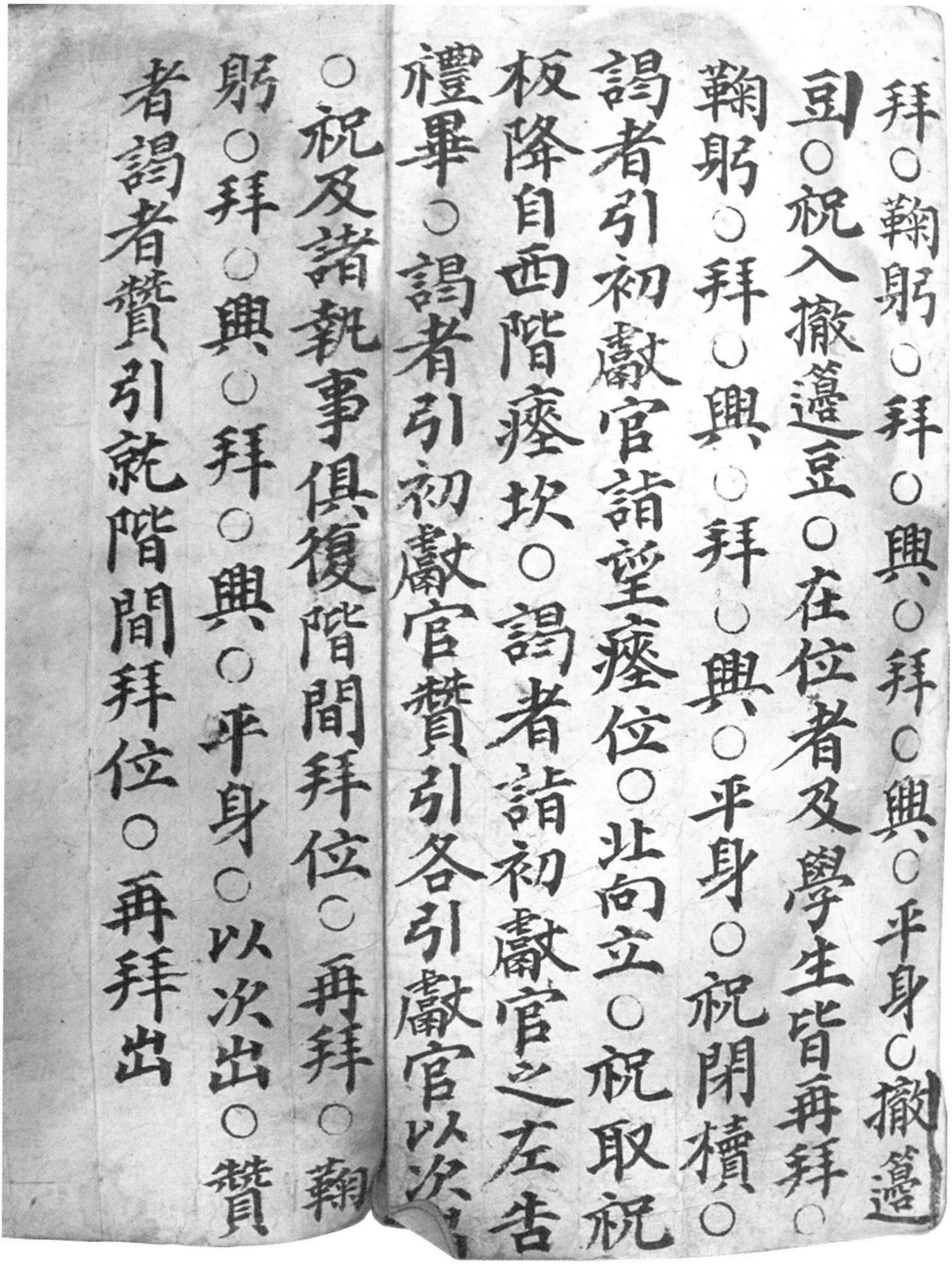

拜○鞠躬○拜○興○拜○興○平身○撤籩
豆○祝入撤籩豆○在位者及學生皆再拜○
鞠躬○拜○興○拜○興○平身○祝閉櫝○
謁者引初獻官詣望瘞位○北向立○祝取祝
板降自西階瘞坎○謁者請初獻官之左告
禮畢○謁者引初獻官贊引各引獻官以次
○祝及諸執事俱復階間拜位○再拜○鞠
躬○拜○興○拜○興○平身○以次出○贊
者謁者贊引就階間拜位○再拜出

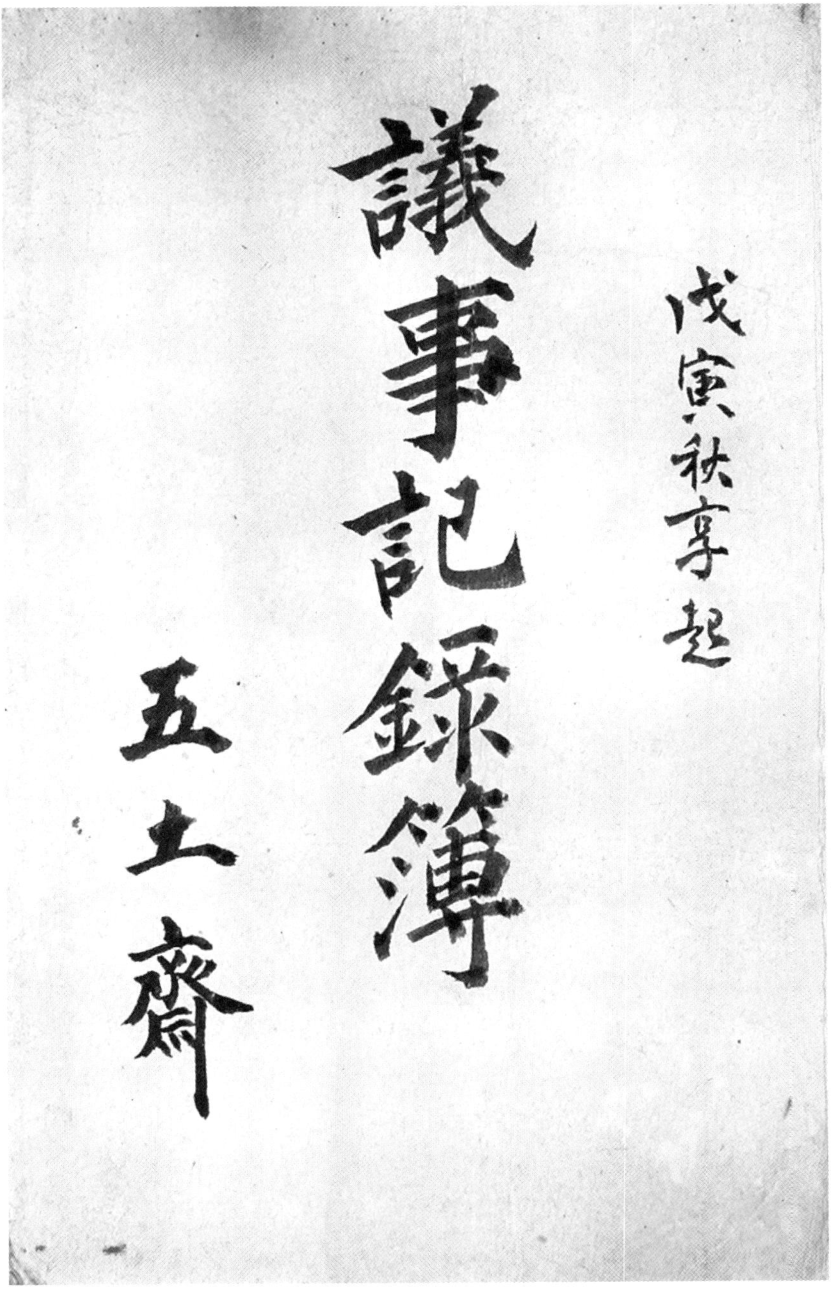
戊寅秋享起

議事記錄簿

五土齋

# 戊寅秋享時宗会錄

戊寅陰十月十日午后一时本宗会에서宗会를開하고如左附議決定함

一、掌議金雨林開會를宣하고会員을點하니一百三十名也

二、有司擧任에對하야都有司一名은金[illegible]植一名한다는金漢輝의動議에無異議可決함

三、掌議엔金世周理事엔金時煜、別有司엔金在玄議員엔金雨林、金致敎를薦한다는金在東의動議에滿場一致可決함

四、本宗規定을別冊과如히起草하야金雨林의逐條朗讀에따라全員贊同하야即日부터施行키로決定함

以上 提案을 宗中名義로 移轉하자는 金致敎의
動議에 全員贊同可決함

五、不動産移轉에 關하야 宗中代表로 金雨林을
薦하자는 金在玄의 動議에 滿場一致可決함

六、金世周 閉會를 宣하니 于時 下午五時也

己卯秋享付會錄

己卯陰十月十日下午一時 本京會에서 宗會를 開하고 如
左 附議決定함

一、金世周 開會를 宣하고 會員을 點하니 五十五名也

二、有司改任에 對하야 都有司엔 金萬周 掌議엔 金元
植 理事엔 金在玄 有司엔 金道植을 薦하자
는 金世周의 動議에 無異議可決함

三、不動產移転에対하야安東州前金秉植相續者金衡七의不在로裁判에附한結果勝訴하였다는金雨林의報告가有하다

四、青松派祖司直公墓所立碣에関하야金家法의款額이有함에不受理로可決됨

五、金世周閉会를宣하니午時下午三時也

庚辰春享時宗会錄

庚辰陰六月十七日下午一時本宗会에서宗会를開하고出席附記決定錄

一、理事金[illegible]開会를宣하고会員을點하니二十五名也

二、有司選任에対하야孝紀씨金在德、議久씨金在辰을推薦하다는金道植의動議로可決되다

三、都有司에 金永佑、金奎煥、金貞植으로 順次로 薦望하다가 金東声의 動議에 無異議可決하다

四、掌議에는 金東声을 薦하다가 金致敦의 動議로 全員贊同可決하다

五、理事에는 金遠植、副有司엔 金台燦으로 薦하다가 金東声의 動議에 異議없이 可決하다

六、金在惠閉会를 宣하니 于時午后三時也

辛巳秋享時宗会錄

辛巳陰十月九日下午八時正宗에서 宗会를 開하고 右記事項을 附議決定하다

一、掌議 金東声 開会를 宣하고 会員을 點하니 四十三名

二、有司改選에 対하야 都有司엔 金世輝、掌議엔 金奎

灌을薦하니此는金鉉玄의動議로無異議로可決됨
三、大墓의[illegible]하자는金象洪의動議에
金昌燮의同意로可決하다
四、金在[?]氏閉會를宣하니于時下午九時也

壬午春享時宗會錄

壬午陰十月十二日午后七時本宗會에서宗會를開하고
左記事項을附議決定함
一、金奎灌氏開會를宣하고會員을點하니二十四名也
二、有司改任에對하야都有司에金相礪를薦하니此는金致家의動議也金
日淳의動議에無異議로可決하다
三、金奎灌氏閉會를宣하니于時下午十一時也

丁亥春享時宗會錄

丁亥陰六月十六日下午一時本京宗會所에서宗人会를開
하고左記事項을附議決定하니
一、金爽鎬氏가会長을選定하고会員을點呼하니十七名也
二、金存憲起立하야過去一年間本京狀況을報告하니
三、参事会基道改碣의必要性을發言하니 金致敎氏의
動議에会員贊同하야改碣하기로滿場一致可決하니
四、金爽鎬閉会를宣하니于時下午三時也
丁亥陰十月九日下午后八時本京宗会所에서宗会를
開하고如左附議決定하니
一、参議金爽鎬氏가会長을選定하고会員을點呼하니
七十名也
二、諸有司任期를無制限으로하자는 金致敎氏

動議에 会員滿場一致可決하다

三、金爽館閉会를 宣하니 于時下午十時也